哲学大家

冯友兰

谢胜旺　赵卫东　高文军◎著

河南人民出版社

图书在版编目(CIP)数据

哲学大家冯友兰 / 谢胜旺，赵卫东，高文军著．—
郑州 ：河南人民出版社，2023.11(2025.4 重印)
ISBN 978-7-215-13405-8

Ⅰ．①哲… Ⅱ．①谢… ②赵… ③高… Ⅲ．①冯友兰
(1895-1990)-人物研究 Ⅳ．①B261.5

中国版本图书馆 CIP 数据核字(2023)第 213659 号

河南人民出版社出版发行
(地址：郑州市郑东新区祥盛街 27 号　邮政编码：450016　电话：65788055)
新华书店经销　　河南瑞之光印刷股份有限公司印刷
开本　890 毫米×1240 毫米　1/32　印张　10.75
字数　230 千字
2023 年 11 月第 1 版　　2025 年 4 月第 2 次印刷

定价：49.00 元

冯友兰（1895 年 12 月 4 日—1990 年 11 月 26 日）

1912—1915 年，冯友兰（中）在中国公学读书期间与同学合影

1918 年，冯友兰（二排左四）与蔡元培（一排右四）、陈独秀（一排右三）、梁漱溟（一排右二）等在北京大学文科哲学门毕业留影

1948 年，冯友兰途经夏威夷归国

1948年，冯友兰（二排左二）与胡适（一排右四）、陈省身（后排左二）、苏步青（四排右二）、茅以升（一排左三）等当选为中央研究院第一届院士

1951年，印度总统兼德里大学校长普拉沙德（右）为冯友兰授予名誉文学博士学位证书

1982 年，冯友兰（中）由冯钟璞（左）陪同入场接受哥伦比亚大学授予的名誉文学博士学位

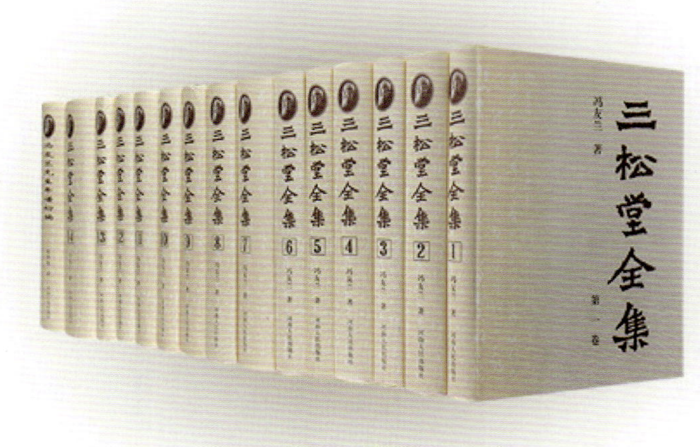

2001 年，河南人民出版社出版发行《三松堂全集》

冯友兰晚年常忆家乡唐河的泗洲塔

南阳梅城公园内“冯氏三兄妹”（冯友兰、冯景兰和冯沅君）的照片

冯友兰纪念馆

南阳市卧龙区档案馆一角

2008 年，南阳冯友兰研究会代表与部分冯学研究专家在北京大学芍园合影（从左至右：逯忆、李中华、余敦康、刘振山、牟钟鉴、陈来、陈战国）

2019 年，全国第十二次冯友兰学术思想研讨会在唐河举办

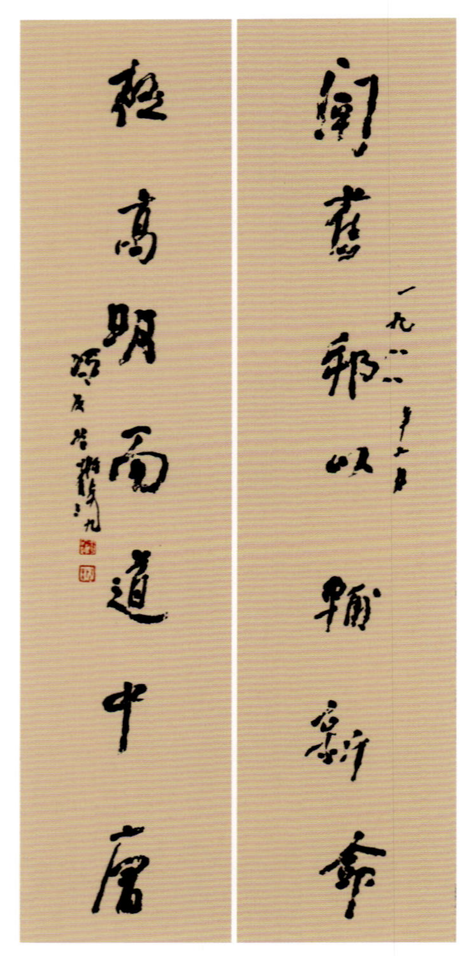

冯友兰手书“阐旧邦以辅新命，极高明而道中庸”，上联谓学术志向，下联谓人生境界

序一　其道不孤

陈　来[①]

多年前，我为先生写小传，开篇第一句话是:“冯友兰先生，字芝生，河南唐河县人。”盖为人作传，籍贯是不可或缺的一笔：一则写实，二则一方水土养一方人，从中可管窥传主成长的地域与文化环境。

唐河，隶属于南阳。南阳，古之名郡、今之名城，李白曾挥笔写下《南都行》，盛赞“此地多英豪”。诚哉斯言。南阳人杰地灵，英才辈出，先生即是其中的杰出代表。

先生幼时在祖宅生活 9 年，后又从武昌返乡读书 3 年，算起来在家乡完整度过了 12 年光阴。先生一直对中原故土怀有深厚感情，其坚韧宽厚的性格、丰富曲折的经历，甚至多彩深厚的学术成就、教育思想，与斯地人文社会之间，一定存在某种内在关联——如果立题，应是一篇不错的学术论文。在此不作赘述。

① 清华大学国学研究院院长、教授，中国哲学史学会会长、中国哲学史学会冯友兰专业委员会会长。

我很高兴看到，先生的家乡南阳，在当地冯友兰研究会的倡导和推动下，有越来越多的人开始看他的书，尝试理解他的精神、理解他“阐旧邦以辅新命”的毕生努力。当地的同志认为，先生强烈的爱国情怀、刻苦的求学精神、非凡的哲学成就、坚强的意志和毅力等，有助于启迪教育当代青少年，提高人们的精神境界和道德修养等，我深以为然。

“三史释今古，六书纪贞元。”冯先生是哲学界仰之弥高的一个存在，他的思想已成为中华优秀文化的有机组成部分。在21世纪中华民族重新崛起的大时代，学习、传承、弘扬优秀文化，以文化人，让文化直抵人的心田，滋养人的精气神，正是我辈的职责。大道不孤，正道不孤。这些年，有越来越多的单位、机构和个人参与到优秀文化推广、传承活动中来，南阳冯友兰研究会即是此大道上的同行者。

为推动冯友兰哲学思想的研究、宣传和普及，南阳冯友兰研究会做了许多具体而扎实的工作。春华秋实，岁物丰成。《哲学大家冯友兰》，即是该研究会结出的第一颗果子。书稿共分耕读传家久、三史释今古、六书纪贞元、育人六十载、情系家与国、故乡研冯学等六章。南阳冯友兰研究会的同志说，这本书是协会正式编纂的第一部书，它不是学习研究的结束，而是下阶段学习研究的开始。我深信并期待着，未来南阳的冯学研究能够结出更加丰美的果子。

是为序。

序二　旧邦新命，做好新时代人才答卷

刘振山[①]

古城南阳，文化厚重，英才辈出。其人物之盛，蔚为大观，外地少有比肩者。据不完全统计，进入二十四史的南阳名人即有 800 人之多，且具有层次高、门类广、贡献大等特点。五游南阳的李白曾感慨：此地多英豪，邈然不可攀。

青蓝相承继，赓续谱新篇。现当代以来，南阳名人亦呈喷涌之势。诸多名人中，有考古名家董作宾、徐旭生，有“百年巨匠”、建筑学家杨廷宝，有著名作家姚雪垠、二月河，有“当代毕昇”、发明家王永民，更有“世纪哲人”冯友兰这样名震中西的大学者。

冯友兰（1895 — 1990），字芝生，南阳唐河祁仪人，当代著名哲学史家、哲学家、教育家。

“三史”“六书”，智山慧海。冯友兰的学术贡献可以用“三史释今古，六书纪贞元”来概括。“三史”，即《中国哲学史》《中

① 南阳冯友兰研究会名誉会长、南阳理工学院原副院长、南阳市老干部大学副校长。

国哲学简史》《中国哲学史新编》，奠定了冯友兰哲学史家的崇高地位。其中，《中国哲学史》创作于20世纪30年代，是中国第一部真正意义上完整的中国哲学史，在中国哲学史领域具有开山之功。“六书”，即“贞元六书”，则跳出旧哲学窠臼，创建了“新理学”哲学体系，带领中国哲学进入现代，成就了冯友兰青史留名的哲学大家地位。

教书育人，成就斐然。20世纪20年代，冯友兰从美国留学归来，志向之一就是要在中国建设一所现代化的大学。他曾协助时任国立清华大学校长的罗家伦，使清华大学由隶属外交部改为隶属教育部，实现了清华大学的教育独立，并设立研究院，确立了教授治校制度。自20年代至90年代，冯友兰在讲坛辛勤耕耘60余载，培育桃李万千，为中国教育事业作出重要贡献。

爱国情怀，感人至深。在中华民族危难深重的时刻，为激励中国人民奋起反抗日本侵略者，树立必胜信念，冯友兰于颠沛流离中完成了“贞元六书”这部巨著，构建了“新理学”哲学体系。他对中国文化的那种与生俱来的使命感和责任感，令人钦佩不已。

包括冯友兰在内的古今南阳名人，是我们南阳人的骄傲，是南阳丰厚人文资源的缩影，也是中华优秀传统文化的一个组成部分。如何让优秀的传统文化焕发出新的生机，是一个重大的时代课题。多年前，冯友兰在《三松堂自序》中写道：“中华民族的古老文化虽然已经过去了，但它也是将来中国新文化的一个来源，它不仅是过去的终点，也是将来的起点。将来中国的现代化成功，它将成为世界上最古也是最新的国家。”旧邦新命，正是冯友兰哲学思想的精髓，为我们今天弘扬中华优秀传统文化，将之真正转化为助推经济社会发展的强大动力，提供了丰沛的文化滋养。

南阳冯友兰研究会自成立以来，举办一系列全国、全省、全市学术研讨会，开展进学校、进社区、进农村、进机关、进企业“五进”活动，学习、宣传冯友兰的学术思想、精神品格，社会反响良好。近年，响应南阳市委、市政府人才发展战略，研究会与南阳文化教育部门、社会民间组织等，聚指成拳，形成合力，各自从不同名人、不同角度，以不同方法、不同形式入手，逐步加大研究力度，认真挖掘、整理包括冯友兰等在内的古今南阳名人的成长历程、成才原因、启示意义，广泛宣传，大力弘扬，使之成为教育年轻人、各级干部和广大民众的教科书，成为引领南阳人奋发有为的精神力量。

尤其值得一提的是，自2020年以来，南阳冯友兰研究会为满足读者之需，组织专家学者历时3年编写了一部普及读物《哲学大家冯友兰》。该书重点突出，博采众长，言简意赅，雅俗共赏，既是对南阳冯友兰研究会30年来研究成果的充分肯定，也是家乡人民对冯友兰先生最好的学习、敬仰和纪念，更是一部传承、弘扬冯友兰文化的可读之书。

南阳未来的发展迫切需要强化人才引领支撑、营造“近悦远来”的人才生态。希望包括南阳冯友兰研究会在内的社会团体、研究机构，进一步激扬文化自信，挖掘名人文化资源，探寻南阳人才成长的基因、人才成功的内外因，凝聚起精神伟力，培育出更多的人才、名人，加速推动形成万千诸葛汇聚南阳、建设南阳的喜人局面，为助推南阳发展贡献不息的文化力量。

序三　高山仰止，景行行之[①]

聂振弢[②]

在我写的《南阳学子勉词》中有“一门大师三兄妹，友兰景兰冯沅君”句，就指著名哲学家冯友兰、地质学家冯景兰、文学家冯沅君，亲兄妹三人都是一级教授，这在中国教育界极其罕见，他们在各自研究领域所取得的成就和作出的贡献令人称扬。在学前，冯友兰先生就先读了《论语》《孟子》《大学》《中庸》，之后又读了《诗》《书》《易》《礼》《春秋左传》。一本书必须从头背诵到尾，才算读完，这叫“包本”。如今看来，这是他成为大师的国学根基。1905 年他随父亲台异公到武昌，随后台异公任崇阳县令。冯友兰 12 岁那年，台异冯公暴病而亡，留下孤儿寡母一家子。母亲吴清芝亲奉台异公灵柩，携冯友兰三兄妹，舟车劳顿一月有余回到唐河老家。

1907 年，母亲设私塾教儿女读书。1910 年，冯友兰考

---

① 这里是借用《诗经·小雅》“高山仰止，景行行止”一句，并在原意上作了改动。意谓学习并践行冯老的伟大品格。

② 南阳冯友兰研究会会长、南阳师范学院教授。

入唐河县立高等小学。1911 年，考入开封中州公学中学班。1912 年夏，转入武昌中华学校。同年冬，再以优异成绩考入上海中国公学。1915 年 9 月，冯友兰考入北京大学中国哲学门。1918 年 6 月，毕业于北京大学哲学系。1919 年，赴美留学，师从约翰·杜威。1924 年，获哥伦比亚大学博士学位。当时西方的哲学界认为中国没有哲学,《老子》只有 5000 字,《论语》《孟子》都是“断烂朝报”，称不上哲学。冯友兰在《中国为什么没有科学》一文中指出，中国之所以没有近代科学，是因为“按照她自己的价值标准，她毫不需要”，“非不能也，是不为也”。于是，冯友兰从 1930 年到 1934 年完成并印发了第一部《中国哲学史》上下两册，称为“大哲学史”。这让西方人真正认识到中国不但有哲学，而且博大精深，这时候社会上就流传一句话：中国人了解西方文化，靠的是严复；西方人了解中国文化，靠的是冯友兰。

冯友兰是中国现代学贯中西的哲学家与哲学史家，他直接吸收了西方的逻辑分析方法来重建儒家本体论哲学，是中国哲学史上继往开来、具有国际声誉的一代哲学大师，他让中国哲学放射出灿烂的光芒。后来应西方人的要求，他特意用英文写了一本《中国哲学小史》，由他的弟子涂又光翻译成中文，名为《中国哲学简史》。中华人民共和国成立后，冯友兰先生觉得要以马克思主义为指导，重新写一部直到新中国成立的《中国哲学史新编》七册。

冯友兰几乎历经近一个世纪的世事变迁。1990年5月，他自拟了一副95岁的预寿联，联曰："三史释今古，六书纪贞元。""三史""六书"概括了他一生的学术贡献。其哲学作品为中国哲学史的学科建设作出了重大贡献。

1987年12月3日，我与南阳教育学院两位老师一同去看望了友兰先生。冯老很高兴地接见了家乡的三个晚辈。当时我们办了《作文指导报》和《南阳教育学院学报》，希望冯老题个字。冯老亲切地说："我眼睛看不见了，可以摸着写。"这时冯老门婿蔡仲德先生拿来放着一张白纸的小板板儿。冯老用手摸了摸四边，题了"言之无文，行之不远""修辞立其诚"。这两句经典古语，印到《学报》和小报上，对南阳百万师生是多么珍贵的教诲啊！

1990年11月26日，这位中国一代大师安然离开了这个世界。我当时在北师大做访问学者，听到这个消息极为悲痛，遂代表南阳学术界、教育界及家乡200万师生送去一副联语："高山仰止，巍巍一石勒天地；景行行之，郁郁三松存古今。"

是为序。

目 录

第四章　育人六十载

第五章　情系家与国

第六章　故乡研冯学

第一章 耕读传家久

唐河县祁仪镇的冯氏家族至今已历时300余年，延续了10余代人，是名副其实的书香之家、百年望族。家族内人才辈出、薪火相传，诞生了以冯友兰、冯景兰和冯沅君三兄妹为代表的众多优秀人才。大凡历史上的一些名门望族，必有其世代相传的家风。“一个人所处底社会，对于他的品格，有决定底影响。这种影响我们称之为‘化’，……家亦是小社会，一家有一家的风尚，即所谓家风是也。一个人可为其家风所化。”[①]家风承载着一个家庭和家族的生活方式、行为模式和道德风貌，是一个家庭和家族的精神内核。冯友兰从唐河祁仪走向全国，走向世界，并最终成为中国哲学领域的一代宗师。这不仅和他个人的禀赋、努力和机遇有关，也得益于他从小受到良好家风的影响和熏陶。

---

① 冯友兰:《三松堂全集》第四卷，河南人民出版社2001年版，第270页。

第一节　耕读传家

一个家族的家风是这个家族的主要创立者或重要代表人物在实践中总结的立身治家、为人处世的成功之道，是家族世代相传、约定俗成并在实际中对家族成员产生重要影响的价值观念、生活方式和行为规范的总和。它既包含着具体的行为规范和处世准则，又反映了时代的价值取向和道德观念，属于精神意识的范畴。因此就其形成过程来看，家族创业发展的实践是家风形成的物质基础；家风主要创始人的人生经历、价值观念、行为规范等构成家风内容的主要来源；家族中的关键人物、代表人物也对家风的形成、发展传承和延续起到重要推动作用。同时，家族的繁荣及其家族成员的发展和成就又使这种家风在家族成员中得到进一步认同、强化并最终确立下来。

一、艰辛勤劳的创业史

冯氏家风的形成最早可以追溯到其先祖在唐河祁仪起家创业时期。按冯友兰的说法，“我冯氏原籍山西高平县，始祖于清康熙五十五年经商来唐河之祁仪镇，因家焉，后遂为唐河望族”[1]。这是说冯氏先祖冯泰于康熙五十五年（1716年）携子冯珽玙来唐河祁仪经商谋生，经过多年奋斗，逐渐发展成为唐河一带的望族。

明清时期，唐河多地发生天灾、瘟疫，加之政府向民间征集大量财物供应军事，民力不支，百姓相继逃亡，当地人口锐减。这种状况，曾使得清初从外省向唐河移民。[2]冯家祖上迁徙至唐河祁仪经商，并且在这样一个移民众多的偏远小镇上生活、立足并创下家业，其艰辛程度可想而知。后来，冯泰返回了原籍，冯珽玙则独自留在祁仪，坚持发展，做过小摊贩生意，又经营过布匹和酿酒，后来购置田产，在祁仪站稳脚跟。

在这期间，冯友兰所在的这支冯氏曾经历了一次较大的变故。冯珽玙生有两子：长子冯汝南，次子冯耀南。冯耀南也有两子，长子冯殿甲，次子冯殿吉。冯殿吉即冯友兰的曾祖父，曾是道光年间的武秀才。冯殿吉为人慷慨豪爽，经常周济亲友、施舍穷人，但不善经营，家中田产多被典当，后来家道中落。冯殿吉个人成就虽然不算大，却为家族后辈开辟了考取科举的新方向。冯友兰曾回忆说，因为祖上有一代习武，他祖母的屋里留下了许多兵器，后来他自己也有收藏旧兵器的爱好。冯殿吉去世后，留下了妻妾涂氏、茹氏以及年仅8岁的独子冯玉文。

① 冯友兰：《三松堂全集》第十四卷，河南人民出版社2001年版，第289页。

② 唐河县地方史志编纂委员会：《唐河县志》，中州古籍出版社1993年版，第111页。

涂氏夫人除尽心抚育冯玉文之外，勤俭节约，辛勤操劳，陆续赎回了冯家的田产。

在祁仪，人们常称冯友兰这一支为“复盛馆”，就是因为其家业经历了一个由盛到衰、再由衰到盛的过程。其中，涂氏夫人功不可没。在涂氏夫人去世后，冯家后人无不充满着对她的感念，“先祖考慷慨好施，及卒，家中落。是时先考梅村府君甫八岁，茕茕靡依。公私逋欠山积。祖妣抚弱孤，昼夜营家计，勤心而苦力，啬衣而节食，卒复先业如初”[①]。在涂氏夫人的墓志铭中，也充分体现了涂氏夫人为冯氏家族发展节衣缩食、尽心尽力。

这一阶段可以说是冯家的创业立业时期。在这一时期，冯家先祖们在艰苦的创业立家过程中所表现出的奋斗精神、勤俭节约的持家之道以及乐善好施的淳朴品行，奠定了冯氏家风的基础，对冯家后人产生了重要影响。这是冯氏家风形成的主要背景。

二、人生理念的升华

在冯氏家风的创立和形成过程中，冯友兰的祖父冯玉文是起着至关重要作用的人。冯友兰在晚年提到家风时，也肯定了这位祖父的影响，“在祖父教育下，我们这一家就成为当地的

① 冯台异:《冯母显祖妣涂老太君墓志铭》，载于蔡仲德:《冯友兰先生年谱初编》，河南人民出版社 2001 年版，第 2 页。

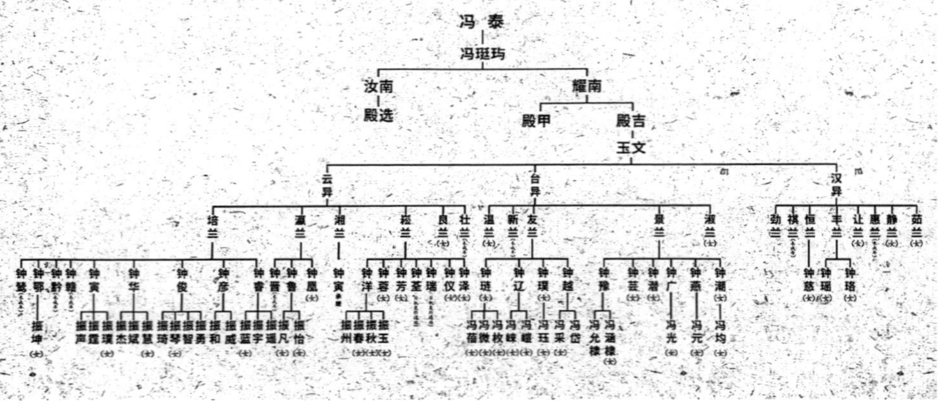

冯氏家谱

书香之家，进入了‘耕读传家’的行列”[①]。冯玉文的人生经历、价值观念和处世原则在冯氏家风的形成中留下了深深的烙印。

家族的“复盛”使得冯玉文有条件接受到良好的教育，但冯玉文一生并没有考取任何功名。根据冯家后人为其撰写的墓志铭，冯玉文“弱冠试辄高列，适学使者，遇士不以礼，遂发愤弃举业，专肆致力古文辞”[②]。冯玉文生性耿直，因为当地官员不尊重读书人，就彻底放弃了科举的道路，从此立志读书，并最终学有所成。他留下了一部《梅村诗稿》，这部诗稿代表了冯家的一种家风，对冯家后人的影响非常大，也是冯家重文家风和书香传统的标志。

冯玉文也继承了其母亲勤俭持家的品行，到他独自治理家业后，置备了相当规模的田产。冯友兰曾说，他的祖父有 1500 亩土地，在祁仪一带还算不上大地主。冯玉文不仅在祁仪镇上建作坊酿酒，经营布匹、客栈，而且购置大量田产，使冯家由“商”逐渐转到“耕”。随着田产的增加，商业经营的成功，冯家逐渐成为祁仪当地的巨富。家庭财富的积累，为后来冯家子弟的教育与成长奠定了坚实的经济基础。

冯玉文在科举仕途上遭遇的重大变故、家族财富的不断积累，再加上自身受过良好的教育，使他对财富的追求，对人生

① 冯友兰:《三松堂全集》第一卷，河南人民出版社 2001 年版，第 5 页。

② 冯汉异:《冯玉文墓碑拓片》，载于高文军、赵志敏编著:《冯友兰家族人物谱》，中州古籍出版社 2015 年版，第 8 页。

的理解，同他的父辈们已有所不同。他对文化的重要价值有更切身的体悟和感受，对人生也有了更通透的思考和理解。冯玉文不再单纯追求财富的积累，而是开始回报社会，回馈乡里。冯玉文仗义疏财似乎不再只是出于淳朴的同情之心，而是因为对人生的通透理解而作出的理性选择。更为重要的是，冯玉文对于子女们的要求，也不再只是聚敛财富、固守家业，而是希望自己的后辈们，既能保持冯家勤劳致富的传统，又能受到良好的文化教育，使冯家进入“耕读之家”的行列。

当然，冯玉文在理念上之所以有这样大的变化，还有一个重要原因就是要改变家族地位。在传统乡村社会，“耕”可以实现比较殷实富裕的生活，而通过“读”不仅可以成为乡里的表率，赢得乡邻的尊重，甚至可以取得功名，改变身份与地位，从而彻底实现家族地位的提升。冯家过去虽然已是比较富裕之家，但在祁仪当地的地位并不算高。冯家后人曾回忆说，冯玉文 8 岁丧父，孤儿寡母，常遭人欺负，同镇有一恶棍，时常手持大刀站在冯家门前，索要财物，或是百般阻挠冯家佃户往镇上送粮送柴。[①] 正是这样的生存环境，使得冯玉文下定决心，要聘请名师，教育子弟，改善家族地位。冯玉文的人生变故和人生理念的转变，是形成冯家耕读家风的直接原因。

---

① 姚伟：“小镇走出的大家”系列之一，载于高文军、赵志敏编著：《冯友兰家族故乡情》，中州古籍出版社 2015 年版，第 111—112 页。

唐河祁仪镇冯家旧宅（现为祁仪镇政府所在地）中的银杏树。此树为冯友兰的祖父冯玉文所栽，距今有 160 余年

三、成就书香之家

在“耕读”理念的影响下，冯家最终成为名副其实的书香之家。

一是形成了“作诗”的家风。冯玉文留有《梅村诗稿》，冯友兰的伯父冯云异留有《知非斋诗集》，冯友兰的父亲冯台异留有《复斋诗集》。冯友兰有一个姑姑冯士钧，从小天资聪颖，极善诗文，可惜18岁即病逝。冯家人把她生前留下的诗稿辑为《梅花窗诗草》。冯云异曾为此作序：“余亡妹幼聪敏绝人，识字辄不忘，稍长，与余及仲弟同受学于杨贤堂先生，读书甚颖悟，作文飘飘有凌云气。尤长于诗。清辞丽句，得晚唐风味。”[①] 冯友兰不仅把“善诗文”视为冯家的一种家风，而且对此也颇感自豪。他认为，一个人学识渊博，并不等于具备诗人的天赋，这样的人也可以写诗，但他们写成的诗，并不是真正意义上的诗。他把善诗的家风归之于冯家子弟的天赋与资质。

二是在科举取士上取得了突破。冯玉文有三子：长子冯云异、次子冯台异、三子冯汉异。冯云异、冯汉异先后考中了秀才。冯台异更是于光绪二十四年（1898年）被赐予同进士出身。兄弟三人，两个成了秀才，一个成了进士，这在唐河祁仪一带已经十分难得了。在冯友兰的家乡，也有人将三兄弟称为“一

---

① 冯云异：《梅花窗诗草序》，载于高文军、赵志敏编著：《冯友兰家族诗词集》，中州古籍出版社2015年版，第145页。

冯友兰的父亲冯台异（1866—1908）

门三杰”。冯台异中举之后，曾出任过唐河县崇实书院的山长，即院长。冯台异被赐同进士出身之后，开始在湖北武昌的方言学堂任职,后来“得缺”署理湖北崇阳县政。冯台异以进士身份，第一个离开河南唐河，到外省做官，正式步入仕途，这使得冯家在唐河祁仪，终于成为名副其实的名门望族、书香人家。

三是在子弟教育方面取得了极大成功。冯友兰和弟弟冯景兰、妹妹冯沅君先后考入北京大学，继之赴美国、法国留学。冯友兰是中国现当代史上杰出的哲学家、哲学史家和教育家，享有“一代宗师”的美誉；冯景兰是著名地质学家、矿床学奠基人之一，中国科学院学部委员，在世界上首次发现并命名了“丹霞地貌”；冯沅君是中国现代作家、文学史家，在 20 世纪 30 年代与冰心、丁玲等同为散文界著名女作家，后来由文学转而学术，是新中国第一位女性一级教授，曾任山东大学副校长。冯氏三兄妹同为“五四”以后中国学术文化领域中的知名人物，均为一级教授，在学术事业方面都取得相当的成就，有“唐河三冯”的美誉。冯友兰的四个子女也各有专长。长女冯钟琏毕业于西南联大外文系，是优秀的中学老师；长子冯钟辽在西南联大读书时曾从军抗日，参加了滇西反攻战役，后成为电机设计方面的专家；次女冯钟璞（宗璞）是当代知名作家，茅盾文学奖获得者；次子冯钟越毕业于清华大学航空系，是中国飞机结构强度专家。1983 年，冯钟璞获得钟山文学奖时，冯友兰专门为其写了副对联：“槐树旧街，传下三世文采；钟山新砚，送来六代风流。”[①]“传下三世文采”意即从冯台异算起，冯家三代人保持和传承冯家书香传统。据统计，从冯友兰这一辈起，冯家三代子弟中，获得博士学位的有 8 人，37 人毕业于北京大学、清华大学、巴黎大学、哈佛大学、哥伦比亚大学等世界著名大学，23 人留学海外。[②]这在中国近现代史上实属罕见。

冯家在子女教育方面的成功，特别是在科举上的突破，使冯家的社会地位发生了根本性质的变化，这一变化又反过来促进和加强了耕读的传统。耕读的传统也被冯氏家族忠实地沿袭和保持，并且很好地贯彻到对子弟的教育之中。也正是由于这个家风的延续和熏陶，终于培养出了冯友兰这位学贯中西、享誉海内外的哲学家、哲学史家。

四、家风的传承和发扬

如果说冯玉文是冯氏家风形成的主要奠基人，那么冯玉文的长子冯云异和冯友兰母亲吴清芝，则是对冯氏家风的传递、延续、发展和弘扬起到关键作用的人。

冯云异，字鹤亭，晚清秀才，著有《知非斋诗集》，曾作过唐河“劝学所”的所长，负责管理全县的新式学校。作为冯氏大家族的长子，也是这一时期冯氏家族实际上的家长，冯云异

① 冯友兰：《三松堂全集》第十四卷，河南人民出版社 2001 年版，第 555 页。

② 赵金钟：《霞散成绮——冯友兰家族文化史》，长江文艺出版社 2000 年版，第 207 页。

负责整个家族重大事务的决策和管理。特别是在冯台异去世后，冯友兰兄妹随母亲吴清芝回到唐河，有关子女教育等重大事情的安排，吴清芝都和冯云异商量。冯友兰晚年回忆说，冯云异曾听取吴清芝的建议，重新聘请教师恢复冯家家塾，并安排冯友兰等冯家子弟报考唐河县立小学。不仅于此，冯云异还要考虑冯氏家族和冯氏子弟的长远发展。在其留下的《知非斋诗集》里，有一首《训子侄四章》：

训子侄四章[①]

诗书万卷道无穷，扼要一言执厥中。
莫学浮华新习气，谨遵纯朴旧家风。
但能遏欲斯存理，若不徇私即大公。
寄语儿孙须记取，自来本色是英雄。

燕山丹桂五枝芳，训子谆谆守义方。
物朴偏能延岁月，花娇多不耐风霜。
绮罗最丽寒难御，黍粟虽粗味却长。
寄语儿孙须记取，此中甘苦我亲尝。

性情优劣在遗传，最易迁移是少年。

① 冯云异:《训子侄四章》，载于高文军、赵志敏编著:《冯友兰家族诗词集》，中州古籍出版社 2015 年版，第 96—97 页。

自古有为先有守，此心无欲即无偏。
辛勤稼穑食恒足，孝友家庭子自贤。
寄语儿孙须记取，读书且莫弃耕田。

无论守旧与维新，到底男儿贵立身。
有势利心难免俗，知诗书味不骄人。
无源沟浍流终涸，不义金银富易贫。
寄语儿孙须记取，欲知后果看前因。

这首诗就是冯云异为冯氏家族制定的家规家训，告诫子弟要遵循冯氏家族的淳朴家风。冯氏家族的淳朴家风就是“耕读传家”，即知书达理、勤俭守义等。

吴清芝，字静宜。“其先闽人，清初随云南右路总兵涂公孝臣屯垦唐河，因家焉，居城南二十五里小吴庄。”[①] 吴清芝知书达理、勤劳俭朴、乐善好施，在她身上体现出旧时代妇女的完美品性。吴清芝来到冯家后，相夫教子，持家有方，深受冯家长辈的爱护和冯家后辈的尊敬。不论冯台异的举业，还是冯友兰兄妹及其下一代人的学习成长，都离不开吴清芝的辛勤付出。

冯台异从清光绪十五年（1889 年）中举，到清光绪二十四

---

① 冯友兰:《三松堂全集》第十四卷，河南人民出版社 2001 年版，第 294 页。

冯友兰的母亲吴清芝（1862—1944）

年（1898年）被赐同进士出身，其间间隔9年。在这期间，吴清芝不仅要照料家务，使冯台异能够专心于学业和科举，而且还要筹措和准备财物，以备冯台异进京应之需。冯友兰在后来为其母撰写的生平回忆文章中也提到这件事："先考屡赴京会试，亲族乡里有赠路费者，及后先妣悉偿还之。"[①]吴清芝为支持丈夫应试，不辞辛劳，不计金钱，不惧失败，矢志不渝，坚持不懈，最终帮助和成就冯台异的科举之路。冯友兰后来提到他父亲的仕途生活时说："父得助而高骞，乃游宦于武昌，受高贤（梁鼎芬）之知遇，始为宰于崇阳。"[②]这里即是指吴清芝对于冯台异举业仕途的帮助。

吴清芝在冯家"耕读之家"的延续传承上也起到了关键的作用。在冯台异任职期间，吴清芝悉心照料丈夫和儿女们的起居生活，家中事无巨细，皆亲自操持。治家之余，吴清芝更是花费了大量时间和精力来照看子女们读书。冯友兰在武昌家中读书时，具体事宜也主要是由他的母亲安排的。冯友兰回忆说，在他的读书生活中，《尚书》《周易》《左传》这三部中国传统典籍即是在武昌生活时，由母亲吴清芝带领他读完的。初到崇阳时由于教读师爷未能随行，冯友兰和弟妹们读书仍暂由母亲督促。后来教读师爷虽到但没有停留多长时间就因故离开，这项

① 冯友兰：《三松堂全集》第十四卷，河南人民出版社2001年版，第290页。

② 冯友兰：《三松堂全集》第一卷，河南人民出版社2001年版，第102页。

任务就仍由吴清芝承担。

冯台异去世时，子女尚幼，冯友兰当时 14 岁、冯景兰 10 岁、冯沅君 8 岁，家庭的重担特别是子女的教育全部落在吴清芝的肩上。冯台异由于突然病逝，对于家中事务和子女教育问题没有留下任何遗言。但冯台异生前有个理念，就是不希望子孙代代都出翰林，只希望子孙代代有一个秀才。因为“子孙代代出翰林，这是不可能的事。至于在子孙中代代有个秀才，这是可能的，而且是必要的。这表示你这一家的书香门第接下去了，可以称为‘耕读传家’了”[①]。吴清芝自然十分地清楚，教育子女继承这份书香传统，对于冯家而言是何等的重要，而且孤身抚育孩子去继承冯家的书香传统，更是需要付出加倍的艰辛。可以说，冯友兰兄妹之后的学业有成乃至以后的事业发展都离不开母亲吴清芝的艰辛付出。

冯友兰晚年回忆说：“母亲是我一生中最敬佩的人，也是给我影响最大的人。”[②]1982 年，冯友兰赴美参加活动，在机场即兴作诗：“早岁读书赖慈母，中年事业有贤妻。晚来又得女儿孝，扶我云天万里飞。”[③]母亲吴清芝对冯友兰兄妹早年的学习起到重要的影响，不仅于此，在冯家的后辈中，冯钟豫、冯钟芸和冯钟琏等也都由吴清芝自幼教读。因此，从家风传承、发展来看，

① 冯友兰:《三松堂全集》第一卷，河南人民出版社 2001 年版，第 26 页。
② 冯友兰:《三松堂全集》第一卷，河南人民出版社 2001 年版，第 104 页。
③ 冯友兰:《三松堂全集》第十四卷，河南人民出版社 2001 年版，第 537 页。

吴清芝是对冯友兰兄妹及其后代子女产生直接影响的人。

尽管冯友兰曾明确提到冯氏家族是“书香之家”，有“作诗”的家风，不过冯家并不像历史上有些大家族那样，将家风以明确的文字传承下来，但不可否认，冯氏家族有其固有的家风。这个家风就是由冯氏家族的主要代表人冯玉文、冯云异、吴清芝等人创立、形成、延续、发展，并对冯氏家族成员产生了重要影响的治家之道和处世之方，具体表现在持家、立身、处世、为学四个方面。

第二节　勤俭立业

勤俭是冯家立业的根本，也是其发家的关键。冯氏勤俭立业的家风不仅表现为以勤俭节约的精神立家创业，而且还体现在家族成员始终保持艰苦奋斗、刻苦勤勉的精神。

一、勤俭节约

冯氏家族以勤俭起家。作为一个到唐河祁仪这个地理位置偏远且移民居多的小镇谋生的外来户，能在当地立足并不断发展，其困难程度可想而知。特别是其间它又经历从衰落到复兴，最终成为当地的名门望族，这始终都离不开勤俭。冯母吴清芝曾告诫子女:“吾冯氏祖宗以勤俭起家，子孙敢逸豫乎？”[①]从祁仪冯氏第二代冯珽玙开始，即始终坚守勤俭节约，后经涂氏和茹氏夫人、冯玉文等传承下来，并对冯家后人产生重要影响，最终形成冯家的家风。涂氏夫人“昼夜营家计，勤心而苦力,啬衣而节食”[②],冯玉文“恒布素食不兼味”[③],冯云异告诫子弟“辛勤稼穑食恒足”[④],而这一点同样在吴清芝身上体现出来。冯台异为官清廉，没有多少宦囊。自从离开祁仪后，虽然没有向祁仪老家送过钱，但也没有向老家要过钱。能够维持日常生活的花费，包括给孩子们请教书先生、给家里请帮佣等，都是靠吴清芝的节俭。在祁仪老家时，冯家作为当地较为富庶的大家族，而且乡下工资便宜，冯家每房可以用一个佣人。但是在武昌时，因为生活花费高，吴清芝就没再请过女佣。即便冯台异任崇阳知县之后，吴清芝仍然勤俭如初。除要亲自带领子女读书之外，家中的日常生活事务包括打扫、洗涮、缝补等无论大小，都是由她一人承担。冯友兰曾回忆其母亲说:“平日持家极俭……家事无大小，躬自操作……平日衣常故旧，食常粗

---

① 冯友兰:《三松堂全集》第十四卷，河南人民出版社 2001 年版，第 290 页。

② 冯台异:《冯母显祖妣涂老太君墓志铭》，载于蔡仲德:《冯友兰先生年谱初编》，河南人民出版社 2001 年版，第 2 页。

③ 冯汉异:《冯玉文墓碑拓片》，载于高文军、赵志敏编著:《冯友兰家族人物谱》，中州古籍出版社 2015 年版，第 8 页。

④ 冯云异:《训子侄四章》，载于高文军、赵志敏编著:《冯友兰家族诗词集》，中州古籍出版社 2015 年版，第 97 页。

粝。”[①]

二、勤奋好学

冯家勤俭的家风还表现在子弟勤奋好学上。冯友兰曾说起他的母亲吴清芝带领他们兄妹读书时的情景：在没有钟表的时代，为了严格作息时间，吴清芝让孩子们按时读书，画线于地，以志日影，影至某线休息，至某线读书写字，都有定规。在武昌时，吴清芝“治家之余，亲自教子女读书”[②]，到崇阳后，“先寓于茶厘局内，行装甫卸，即教友兰等读，屋宇逼仄，书声闻于外”[③]。冯台异有一个幕僚，见此情景，无不感叹说：“吾作幕多年，未见太太、少爷有如此好学者。”[④]不管在哪里，吴清芝总是第一时间带领和督促子女们读书，并不是要以此获取周围人的钦羡与赞许，而是因为她自己从冯台异的学业和科举道路中，体认到了勤劳与苦读对于人生的重要性。她是要通过带领和督促子女们念书，将自己的这种体认与感悟，潜移默化至孩子们的意识和行为中去。也正是出于这种考虑，在料理完冯台

① 冯友兰：《三松堂全集》第十四卷，河南人民出版社 2001 年版，第 290 页。

② 冯友兰：《三松堂全集》第十四卷，河南人民出版社 2001 年版，第 290 页。

③ 冯友兰：《三松堂全集》第十四卷，河南人民出版社 2001 年版，第 291 页。

④ 冯友兰：《三松堂全集》第十四卷，河南人民出版社 2001 年版，第 291 页。

异的后事之后，吴清芝首要考虑的问题就是冯友兰兄妹的读书教育问题。她与冯云异和冯汉异商议，聘请教师来家，带领冯友兰兄妹读书，后来她又让冯友兰、冯景兰兄弟入读唐河县立高等小学和中州公学等。

正是勤奋苦学，成就了冯友兰兄妹后来的学术成就。冯友兰曾有个叫郝春华的表兄，也在冯家家塾读书。由于冯友兰性格温顺、又有点口吃，郝春华总是欺负他，但是他远不及冯友兰聪颖勤奋。后来，冯友兰学贯中西，成为海内外著名学者，郝春华则仍然寓于乡野、潦倒终生。[①] 冯家后人，每念及冯友兰和他的表兄弟们在冯家家塾中学习的情景，以及他们后来在人生境遇方面的巨大反差，总是感叹不已。

三、勤勉自励

冯氏家族的勤俭之风对冯友兰产生了重要的影响。冯友兰一生治学勤勉。早在哥伦比亚大学研究院学习时，因为博士学位需要加选第二外语，有些学生产生畏难情绪，宁愿只要一个硕士学位，但冯友兰一开始就确立了要获取博士学位的目标，便严格按照学校规定的学习方案学习，脚踏实地、勤勉务实。“我是想要得个博士。我的想法是，学校所规定的那些要求，就是一个学习方案，它所以那样规定，总有一个道理。照着那个方

① 姚伟：“小镇走出的大家”系列之二，载于高文军、赵志敏编著：《冯友兰家族故乡情》，中州古籍出版社 2015 年版，第 117 页。

案学习，总比没有计划，随便乱抓，要好一点。”[①] 在留学期间，因为学费和生活费的问题，冯友兰在学习之余也做过很多兼职工作。

20 世纪 30 年代初，冯友兰就写出了两卷本的《中国哲学史》，在其后的 10 余年时间里，又连续写作并出版了“贞元六书”，接着又创作了《中国哲学简史》。这固然与其高超的思维能力和理论水平有关，但更离不开刻苦勤勉的思考和写作。20 世纪 50 年代之后，冯友兰经历了连续不断的思想改造和政治批判运动，以及无休止的自我批判和审查，但无论面临的环境有多么复杂险恶，他仍然坚持在哲学的田园里辛勤耕耘。与同时代的金岳霖、贺麟和汤用彤等当时中国一流学者相比，仅就长期保持创作积极性来说，冯友兰是第一位的。

在晚年时，他刚刚经历了“文革”的磨难，又面临各种审查批判，同时又接连遭到夫人去世和爱子早逝的沉重打击，但他从未向命运低头，始终顽强地投入新的哲学思考，最终在 80 多岁之后，哲学的生命再度辉煌，精神和学术进入一个崭新的境界。在生命的最后 10 年里，他先后创作完成 25 万字的《三松堂自序》、近 150 万字的七卷本《中国哲学史新编》，还有若干篇文章。冯友兰当时已年迈多病，但老有所成、老有所为，在历经磨难后“复振而惊世”，这固然得益于中国整个政治环境

① 冯友兰:《三松堂全集》第一卷，河南人民出版社 2001 年版，第 53 页。

和学术环境的改善，也是因为冯友兰坚守的文化使命和内在精神力量的驱动，而这种精神力量离不开冯家勤俭家风的熏陶和影响。

第三节 仁义好施

冯家还有仁义好施的家风。这表现为对亲朋的资助，对邻里的帮扶，以及在艰难困苦下对同胞施以援手等善良行为，也是其仁义为本、为人忠正的体现。

一、慷慨好施

冯友兰的曾祖父冯殿吉虽因不善经营而致家业败落，但为人却慷慨豪爽，经常周济亲友，施舍穷人。其祖父冯玉文也积极回报社会，回馈乡里。冯玉文苦心经营的“复盛馆”，曾因经营不当而衰败，但他对贫穷人家所欠的数额巨大的债款也不再追讨。清光绪三年（1877 年），祁仪一带遭遇大旱，“道殣相望”，冯玉文又慷慨解囊，赈济灾民，其善举深为乡邻称道。冯母吴清芝虽然个人节俭，但对亲朋故友却慷慨大方。在湖北武昌和崇阳时，每有亲戚来拜访，临走时必赠以财物。她还时常告诫冯友兰兄妹“自家吃饭可以不好,有客则不可以无肉”[①]。亲族中凡有家道中落者前来借钱，吴清芝必以礼待之，并竭力帮扶。冯台异曾经的乳母晚年时无依无靠，吴清芝便将其接回自家，给她养老送终。1942—1943 年间，河南北部的一些地方遭遇了严重饥荒，大量灾民逃荒到唐河，吴清芝每天慷慨施粥，救活了大量的灾民。受母亲吴清芝的影响，每每遇到别人有难处，冯友兰也慷慨相助。冯友兰 1945 年回乡为母守孝期间，看望、拜访乡邻朋友，遇到家庭条件困难的，都会送去一些柴米或赠送一些钱。当时有很多从华北沦陷区逃亡到祁仪的难民，冯友兰也向他们发放一些钱和食物，还不忘交代家人以后要时常给他们送些米饭、茶水等。晚年，凡有家乡来客登门拜访，冯友兰大都挽留吃饭，临走时还赠以路费。富且仁、达则兼济天下是中华民族的处世智慧，也为冯氏家族忠实践行。

二、仁义忠正

但冯家的慷慨好施并不是为了名利，其背后是对仁义忠正的坚守和操持。这可以从他们对待钱财的态度上反映出来。

一是诚信处世，不图不义之财。冯台异在崇阳去世后，他的一部分幕僚曾想趁机以报亏空的名义，弄一些钱财。因为知县已经逝世，出现亏空上司也无法对其追讨，只能由下一任知

---

① 冯友兰:《三松堂全集》第十四卷，河南人民出版社 2001 年版，第 290 页。

县来弥补。在他们看来，这在官场中是很普遍的现象。而且，冯台异能够来崇阳任职，是因为得到了代理湖北藩台梁鼎芬的举荐与支持。凭冯台异与梁鼎芬的关系，这种财政上的亏空更不至于追究。于是，他们极力劝说吴清芝“官殁既无可追，家属何苦不自为计”①。这些人表面上是为知县家人着想，但实际上却是为自己谋利益。但吴清芝的态度十分鲜明。她坚决反对这种做法，认为人死人在，都应该是一个样子，不能弄虚作假，以报亏空的名义弄钱，否则既对不起冯台异，同时也有负梁鼎芬对冯台异的栽培。当时晚清的官场，已经相当黑暗、腐败，吴清芝如果报了亏空，不仅大概率可以成功，而且本身也可以得到不少的钱款，能弥补这些年在外地的花销，以及偿还因冯台异参加科举考试亲戚朋友所赠予和资助的一些费用。但吴清芝坚决不取不义之财，也算是当时的一股清流。

二是勤俭节约，对当用之钱却绝无吝惜。吴清芝晚年动员组织家族修建冯家宗祠。修建宗祠每天所用工人近百人，吴清芝负责工人每天的饭食，每隔两天还会为他们准备酒肉。吴清芝虽然平日衣常故旧，食常粗粝，但不仅承担了修建宗祠的上万花费，而且对修建宗祠的用料也很讲究。砖、石必求美好，木料必须用全新的。对于一些不容易买到的木材，就会让人到冯台异墓地旁砍伐一些来用。宗祠距离冯宅 1 里左右。吴清芝

① 冯友兰:《三松堂全集》第十四卷，河南人民出版社 2001 年版，第 290 页。

亲临工地监督指挥，每天往返七八次，持续了两个月左右，以致积劳成疾。临终前，吴清芝还告诫家族子弟："吾之死，如抗战兵士之阵亡，然吾自甘之。吾死，宗祠必续修。至吾因修宗祠而积劳致疾，别人可言，汝辈不可多言也。"[①]

吴清芝平生与人为善，严己宽人。冯台异过去曾多次进京赶考，因为花费较大，亲戚朋友资助了一些路费。按照当时的习惯，这些钱本来是不必还的。但是吴清芝认为这笔钱一定要还清。后来陆陆续续还了一些，还剩下一家数目较大的没有还。这件事长期成为她的一块心病，直到最后还清全部的款项。冯台异曾评价她说："为人太多，自为太少。"吴清芝却回复："吾生性如是，不如是心不安也。"[②]吴清芝对财富取舍的态度正是其仁义忠正的体现。

冯家对亲朋的资助，对邻里的帮扶，以及在困难时期对同胞施以援手，形成仁义好施的家风。这种家风又涵养和造就了家族成员的故土情结和民族意识，进而又转化和上升为爱国精神。冯友兰关心和支持家乡建设，积极参与祖国抗战和民族复兴，在社会历史和人生重大转折时期，冯友兰最终坚定地选择留在中国大陆，把自己的一生献给祖国。冯友兰的家国情怀和爱国精神离不开这种家风的影响和熏陶。

---

① 冯友兰:《三松堂全集》第十四卷，河南人民出版社 2001 年版，第 289—290 页。

② 冯友兰:《三松堂全集》第十四卷，河南人民出版社 2001 年版，第 290 页。

第四节　开明宽厚

开明宽厚是一种能够容纳异己的人和事、言和行的品质，是待人处世中表现出的宽容厚道、通达情理、开放包容，同时也是一种对生活保持乐观、自信的态度。

一、豁达闲适的人生态度

冯氏开明宽厚的家风首先表现在人生态度上的豁达闲适。在冯氏家风的主要奠基人冯玉文身上鲜明地体现了这一点。作为家中的独子，冯玉文从小接受了良好的教育。他本应该也像其他读书人那样走上科举取仕的道路，但因为看不惯当时官员的做派，就主动放弃了科举，而转攻诗文。在传统社会里，通过科举考取功名是普通的读书人改变个人和家庭命运，实现阶层跃迁，乃至实现理想抱负的唯一途径。冯玉文主动放弃科举既有率性而为的一面，同时也和其人生理念不无关系。从他留下来的《梅村诗稿》中，我们也不难发现其中所寄托的人生追求和人生关怀。

“市井如山林，梅竹即吾友。消闲一卷书，破闷三杯酒。可以遣愁魔，可以开笑口。人生贵自适，何求名垂久。”

“天地浩无声，高楼如玉阙。开遍万树花，璀璨与天接。围炉酒一杯，真可自怡悦。”

“草枯有荣时，人老难再稚。当此少壮日，欢乐莫教迟。”

“富贵何足荣，清贫岂为苦。试观富贵人，谁免一抔土。我无旷达识，至理颇先睹。闲来酒一杯，此心自太古。”[①]

冯玉文的诗在字里行间有一种“恬淡闲适之趣”。他对于财富和人生的态度，不仅同冯家祖辈们有很大的不同，而且有更加通透的思考和理解。当时新野县有一位名士叫赵一士，为其诗稿题了一首诗：“身处人间世，心怀太古春。风流伊上叟，击壤作尧民。”[②]意即冯玉文不再过于看重名利和富贵，而是更加注重追求人生的自适和怡悦。正是由于这种豁达闲适的人生态度，冯玉文最终放弃当时读书人最为看重的科举道路，不再一心敛聚财富，而是慷慨解囊，回馈乡里。同时，冯玉文对子女的要求和期盼也不再局限于固守家业，而是更希望他们能够得到良好的文化教育，成为知书达礼之人，使冯家在唐河祁仪进入耕读之家的行列。这种人生理念和人生态度对冯家后人也产生重要影响。在那个特殊年代里，冯友兰虽然历经坎坷，但从未抱怨，始终能够自守与坚持，以坚强的毅力熬过各种困难，并且在晚年还有学术上的突破，这与其豁达闲适的人生态度不

① 冯玉文：《梅村诗稿》，载于高文军、赵志敏编著：《冯友兰家族诗词集》，中州古籍出版社 2015 年版，第 4、8 页。

② 冯友兰：《三松堂全集》第一卷，河南人民出版社 2001 年版，第 6 页。

南阳唐河冯友兰纪念馆一角

无关系。

二、开明通透的生活理念

这种家风还表现为开明通透的生活理念。这一点特别体现在冯友兰的母亲吴清芝身上。作为冯家家风形成和传承的重要代表人物，无论是对待生死这一人生的重大问题，还是对待子女的问题，吴清芝都表现出了超出其自身时代局限的清醒、开明和睿智。

一是在生死问题上的从容淡定。在自己身后事的考虑和安排上，吴清芝表现得非常清醒和理智。她曾对人说，在她死的时候，子女一定不会在身边，因为“盖我若不觉病重，不肯叫他们回来，及觉病重叫他们，必赶不及”[①]。吴清芝在生前即已安排好自己的后事，当时有人建议她再准备一个石制的外棺。过去一般大家族的人去世后，都先将遗体放进木质棺材里，再将棺材放到石质棺椁中，这样可以避免木材日久腐烂，同时也是一种身份的象征。但是吴清芝却笑着回复：“无万年不坏之墓也。”当知道自己大限将至时，她叫来族人，详细地交代后事，“用某处某树做椁；某家亲戚族人来，做孝衣几身；友兰等到家时，鞋如何做；并命取预备入殓之鞋，试着一次”[②]。冯友兰曾

① 冯友兰:《三松堂全集》第十四卷，河南人民出版社 2001 年版，第 291 页。

② 冯友兰:《三松堂全集》第十四卷，河南人民出版社 2001 年版，第 293 页。

回忆其母入殓时的情形："先妣入殓时容貌悦愉，尤胜平时。"[①]旧时的人们是很重视死的，不仅去世的时候须有后辈儿孙在侧，而且根据家庭的经济状况尽可能地予以厚葬。但吴清芝作为一个封建时代偏远小镇的妇女，在生死问题上不仅没有恐慌畏惧，甚至还能够表现得如此从容淡定，是非常难能可贵的，充分体现了她的开明和通透。

二是在子女的学业和家庭方面上的开明大度。吴清芝总是希望子女们以自己的事业为重，从不要求子女在身边侍奉。冯友兰兄妹十几岁就外出学习，数十年间，吴清芝从不主动跟子女讲家里的困难，更没有让他们回来照顾。冯友兰与任载坤结婚后第一次回唐河，任载坤当时在河南女子师范学校任职，这时还有人替他们担心，怕回到唐河后，就让她留在家里帮忙照料，不让任载坤再出来了。但实际上，吴清芝不仅没有强留任载坤在家，反而在临近开学时，催促他们赶紧去学校。冯友兰曾转述吴清芝当时的话："我不要媳妇在家帮助照料，也不要媳妇在我面前伺候，我不要媳妇这样，我只希望你们在外面好好地做事，有了小孩我替你们照管。"[②]

吴清芝不仅从不插手子女的家庭事务，而且独自留守祁仪老家。其目的就是在艰难的世道下，为子女们留下一条退路。

---

① 冯友兰：《三松堂全集》第十四卷，河南人民出版社 2001 年版，第 293 页。

② 冯友兰：《三松堂全集》第一卷，河南人民出版社 2001 年版，第 48 页。

为了让他们能够安心学习和工作，吴清芝还主动提出帮助他们分担家务。在冯友兰和冯景兰兄弟出国留学期间，其子女都是从小就生活在吴清芝身边，由她亲自抚养和教育。晚清时期，唐河曾开办端本女子学堂。因为当地的整个社会风气还是相当闭塞，人们思想守旧，女性一般很少走进新式学堂。但吴清芝不仅受邀出任端本女子学堂的监学，还将自己的女儿冯沅君、儿媳吴淑贞带到学校念书。这一举动也带动当时唐河大批女性走进学堂，开风气之先。

对于儿女的婚姻，吴清芝也很少干预。冯友兰与任载坤订婚时，在得到任载坤的父母应允之后，才写信告诉自己的母亲吴清芝。吴清芝也尊重冯友兰自己的选择，同意了这门亲事。在奉行“父母之命，媒妁之言”的时代，吴清芝的表现显然是很大度开明的。冯友兰曾回忆说：“我也写信回家告诉母亲，母亲也同意了。这一点也可以见母亲的开明。对任载坤的一些诽谤之词，也传到她耳中，可是她向来主张女子要读书，愿意有一个读书的儿媳妇，就毅然同意了。”①

特别是在冯沅君的学习和婚姻问题上，更能反映出吴清芝的开明。冯沅君从小天资聪颖，幼时跟随冯友兰、冯景兰一起学习，但从崇阳回到祁仪之后，就没有再正式上学。冯友兰考入北京大学后，每次放假回来就照着学校的方法试着教冯沅

① 冯友兰:《三松堂全集》第一卷，河南人民出版社 2001 年版，第 47 页。

1935 年，冯友兰在清华乙所拍的全家福（后排左起：任载坤、吴清芝、冯友兰。前排左起：长女冯钟琏，长子冯钟辽，次女冯钟璞，次子冯钟越）

君一些诗文，冯沅君不仅很快学会，而且表现出过人的天分。1917 年北京女子师范学校增设了国文科，冯友兰就鼓励冯沅君去报考。冯沅君向母亲吴清芝提出要去北京上学。在当时的环境下，女子是很少读书的。况且冯沅君这时候已经到了成婚嫁人的年龄，被许婚于人。这时如果让冯沅君进京上学，无疑是一件耸人听闻的大事，不仅会遭受周围人的非议，同时也会面临男方家人的压力。但吴清芝力排众议，自己把责任承担下来，毅然决然支持冯沅君进京报考。这既是因为吴清芝一向喜欢儿女读书，同时也反映了她思想开明的一面。冯沅君最终如愿考入北京女子师范，后又考入北京大学国学研究所、留学法国，并最终成为中国近现代史上文学创作和学术研究的大家。

三、宽和趋新的教育方式

冯家开明宽厚的家风还集中表现在对子女教育上，采取宽和趋新的教育方式。冯家对子女的教育虽然严格，但绝不死板，更不守旧，而是给予一定的自由发展空间。

一是重视文化素质的培养。在冯家的家塾教育中，并没有像其他家塾那样，一开始就以应付科举考试为目标，死读经书，死记一些辞藻典故和经典注解，而是强调对传统文化经典的学习。冯玉文本人在古诗文方面就非常有造诣。其子女不仅在科举上有所突破，而且个个能诗善文。正是这种较为宽和的教育方式，一定程度上促成了冯家善诗的家风，而且奠定了冯家子弟深厚的文化素养。

二是采取宽柔的教育方式。冯友兰曾经回忆说，母亲吴清芝在带领子女读书时，虽然很少当面夸奖，但经常采取一些奖励措施。如果孩子们读完一册书，并且符合她的要求，她就会煮两个鸡蛋，或者花几个铜钱去街市上买一块五香牛肉给这个孩子，以此鼓励孩子们用功读书。吴清芝还常说："小儿如有错，须于其喜时开导之；若于其怒时折之，不但不易听从，且身体也易吃亏。"[①] 和强调以严为特点的传统教育不同，吴清芝所使用的是一种积极的鼓励式教育。

三是鼓励接受现代新学知识。冯家不排斥"新学"。冯友兰在家塾中读书时就涉猎过《泰西游记》《地球韵言》等一些新学的书籍，使他在相对封闭落后的偏远小镇，有机会接受现代新学的启蒙。在武昌生活期间，冯友兰兄妹虽然一直在家里读书，但并没有完全脱离当时的新式教育。冯台异在公务之余，也注意将新式的教育风气带进家中，教育自己的孩子。他不仅亲自编写一些地理、历史方面的教材，教给孩子们一些新学方面的知识，而且还让他们穿上武昌新式学校的学生装，尽量使孩子们的学习生活与当时的新式学校学生的生活保持同步。冯友兰晚年回忆说，他在崇阳时阅读了大量的课外书籍和报刊，其中最喜欢阅读《外交报》，从那上面获得了当时的世界知识和国际

---

① 冯友兰：《三松堂全集》第十四卷，河南人民出版社 2001 年版，第 292 页。

方面的消息。

四是给予一定的自我管理权。冯家子弟对于学习之余的闲暇时间，有一定的支配权和管理权。比如在崇阳时，冯友兰兄妹在学习之余，除不被允许到街市上闲逛之外，其他具体做什么，不受限制。冯友兰曾回忆说，在功课结束之后，他最喜欢待在父亲的签押房里。冯友兰在签押房里乱翻，父亲冯台异并不阻止他，更不会责备他。冯台异的签押房中有不少新旧书刊。冯友兰阅读了大量的课外书籍。他曾在这里看过清政府颁布的京师大学堂的章程。冯友兰虽然当时对章程内容不能全懂，但章程中所说“经科”“尚书门”“毛诗门”和“通儒门”等名称还是留在了记忆里。[①] 冯友兰还时常翻看冯台异办公桌上的东西。他知道了封建时代县官的俸禄与养廉的区别，对于知县平日在礼仪、服饰方面的规矩也有了一定的了解。他还看到冯台异写的审理案件的判决书，其中有一份是审理三角恋爱或多角恋爱的事，其中写道：“呜呼！玷白璧以多瑕，厉实阶离魂倩女；棼朱丝而不治，罪应坐月下老人。所有两造不合之处，俱各免议。此谕。”[②] 冯友兰认为，这个判决书的内容在现在看来虽然有些滑稽可笑，但其精神与后来清末颁布的新民法是一致的。

在课余之时，冯友兰还细心观察过崇阳县衙的建筑格局与规制，了解到崇阳县衙中大堂与六部办公场所吏、户、礼、兵、刑、

---

① 冯友兰:《三松堂全集》第一卷，河南人民出版社 2001 年版，第 266 页。

② 冯友兰:《三松堂全集》第一卷，河南人民出版社 2001 年版，第 21 页。

工的办公场所不同，也认识到旧中国官与吏之间的区别。冯友兰在崇阳县衙里生活，耳濡目染，初步体认到古代官僚体制的运作机制和存在的陋规。在这个过程中，冯友兰对中国传统文化有了更切身的体悟。冯友兰后来在学术、事功方面都曾有过自己的追求与抱负，在教学科研之余，曾长期承担学校管理岗位的工作，表现出相当强的行政工作能力。这与他在崇阳县衙生活的经历不无关系。

尽管处在封建专制的旧社会，社会风气闭塞，人们的观念普遍陈旧，但冯家开明宽厚的家风对于这个位于偏远小镇上的书香人家而言，是非常难能可贵的。它对冯家子弟人生理念的形成，以及他们在学业、事业乃至家庭方面的发展都产生了重要影响。

第五节　崇文重教

冯家最鲜明的家风就是崇文重教，这是成就其为书香之家的直接原因。崇文重教首先是将文化放在最重要的位置，因此特别强调重视子女的学习和教育。同时，冯家也有其独特的教育理念和方法。

一、尊师重教的理念

冯家特别重视子女的学习教育。冯家有一条家规，就是家中子弟，不论男女，从 7 岁起就全部接受家塾教育。冯友兰 6 岁时就进入家塾学习。按照冯台异的观念，不希望自己的子孙中，代代都出翰林，但必须代代都有秀才，代代都有秀才就是要承续自家的书香传统。冯家重视教育，就是让子弟能够继承好冯家的书香传统。

冯台异去异地任职，冯友兰兄妹也随同父母前往，而最让他们夫妇牵挂和费心的就是子女的学习和教育问题。不管是在武昌还是后来在崇阳，吴清芝都亲自带领和督促子女们读书。在冯台异病逝之后，吴清芝料理完丈夫的后事，第一时间考虑的就是冯友兰兄妹的读书事情。冯友兰曾说其母吴清芝“喜人读书，尤喜子女读书”①。吴清芝虽然持家勤俭，但对于子女教育上的花费从不吝惜。冯友兰兄妹后来到开封、上海、北平以及国外上学，凡是必需的开销和花费，吴清芝必定按时供给。她常说，如果学生为学习和生活费用担忧，就无心读书。为了让子女安心学习，吴清芝从来不向他们讲家里的困难。冯家重教育的家风对冯家后人也产生了极大的影响。

冯家历来保持着浓厚的尊师传统。冯玉文对子女教育上的

---

① 冯友兰:《三松堂全集》第十四卷，河南人民出版社 2001 年版，第 290 页。

花费非常慷慨，重金聘请名师。在冯玉文为教育子女读书重金延聘的教师中，有河南新野的举人赵一士，是当地名士；还有一位叫杨贤堂的先生，也是饱学之士。冯家对家塾教师给以很高的礼遇，饮食起居方面也都格外照顾。据冯家人回忆说，冯玉文对老师非常尊重，每天起床后，都穿好长衫，到老师床前施礼。每日先生用餐，一定要亲自作陪。[①]后来，这也成为冯家的一个规矩。冯台异在崇阳县当政时，随从人员达数十人之多，但唯独对其中的教读师爷，也就是专门负责教孩子们读书的先生格外敬重，在待遇上把教读师爷同一般的随从人员区别开来。每日用餐时，吴清芝带着冯友兰兄妹在上房吃县衙厨房中的“例饭”，而作为一县之长的冯台异则单独陪教读师爷用餐，十分尊重教读师爷。冯台异去世后，冯友兰一家重回唐河，吴清芝对待孩子们的老师仍然像过去一样“束脩既厚，膳馔亦丰”[②]，十分优待和敬重。

二、注重以知识启蒙为主的传统教育

冯家在教育方法上有一套自己的特色，就是他们特别注重以知识启蒙为主的传统教育，而不是以应试为主的教育。比如冯玉文善古诗词，但他作的不是应付科举的试帖诗，而是一种

① 赵金钟:《霞散成绮——冯友兰家族文化史》，长江文艺出版社 2000 年版，第 9 页。

② 冯友兰:《三松堂全集》第十四卷，河南人民出版社 2001 年版，第 291 页。

真正的文学作品。这一点从冯家子弟身上也能看出来，冯台异兄弟都参加了科举考试而且均有所成，同时他们在诗词方面都有相当的造诣。

冯友兰入家塾读书时，正值晚清，中国的教育制度处于新旧交替之中，人们对于读书的目的也有不同的理解。在唐河祁仪，一些家塾要求学生熟读《幼学琼林》《龙文鞭影》之类的读物，实际上是为了让学生从小即记诵一些典故辞藻，以方便将来作八股文章和试帖诗；有的家塾要求学生们读“四书”，不仅要求学生背诵“四书”的原文，还要求学生背诵朱熹为“四书”所作的注，这种教学方法也隐含着应付科举考试，博取个人功名的目的。

冯友兰曾说，他读书是从《三字经》开始的，再渐及《论语》《孟子》《大学》《中庸》。冯家家塾为子女在教材上所做的这种选择，是有一些自己的特色的。因为在旧时的儿童启蒙读物中，《三字经》经过不断修订，已成为一本涉及历史、哲学、天文地理、人伦义理等内容广泛、知识丰富而又浅显易懂的儿童启蒙教材。这表明冯家对孩子们的教育，更看重知识，注重文化素质教育。正是这样的教育观念，使冯家的家塾，虽然也要求子弟读“四书”，背诵“四书”的原文，但并不要求他们去死记硬背朱熹为“四书”所作的注。

冯台异有一个理念，就是一个人不论将来去做什么工作，都需要有一个好的文字基础。他把这叫作打好中文底子。在中国传统的教育内容中，有小学、大学之分。大学重在义理，而小学则以文字训诂为主。因此，小学是古代学生的基础教育，对小学的掌握程度，将影响着一个人后来学问的发展。冯台异认为孩子读书首先应当打好中文底子，实际上就是主张从小学抓起。因此，在冯家家塾里，每读一部经典，要求能够背诵才算读完，这叫“包本”。这实际上就是要求孩子们要熟悉书本上的文字，对义理方面的理解，倒还是其次。

其实，早在武昌时，父母对冯友兰的教育安排就有几种考虑。一是上外国语学校“方言学堂”，因为冯台异本人也是很重视学外文的，不过最后因为冯友兰年龄尚小而作罢。二是就近入读当地的小学。但最终他们夫妇还是决定让孩子们在家里学习。其中一个重要原因就是冯台异认为，一个人不论接受什么样的文化，在学习新的知识之前，首先都需要有较好的中文基础。冯台异的这个教育理念被吴清芝很好地实践。她根据冯友兰兄妹过去的读书情况，为他们每一个人都拟定了具体的读书计划。冯景兰开始读《诗经》，冯沅君开始读“四书”，冯友兰则开始读一些内容更加艰深的典籍。冯友兰后来回忆说，《尚书》《周易》《左传》这三部中国传统典籍，即是在武昌生活期间，由他的母亲带领他读完的。吴清芝带他读书，也是像在冯家家塾一样要求他“包本”。在冯台异去世后，吴清芝带子女回到祁仪，也是坚持“必须打好中文底子”的观念，继续聘请老师，带领冯友兰兄妹读书。

这种学习方法，对于冯友兰在中国文字方面的训练是很有帮助的。从冯友兰兄妹的学业成绩来看，这种方法还是有效果的。吴清芝曾私下问过冯台异冯友兰能否去考秀才，冯台异说："岂但可一试，即进秀才亦可。"[①]冯友兰、冯景兰后来报考唐河县立高小时，不仅一考即中，而且冯友兰还得到了县官的夸奖。冯友兰后来又以初试第二名、复试第一名的成绩，考上了中州公学，后又被武昌中华学校、上海中国公学录取。冯友兰后来不仅成为一名哲学家，他的文学水平和成就也同样令人瞩目。正如有学者评价的，冯友兰的哲学著作在其同时代里不仅以思想深刻著称，还以文风晓畅明白为人所称道。这无不是和其深厚的文学素养有关。即便就国学功底和文学水平而言，在当时人才荟萃的国立西南联合大学，冯友兰也是其中的佼佼者。他的《祭母文》和《国立西南联合大学纪念碑碑文》等篇文情并茂、词藻华美，具有非常高的文学价值。旅美华裔史学家何炳棣就认为《国立西南联合大学纪念碑碑文》是一篇"文情并茂，事理明通，遣词叙事，融古烁今，铭文形韵，典雅铿锵的'至文'"[②]。冯友兰也非常满意这篇文章。他曾回忆说："以今观之，此文有见识，有感情，有气势，有词藻，有音节，寓六朝之俪句于唐宋之古文。余中年为古典文，以此自期，此则其选也。承百

① 冯友兰:《三松堂全集》第十四卷，河南人民出版社 2001 年版，第 292 页。

② 何炳棣:《读史阅世六十年》，广西师范大学出版社 2005 年版，第 193 页。

代之流，而会乎当今之变，有蕴于中，故情文相生，不能自已。今日重读，感慨系之矣。”[①] 冯沅君长期在家学习，没有正式上过学校，后来一举考上北京女子最高学府——北京女子师范。冯友兰兄妹能够在众多考生中脱颖而出、成绩优异，不仅是因为他们在学业方面的灵性和才气，而且也是长期家塾生活中积累起来深厚文化素养的结果。

三、鼓励拓宽新学视野

冯家在要求子女接受传统的中国文化教育的同时，也鼓励他们接受新学知识。冯友兰的父辈都接受了良好的教育，家中藏书颇丰。在冯家的藏书中，除经、史、子、集一类的传统典籍之外，也有《泰西游记》《地球韵言》之类属于新学的书籍。《地球韵言》是一部介绍地理知识的新学读物，冯友兰在家塾中就读过这本书。冯家的家塾中新学与旧学兼备。这也反映了冯家的一种教育观念，表明了冯家的另一种家风，这就是既注重对孩子们的国学教育，又鼓励孩子们从小即努力接受新的科学文化知识的教育观念和方法。即使以今天的观念衡量，冯家这种做法也是值得称道的。当时洋务派主张办新学，以教育图强。时任两湖总督的张之洞还亲自撰写《学堂歌》。冯台异在武昌时也教冯友兰兄妹唱《学堂歌》。冯友兰晚年还记得他父亲当年教

---

① 冯友兰:《三松堂全集》第十四卷，河南人民出版社 2001 年版，第 332 页。

他唱的《学堂歌》中的一些歌词："天地泰，日月光，听我唱歌赞学堂。圣天子，图自强，除却兴学别无方"[①]"中国圆，日本长，同在东亚地球上。"[②]"论乡贤，屈原尚，忠言力谏楚怀王。"[③]

冯台异虽然是晚清进士，但思想并不保守。他曾在张之洞幕下办事。冯台异办过新式教育，曾负责武昌一所外语学校"方言学堂"的整个事务，还参加过洋务派的一些实务，当过粤汉铁路、汉川铁路的弹压委员，主要负责勘测队和地方上的交涉事务。冯台异随队进行路线勘测工作，除负责职务范围内的事之外，他更关心技术方面的事。关于两条铁路的勘测工作他写了几大本日志，其中有很多是关于车站选址、地理和地质条件等技术方面的事，思想上趋新务实。虽然冯友兰兄妹的日常读书活动是由吴清芝负责的，但其主要的学习计划和教育方案还是由冯台异制订的。在空闲之余，冯台异亲自为冯友兰兄妹编写历史教材和地理教材，给他们讲一些新学方面的知识。他曾编写了一本地理方面的教材，名为《山泉斋舆地学讲义》，介绍世界各地的地理知识。冯台异还编写了历史讲义，内容也十分丰富，但不幸在抗战时丢失。冯台异还时常出题，指导孩子们

---

① 冯友兰：《三松堂全集》第一卷，河南人民出版社 2001 年版，第 10—10 页。

② 冯友兰：《三松堂全集》第一卷，河南人民出版社 2001 年版，第 10—10 页。

③ 冯友兰：《三松堂全集》第一卷，河南人民出版社 2001 年版，第 10—11 页。

作文章。他曾告诫友兰兄弟说，写游记类的文章不能局限于描写风景，而要触景生情，托物言志，在文章中展现自己的理想与抱负。冯友兰在武昌仅仅生活了两年时间，但正是这段生活让他接触到新的文化教育，亲身感受到晚清时期新旧交替的文化气息。可以说，冯友兰最终成为学贯中西的一代宗师，无不得益于冯家这种新旧兼备，相对宽容、自由的教育理念。

良好家风，不仅是维系一个家庭或家族发展和繁衍的精神纽带，也是维护和谐的邻里关系，形成社会公序良俗的基础。在冯友兰的家乡南阳唐河，冯氏家族、家风的故事广为流传，形成了一种求知好学的良好风气，激励和影响了一代代青年学子发奋读书、立志成才。中国传统家风文化既是传统社会发展的积淀和折射，也是构建现代家风的重要底色。冯氏家族"耕读传家，诗书继世"，既是中国传统社会所推崇的家风，同时又具有自身特色和时代特征；既具有时代的局限性，又有超越时代的普遍价值。重新解读冯氏家风，对探究其治家理念的成功之处，揭示其所内蕴的伦理精神，并赋予其新的时代内涵，具有重要的意义。

第二章 三史释今古

冯友兰学术研究的主要范围是中国哲学史，他以研究中国哲学史为中心，旁及中国文化的其他方面。他曾用“三史释今古”来概括他在这方面的学术创作与成就。这里所说的“三史”分别是两卷本的《中国哲学史》（以下简称《史》）、《中国哲学简史》（以下简称《简史》）以及七卷本的《中国哲学史新编》（以下简称《新编》）。《史》是冯友兰在 20 世纪 30 年代时的主要学术代表作，它是中国近代意义上的第一部完整的中国哲学史著作，也是中国哲学史学科的奠基之作。《简史》是由冯友兰于 1947 年在美国宾夕法尼亚大学讲课的英文讲稿整理而成，全书选材精当、简洁扼要，充分展现了中国哲学和中国文化的性质特点以及可能对未来世界哲学产生的贡献，成为了解和研究中国哲学和中国文化的入门经典。《新编》则是冯友兰在 20 世纪 80 年代后开始创作的，这部鸿篇巨著是冯友兰以马克思主义立场、观点和方法研究和撰写的完整中国哲学史的成果；也是在排除干扰，完全站在自己的现有认识水平和基础上，试图把中国哲学中具有恒久价值的思想阐发出来，以服务于未来社会和未来哲学而创作的。这部著作是其晚年时期的学术代表作，也是其最终的学术定论。

第一节　中国哲学史学科的奠基之作

冯友兰 1923 年留学归国后，其最初的想法是向中国人介绍和传播西方哲学，但是客观的机缘促使他做起了向西方人介绍中国哲学的工作，后来回归到研究中国哲学史。1927 年，冯友兰到燕京大学工作，开始承担中国哲学史课程的授课任务，从此开始了中国哲学的系统研究和教学工作。在讲课过程中，冯友兰开始着手撰写《史》。1928 年，冯友兰转到了清华大学，仍然担任中国哲学史课程的教学工作，并继续从事《史》的撰写工作。1931 年，《史》的上卷部分作为清华大学丛书之一，由上海神州国光社先行出版。1934 年，两卷本的《史》由上海商务印书馆出版。该书后来又经过多次出版、再版，在海内外有很大影响。

一、困难与突破

（一）研究和撰写中国哲学史的困难

中国哲学史的研究和撰写历来存在着几个难题：

一是史料搜集与整理的困难。从中国哲学史的史料来源看，其分布既广且杂。中国哲学史的史料主要有三个来源：一是“原料”，即中国历代哲学家本人的著作；二是“副料”，即对相关哲学思想的研究类和介绍类的著作，如《庄子·天下篇》《汉书·艺文志》《明儒学案》等就属于这一类；三是“旁料”，即相关的历史背景资料，包括中国历代的正史、一些记述历史人物言谈逸事的野史，以及近代以来人们所作的中国通史、文化史、社会史和政治经济史等。[①] 在此基础上，还要有相当强的资料整理能力，就是按照一定的标准对这些史料进行严格遴选，把其中“哲学”的内容挑选出来。中国的古代典籍浩如烟海，源远流长，不仅数量多、内容庞杂，而且相当一部分还存在着真伪、错漏的问题。仅仅单纯的搜集古籍就已经是一件相当烦琐的工作，而且还要进一步从中梳理出各个时代哲学家的哲学思想，其中难度之大，可想而知。

二是写作与表达方式的局限。我们历史上的一些介绍古代学术思想的著作，从写作方式上来看，都是采用平行叙述的方式。比如《庄子·天下篇》是从庄子学派的立场对各家进行的评析，但其内容也只是把涉及各家的相关史料进行选抄编排，简单来讲就是堆积史料。这种写作和表达方式使得中国古代的学术著作并没有自觉地编成系统，思想的逻辑性、条理性往往隐而不显。因此，就形式而言，要编成系统的中国古代哲学史，

① 冯友兰:《三松堂全集》第十一卷，河南人民出版社 2001 年版，第 404 页。

我们过去的哲学著作基本没有多大的参考借鉴的价值。[①]

三是哲学史研究方法的滞后。自秦汉以后，中国古代思想的研究基本上采取“经学”形式，就是无论思想家有没有新的东西，都是采用注解古代经典的方式表达观点和思想。从董仲舒到康有为，大都没有超出这个范畴。1915年，冯友兰刚到北京大学读书时，当时中国只有一部谢无量所写的《中国哲学史》。在这本书里，哲学无所不包，经学、史学、文学都是其研究对象，哲学是经学的附庸。冯友兰回忆说，当时给他们上课的有个老师，他讲授中国哲学史这门课，是从三皇五帝开始讲起，旁征博引，漫无边际，讲了半年才讲到周公。这是传统经学的讲法，而研究哲学史不仅是搜集史料，更要注重分析史料，并将分析所得有条理地表达出来。

因此，就写出一本较好的中国哲学史来说，起码需要具备三个条件：要有一定的“汉学”基础，能够对中国哲学史的史料进行科学合理地取舍；要有西学的视野，能够将中国哲学家的思想逻辑清晰、条理分明地表达出来；要有研究方法上的创新，摆脱经学方法的束缚。中国哲学史的研究所遇到的问题，也是“五四”时期中国整个学术思想发展所面临的普遍性难题。如何解决这一问题是时代性的大课题。

① 冯友兰：《三松堂全集》第二卷，河南人民出版社2001年版，第251页。

（二）现代意义上的“中国哲学史”著作的诞生

1919 年，胡适的《中国哲学史大纲》横空出世。“在 20 世纪 10 年代，胡适的《中国古代哲学史大纲》风行一时，因为他是第一个真正用西方资产阶级的观点和方法解释中国古代哲学的。”[①] 这本书是用西方近现代学术体系、方法，系统研究中国先秦哲学思想的开山之作。胡适出生于安徽绩溪，受过正统的“汉学”教育。他留学于哥伦比亚大学研究院，师从美国实用主义哲学家约翰·杜威，系统研究过西方的哲学史。蔡元培为这本书写过序，认为这本书有四大优点：一是证明的方法，即用汉学家的方法对各个哲学家所处的年代、所写书的真伪，以及他们各自所使用的治学方法进行细致的审查；二是扼要的手段，即截断众流，砍掉了三皇五帝的历史，直接从老子和孔子开始讲中国古代哲学史；三是平等的眼光，即废除了正统与非正统的观念，对诸子百家给以平等的对待，也体现了五四时期反封建的潮流；四是系统的研究，对各家各派思想的来龙去脉进行了系统梳理考察。[②]《中国哲学史大纲》开风气之先，给当时的人们以极大的思想冲击。这里也包括冯友兰。冯友兰在这时期发表的有关中国哲学史的论文中，例如如何看待伪书的价值、孔子在中国历史中的位置等，大多也是针对胡适的《中国哲学史大纲》所发的议论。在这个过程中，他又反复思考、酝酿，

---

① 冯友兰：《三松堂全集》第十卷，河南人民出版社 2001 年版，第 433 页。
② 胡适：《中国哲学史大纲·序》，上海古籍出版社 1997 年版，第 2 页。

冯友兰的导师约翰·杜威曾评价冯友兰:“这个学生是一个真正学者的材料。”

并最终形成了他关于整个中国哲学史的架构。1931 年,《史》(上卷)出版，1934 年，又出版了下卷。这是第一部完整的、具有现代意义的中国哲学史著作。它和胡适的《中国哲学史大纲》一起成为中国哲学史学科的奠基之作。当然，没有胡适开创性的启迪，很难设想有后面的《中国哲学史》。冯友兰也充分肯定了《中国哲学史大纲》的意义，认为它对于当时中国哲学史的研究，有扫除障碍、开辟道路的作用，是一部具有划时代意义的书。

二、方法与特色

（一）借鉴西方近现代哲学史的方法整理和阐释中国哲学

冯友兰采用了西方近现代哲学中的逻辑分析方法来衡量、剪裁中国传统学术思想，从而整理创作中国的哲学史。“哲学本一西洋名词。今欲讲中国哲学史，其主要工作之一，即就中国历史上各种学问中，将其可以西洋所谓哲学名之者，选出而叙述之。”① 自柏拉图以后，西方哲学家普遍将哲学划分为三大部分。一是宇宙论，即它的形上学部分。它一方面研究“存在”的本体及“真实”的要素，即本体论，另一方面研究世界的发生及其历史、归宿，即狭义宇宙论或形上学的宇宙论。二是人生论，即理解人生的相关问题。它既包括心理学研究的“人是

① 冯友兰:《三松堂全集》第二卷，河南人民出版社 2001 年版，第 245 页。

什么”的问题，也包括伦理学、政治社会哲学研究的“人应该怎么样”的问题。三是知识论，即方法论。它一方面研究知识的性质，即狭义知识论，另一方面研究知识的规范，即狭义伦理学。以此观之，在中国古代的学说当中，“其研究天道之部分，即约略相当于西洋哲学中之宇宙论。其研究性命之部分，即约略相当于西洋哲学中之人生论。惟西洋哲学方法论之部分，在中国思想史之子学时代，尚讨论及之；宋明而后，无研究之者。自另一方面言之，此后义理之学，亦有其方法论。即所讲‘为学之方’是也。不过此方法论所讲，非求知识之方法，乃修养之方法，非所以求真，乃所以求善之方法”[①]。正是以西方哲学和方法为参照，冯友兰厘清了中国哲学史中那些原本模糊不清的概念、范畴、命题以及复杂的哲学体系，把中国哲学史及其方法论从传统学术中独立出来，从而建立起完整中国哲学史的体系架构，使中国哲学史的研究真正纳入近现代学术研究的范畴。就像有学者评价的那样：冯友兰的《史》，即使在今天讲起来，也不会感到过时，因为它是用了现代的方法，建立起真正“哲学”发展的历史，而不是一般意义上的“思想”发展史。[②]

① 冯友兰:《三松堂全集》第二卷，河南人民出版社 2001 年版，第 248—249 页。

② 李中华:《冯友兰评传》，百花洲文艺出版社 2010 年版，第 80 页。

（二）用唯物史观的一般原则解释中国哲学的形成与发展

《史》还受到了唯物史观的影响。冯友兰注重社会形态的变迁对哲学发展的影响，并且尝试用政治和经济制度的物质变化去解释思想和精神的发展过程。比如在解释先秦“百家争鸣”的现象时，冯友兰认为这一时期哲学之所以发达，是由于当时思想言论之自由，而思想言论之所以能自由，则因当时为一大解放时代，当时的政治制度、社会组织、经济制度都发生了根本的改变。[①] 旧的制度失去权威，新制度又尚未确立，在这一过程中，不同的人对这一社会变局有不同的主张和观点，并且进行系统性地理论概括和总结，从而形成了各家各派的哲学思想。在中国古代哲学史的历史分期上，冯友兰认为中国历史有两个社会大转变的时代：一个是春秋战国时代，一个是清朝末年中外交流的时代。在这两个时代中，中国社会的各个方面，都有了根本的变化。冯友兰认为中国哲学史应根据这两个大转变来作划分。其中，先秦时期的哲学为“子学时代”，汉至清为“经学时代”，清之后的中国近代哲学将会在中国近代化过程中逐渐形成。不同时期的哲学思想受到这个时代物质的、精神的和环境的限制。先秦时期是一个政治经济社会各方面大发展、大变革的时期，诸子百家以平等的地位发表见解、相互争鸣。

---

① 冯友兰：《三松堂全集》第二卷，河南人民出版社 2001 年版，第 263 页。

因此，“子学时代”的思想呈现出标新立异、生动活泼、崇尚自由的特点。而秦汉大一统之后政治经济社会各方面趋于稳定，儒家被定为一尊，成为“经”，这时期哲学家的思想都只能活动于“经”的范围，即使有新的学术见解，也只可以用注疏的形式发表出来，且都习惯依傍于古人的学说表达自己的见解。因此，“经学时代”的哲学思想呈现出思想统一、权威专制的特点。近代以来的中国尽管在政治、经济、学术等方面都发生了根本的变化，但哲学思想总体上仍处于萌芽时期。这里用经济和社会的原因说明中国哲学史的发展和演变，从社会形态的更替来解释不同形态哲学的发生和发展过程。

（三）采用“释古”的态度或方法来对待中国哲学的史料

冯友兰认为中国史学研究有三种基本的趋势或倾向：信古、疑古和释古。“信古”派认为凡古书所说皆真，对之信而不疑。那些从三皇五帝开始讲中国哲学史的就属于这一派。在冯友兰看来，“信古一派，与其说是一种趋势，毋宁说是一种抱残守缺的残余势力，大概不久就要消灭；即不消灭，对于中国将来的史学也是没有什么影响的。真正的史学家，对于史料，没有不加以审查而即直信其票面价值的”[①]。“五四”时期则兴起了“疑古”之风。疑古一派，否定信古派对于古书的信念，认为古

① 冯友兰：《三松堂全集》第十四卷，河南人民出版社2001年版，第376页。

书所载，大都不可信。疑古派所做的工作即是审查资料，后来发展为辨伪，即通过考订古书或篇章的真伪，从而将伪书排除在学术研究的史料之外。胡适就是采用疑古的态度，砍掉了三皇五帝的传说，将先秦作为中国哲学史的开端。疑古作为一种方法，既有它积极的意义，但也存在着怀疑一切、抹杀一切的不足。

释古一派既不尽信古书，但也不全然推翻古代传说，认为古史和传说虽不可尽信，但也有一定的历史依据，可以从中窥见古代社会的部分真相。比如《汉书·艺文志》中有“诸子出于王官”的说法：“儒家者流，出于司徒之官”，“道家者流，盖出于史官”，“墨家者流，盖出于清庙之守”。在信古一派看来，这种说法出于《汉书》，应该是没有任何问题的。疑古派则认为要对其加以审查考订，在他们看来，一种学说的形成是当时的社会精英根据社会的需要所进行的创造，因此“诸子出于王官”的说法纯属揣测。但释古派则认为，春秋战国时期，随着贵族政治逐渐瓦解，原来为贵族所用的专家学者流入民间，诸子之学就是由这些流入民间的社会精英所创作的。上述两种关于诸子起源的看法都有片面性。“诸子出于王官”虽不可尽信，但其说法还是有历史依据的。而关于古书的真伪及其价值问题，释古派既不赞成信古派不加审查地信以为真，也不赞同疑古派因为古书的作者或撰写时间的不一致即认为伪书是无价值的看法。冯友兰认为，史料的审定不应只看书的真伪，而更要看它是否有实在的内容，有没有史料的价值。伪书虽然不能代表其所假冒时代的思想，却是其真正产生之时代的思想，因而也就是这个时代的哲学史料。

从研究的立场来说，信古、疑古都偏于极端，合理的态度应该是释古。“若依黑格尔的历史哲学来讲，则‘信古’‘疑古’与‘释古’三种趋势,正代表‘正’‘反’‘合’之辩证法。即‘信古’为‘正’，‘疑古’为‘反’，‘释古’为‘合’。”[①] 释古不是信古和疑古两者的折中而是综合，从而将史料融会贯通。冯友兰以释古的态度研究中国哲学史，反映了其哲学史观的辩证性，从而也就能够全面、合理地把握史料。从这个方面来看，胡适的《中国哲学史大纲》就有点矫枉过正的感觉，不仅忽略了伪书的真价值，而且把精力多放在考订、训诂之上，从而影响了他对古代哲学思想义理的分析和把握。

（四）利用“宋学”的方法侧重对哲学义理的了解和体会

中国传统经学有两种不同的治学方法和路径：一是汉学，二是宋学。一般来说，汉学的长处是对于文字的考证、训诂比较详细，短处则是对于文字义理的了解、体会比较肤浅，而宋学则长于义理，短处在考证、训诂。从中国学术诠释方法的历史发展来看，考证、训诂是学术诠释的必经阶段，但在文字的

---

① 冯友兰:《三松堂全集》第十四卷，河南人民出版社 2001 年版，第 257 页。

考证、训诂做到一定程度后，就要超越这一步，去了解和体会经典文字所表达的义理。“如果只能懂得以前哲学家的著作的语言文字而不能了解、体会其义理，那就不能写出符合哲学史的本来面目的哲学史。”[①] 这本来是学术研究发展过程中的两个阶段，可是后来就演绎成为两种治学的方法，并形成了所谓汉学和宋学的不同派别。

《中国哲学史大纲》中主要采用的是汉学的方法，资料的真伪、文字的考证等方面占了很大的篇幅，对于哲学家们的哲学思想则讲得不够透彻细致。胡适更多是以一种历史学家的眼光看待哲学，其中国哲学史研究更像是思想史而非哲学史。冯友兰的《史》偏重于宋学的方法，重视对哲学义理的了解体会、概念命题的分析和学派观念的演变等，更显示出哲学家的特长。当然，任何哲学史著作，并不完全是客观的，都不可避免地带有作者的成见或偏见。按照西方现代诠释学的观点，这种成见和偏见是由诠释的历史性所构成的，是不可避免的。因此，就方法来说，汉学作为学术研究的一种路向或时代的思潮，有其存在的理由和价值，问题在于如何恰当地运用它。

---

① 冯友兰:《三松堂全集》第一卷，河南人民出版社 2001 年版，第 191 页。

三、成就与贡献

（一）划分中国古代哲学史的阶段和甄定中国哲学史的起点

如何合理划分中国古代哲学史的不同阶段，是对中国哲学史进行整体把握的一个重要问题。胡适参照西方哲学史上古、中古、近古的分期方式，将中国古代的哲学史也划分为三个时代：一是古代哲学，先秦时期；二是中世哲学，自汉至北宋；三为近世哲学，表现为宋明理学和汉学的复兴。这种分期对冯友兰也产生了影响。但与此不同的是，由于还受到唯物史观的影响，冯友兰对中国哲学史的历史分期，其着眼点放在社会形态的变迁对哲学发展的影响上。冯友兰根据中国历史中的两个社会大转变的时代，认为中国哲学史本也有三个阶段，但是和西方比较起来，中国只有上古哲学和中古哲学，而无近古哲学，因为中国的近代刚刚起步，中西文化的差异是一个时代的差异。中国的近古哲学尚在萌芽之中，将随着中国近代化的进程而逐渐形成。因此，《史》主要讲的是前两个阶段，即先秦的“子学时代”和汉至清的“经学时代”两个时期的哲学。

在对中国哲学起点的甄定上，冯友兰和胡适一样，都采用了现代的方法“截断众流”，将先秦作为中国哲学的起点。至于谁才是中国哲学史上的第一人，胡适从史料考据出发，认为老子在历史时间上要先于孔子，因而老子是中国哲学史的第一人。

冯友兰认为，哲学作为有系统的思想，必须是在私人讲学著述后才有，而私人讲学写书是在贵族政治的瓦解后由孔子首创。因此，冯友兰认为，孔子在中国哲学史中占开山的地位。之所以有这个差别，是因为他们的切入点或方法上的不同。胡适主要“将其作为历史问题来看待”，而冯友兰则是以唯物史观为基础，侧重于从哲学的视角来处理这个问题。

（二）奠定中国哲学史学科的基础

一个成熟的学科体系不仅需要有自己的基本构架和内容，还要有系统的方法。相较于《中国哲学史大纲》只写了先秦部分，《史》是上下两卷，跨度之大，从先秦、汉代、魏晋六朝、隋唐、宋明到清代；学派之广，包括南北朝的玄学、隋唐的佛学、宋代的道学等；人物之众，从孔子到近代的经学大师廖平，差不多60多位哲学家，可以说是蔚为大观、气象万千。有些哲学家、学术史的概念和提法都是第一次被谈到，基本上划定了中国哲学史教科书的叙述范围，成为后来撰写中国哲学史的学者遵循的基本框架。

《史》是以西方哲学的逻辑分析方法研究撰写完整中国哲学史的典范，而且初步尝试了历史唯物主义的方法论。冯友兰和胡适一道为中国哲学史研究和中国哲学史学科建设提供了现代化的工具，奠定了方法论基础，从而为中国哲学史研究开启了一个新的方向。同胡适《中国哲学史大纲》一样，冯友兰的《史》对后世最大的启发，不是提供了现成的金子，而是提供了化腐朽为神奇、点石成金的“金手指”，也就是一种治学方法。

（三）提出重要的学术论断和哲学分析

《史》中也作出了一些独创性的论断。其中的大部分提法、观点、分析、定位，都发前人之所未发，至今仍被学术界沿袭或吸取，成为中国哲学史学科的研究典范。

一是裁定学派。提出孔子是儒家的创始人，孟子与荀子同为孔子思想的继承者，孟子较注重孔子之德，荀子较注重孔子之学。先秦道家思想的发展划分为三个阶段：杨朱提倡“轻物重生”的思想，老子主张“物极必反”的辩证思想，庄子通过“心斋”“坐忘”等途径达到“同于大通”的道的境界。法家分为重势、重术、重法三派，慎到重势，申不害重术，商鞅重法，三人各执一端，韩非集法、术、势三派思想之大成。名家分为两派：一派主张“合同异”，以惠施为代表；一派主张“离坚白”，以公孙龙为代表。冯友兰认为这一点是他对中国哲学史研究的重要贡献之一。以“新儒家”称宋明道学，认为其中有理学、心学两派，理学以程朱为代表，心学以陆王为代表。“二程”的哲学思想也有所不同，程颢为心学的先驱，程颐为后来理学的先驱，冯友兰认为这个看法也是发前人之所未发。

二是厘清概念。如提出儒家关于“天”的概念有五种，孔子所言之“天”为主宰之天，孟子所言之“天”有主宰之天、运命之天、义理之天的含义，荀子所言之“天”则为自然之天、物质之天的含义。宋明理学中“理”为事物的最完全的形式，也是其最高的标准；“气”为材料。对人而言，此气中之理即所谓性。理学中的“理”具有超越性，王夫之、戴震所言的“理”具有内在性。

三是辨明思想。提出孔子为正名主义；孟子为理想主义；墨子为功利主义；孟子与庄子皆有神秘主义；荀子为唯物论，其宇宙观是自然主义；老子的宇宙观亦自然主义。

四是阐发新论。如有关诸子之学兴起的论断：认为玄学即当时的道家之学；张载的宇宙论为一元论，性论则为二元论；朱子所说的“理在气先”是逻辑上在先，而不是时间上的先。

五是比较研究。如：以孔子比苏格拉底，以孟子比柏拉图，以荀子比亚里士多德，以墨子比霍布士，以庄子比斯宾诺莎等。以公孙龙一派的共相学说比西方哲学的实在论；后期墨家的学说则近于唯名论；理学中的“理”如希腊哲学的“形式”“气”“质料”。

对此，陈来曾总结评价说：“一个学者在一生的研究中能提出几点这样的特识，就是难得的了，而冯先生在他的著作中竟作出了这么多令人称道的贡献，这就更加令人敬佩。”[①]

《史》在出版时，陈寅恪和金岳霖分别写了审查报告。陈寅恪、金岳霖为《史》上卷各写了一篇，陈寅恪又为《史》下卷写了一篇。两人都给予《史》以较高的评价。陈寅恪认为冯友兰

① 陈来:《冯友兰中国哲学史研究的学术贡献》,《北京社会科学》1995年第4期。

的《史》的最大特点和长处，就是没有把自己的爱憎强加给古人，对于古人的思想，能有“同情之了解”，“凡著中国古代哲学史者，其对于古人之学说，应具了解之同情，方可下笔。……今欲求一中国古代哲学史，能矫附会之恶习，而具了解之同情者，则冯君此作庶几近之”[①]。金岳霖则认为《史》的长处是“没有以一种哲学的成见来写中国史……确是一本哲学史而不是一种主义的宣传”，相反他认为胡适的《中国哲学史大纲》是根据一种哲学主张而写出来的，“我们看那本书的时候，难免一种奇怪的印象，有的时候简直觉得那本书的作者是一个研究中国思想的美国人；胡先生于不知不觉间流露出来的成见，是多数美国人的成见”[②]。这三篇审查报告作为书的附录，和这本书一样，成为传世名作。

20 世纪 40 年代，《史》由冯友兰和荷兰裔美国人卜德（Derk Bodde）合作进行翻译。1952 年，其英文版在海外出版，产生了广泛的影响。韩国前总统朴槿惠对冯友兰素来仰慕钦羡。她曾于 2007 年在韩国文艺月刊《月刊随笔》上发表《遇见我人生的灯塔——东方哲学》一文。文中提到在她 20 多岁时，父母在几年内相继遇刺身亡，并双双由于政治原因受到指责，但就在那一段人生低谷，“有一本书悄悄地走进我的心房，成了人生

① 冯友兰:《三松堂全集》第二卷，河南人民出版社 2001 年版，第 612—613 页。

② 冯友兰:《三松堂全集》第二卷，河南人民出版社 2001 年版，第 618 页。

的导师，那就是冯友兰先生所写的《中国哲学史》。东方哲学与重视逻辑和论证的西方哲学不同，讲究领悟。中国最具代表性的哲学家冯友兰先生的《中国哲学史》蕴含着做人的道理和战胜人生磨难的智慧，让我领悟到了如何自正其身，如何善良正直地活着”[①]。对一部哲学史的著作来说,这无疑是最高的评价。

《史》不仅在研究方法上，而且在具体内容和具体问题上，都有自己的创见。这些开创性的见解对于中国哲学史这门学科的建立及研究起到了奠基作用，成为中国哲学史研究的典范，并代表了那个时期中国哲学史研究的最高水平。如果说，在中国现代哲学史上，胡适是中国哲学史的开山者，冯友兰就是治中国哲学史之集大成者，是后起之秀，又后来居上。冯友兰是近代以来对中国哲学史研究的贡献和影响最大的人，我们了解、学习和研究中国哲学，冯友兰是可超而不可越的。从这个意义上来讲，只有总结好其学术遗产，站在这个基础之上，才能使中国哲学史研究走向更好的未来。

---

① 朴槿惠:《遇见我人生的灯塔——东方哲学》,《魅力中国：时文博览》2013 年第 8 期。

被译成多国文字及多种版本的《中国哲学史》

第二节　中国哲学的入门经典

1946年，冯友兰应美国宾夕法尼亚大学的邀请，担任该校客座教授，讲授中国哲学史。为了讲课，冯友兰用英文写了一部“中国哲学史”的讲稿，并请卜德进行校订。1948年，冯友兰离开美国时，把这个稿子交给了美国麦克米伦公司出版。这部哲学史一直没有中译本，直到1985年，才由涂又光将其译为中文，由北京大学出版社出版。这部哲学史英文版书名为“*A Short History of Chinese Philosophy*”（可译为《中国哲学小史》），因为冯友兰之前就写过一部《中国哲学小史》[①]。为了把这两部同名的书区别开来，该书在译成中文时就定名为《中国哲学简史》。《简史》简而不约，小而不凡，具有扼要、简洁的特点和鲜明的时代性。从传播效果和影响力来看，该书一直享誉西方，自它以英文原本问世以来，已有法、意、西、南、捷、日、韩、中文等近10种语言的译本[②]，这也是西方了解中国哲学的最佳入门途径。这是近一个世纪以来，中国的任何一位哲学家或任何

---

① 该书由商务印书馆在1933年作为“百科小丛书”之一出版。

② ［美］D. 卜德：《冯友兰与西方》，载于陈岱孙等：《冯友兰先生纪念文集》，北京大学出版社1993年版，第18页。

一部中国哲学史的著作都无法与之比拟的。

一、创作背景

（一）中西文化交流的产物

《简史》原本就是为了向美国学生讲授中国哲学史而准备的一部英文讲稿，是中西文化交流的产物。冯友兰此次去美国，当地环境与他 1919 年初次到美国时的环境已大有不同，这次的美国之行让冯友兰感慨颇多。

冯友兰讲述了他这次去美国后经历的两件事。一件事是在冯友兰拜见他的老师杜威时，杜威给他讲了个故事。大意是，美国有一位有钱的老太太，向一位天主教的主教说，若能保证她死后灵魂得救，她就把全部财产捐献给教会。在得到这位主教的肯定答复后，这位老太太就信以为真，把全部财产捐给了教会。社会宗教力量在美国大有抬头之势。另一件事是冯友兰在一位美国哲学教授的自传中看到的。这位教授有一次被某工会邀请在一个晚会上讲授哲学，而和他同台的节目中则有魔术、杂技、讲故事、唱歌等。这位教授看到哲学已经沦落到这个地位，心里感到很不是滋味。散会后，他恰好又与同台表演节目的魔术师住同一个旅馆，魔术师见这位哲学教授闷闷不乐，以为是在他讲完哲学后观众的反应不热烈的原因，便安慰他说，遇见观众不大欢迎的情况是常有的事，让他不必介意。这两件事反映出来的正是哲学在当时西方社会的遭遇，现代哲学越来越在

冯友兰与涂又光（右）（英文版《中国哲学简史》的汉译者）合影

人的精神世界和人生重大问题上缺位。哲学家们专注于讨论细枝末节的问题，而忽略了对宇宙和人生的整体性进行理解和把握，日益脱离现实的社会生活，哲学仅仅成为少数人孤芳自赏的纯粹理论，无法为人们提供精神上的安身立命之地。哲学家把本来是哲学应该解决的问题，都推给了宗教，使哲学在社会文化中遭到普遍忽视，日益退居边缘的地位，出现所谓“哲学的贫困”问题。

二是中国哲学在西方的遭遇。在这次美国之行中，最使冯友兰感到遗憾的，就是当时西方学者对待中国文化和中国哲学的研究方法和态度。这些学者“是把他们所研究的对象作为博物馆里的东西来研究”[①]，尽管冯友兰对此也能理解，“因为在解放以前，外国学者来中国的，中国也无非是让他们看看长城，逛逛故宫。除了这一类古的东西之外，再也没有什么新的东西可看”[②]。但在回忆这段历史时，他依然感到沮丧，“我那时在西方讲中国哲学史，像是在博物院中做讲解员。讲来讲去觉得自己也成了博物院中的陈列品了，觉得有自卑感，心里很不舒服”[③]。这在客观上也促使冯友兰去思考中国哲学与中国文化的价值和前景问题。其实，在完成“新理学”体系后，冯友兰就不再像之前那样以地理区域或历史时代来解释不同文化的矛盾

① 冯友兰:《三松堂全集》第一卷，河南人民出版社 2001 年版，第 108 页。
② 冯友兰:《三松堂全集》第一卷，河南人民出版社 2001 年版，第 108 页。
③ 冯友兰:《三松堂全集》第一卷，河南人民出版社 2001 年版，第 313 页。

冲突，而是以社会类型的不同来看待中西文化的差异。冯友兰认为西方国家完成了从“生产家庭化底文化”到“生产社会化底文化”的转变，比东方国家早了一步，这一步的关键是产业革命。“既然中国哲学与中国人的经济条件联系如此密切，那么中国哲学所说的东西，是不是只适用于在这种条件下生活的人呢？”① 这实际上就涉及如何评估中国文化和中国哲学的价值与前景。因此，在《简史》中，我们明显地感觉到，冯友兰是在中西文化 交流的背景下，面向西方国家的读者和听众，站在中国哲学和中国文化的角度，对上述问题从哲学上给予了回应。

（二）对中国和平统一的思考

20 世纪的上半期，中华民族命运多舛，既遭受外敌入侵，又经历国共内战，面临再次被分裂和瓜分的危险。在当时的很多人看来，中国的前途不容乐观。因此有些人就劝冯友兰在美国长期住下去。面对内忧外患的考验，中国的前途命运如何？冯友兰不仅从行动上，也从哲学上回应了这一问题。从历史上看，中华民族是一个爱好和平统一的民族。在秦朝统一后的 2000 多年里，中国在绝大部分时期都保持统一，只有若干短暂的时期是例外，所以中国人一直习惯于有一个中央集权的机构来保持和平。但是近几十年来，“中国又被拖进一个世界，其国际政治局面，与遥远的春秋战国时代的局面相似。在这个过

① 冯友兰:《三松堂全集》第六卷，河南人民出版社 2001 年版，第 27 页。

程中，中国人已经被迫改变其思想和行动的习惯。在中国人的眼里，这一方面又是历史的重演，造成了现在的深重的苦难”[①]。

对于这一点，卜德博士提出了不同的看法，他认为“六朝（3世纪至6世纪），元朝（1280—1367年），清朝（1644—1911年）实际上为时之久，足以使中国人在思想上对于分裂或异族统治感到司空见惯，尽管这种局面从理论上讲也许不是‘正统’。况且即使在‘正统’的统一时期，也还是常有怀柔或征服一系列的外族，如匈奴等，以及镇压国内叛乱的事。所以我不认为目前的内忧外患是中国人在春秋战国以后所不熟悉的局面，当然目前的忧患的确具有世界规模，其后果更加严重”[②]。

在卜德看来，20世纪上半期中国所面临的情况同中国历史上曾经发生过的一系列战祸具有相同的性质，因此统一和分裂在中国的实际政治中都是一个常见的现象。这显然与冯友兰的看法不同。为此，冯友兰在《简史》中特别增加了“世界政治和世界哲学”一章，并且专门为其中的“中国的统一”一节作了尾注，着重从思想文化上阐明，从中国人，特别是中国的哲学家、思想家乃至中国历史和中国哲学史的全部发展看，中华民族都是一个渴望和平统一并试图努力实现和平统一的民族。

---

① 冯友兰:《三松堂全集》第六卷，河南人民出版社2001年版，第157—158页。

② 冯友兰:《三松堂全集》第六卷，河南人民出版社2001年版，第162页。

1982 年，冯友兰与《中国哲学史》两卷本的英译者、著名汉学家卜德（Derk Bodde）（右）重逢

（三）以一个哲学家的身份创作中国哲学史

在完成《史》的创作后，冯友兰已不满足于仅仅做一个哲学史家，而是要努力做一个哲学家。因此，其学术兴趣就从研究哲学史转移到哲学创作。抗日战争时期，冯友兰开始了自己的哲学创作，并先后完成了“贞元六书”，其中最早的《新理学》发表于 1939 年，最晚的《新知言》发表于 1946 年。这六部书的完成，标志着冯友兰完成了其“新理学”的哲学思想体系的构建，成就了冯友兰哲学家的美誉。当然，这不仅仅意味着冯友兰身份的改变，而且表明其对中国哲学有了更深刻、系统的理解和领悟。“我已经在《新理学》中能够演绎出全部的中国哲学的形上学观念，把它们结合成为一个清楚而有系统的整体。这部书被人赞同地接受了，因为对它的评论都似乎感到，中国哲学的结构历来都没有陈述得这样清楚。”[①]

因此，到创作《简史》的时候，冯友兰不单是以一个哲学史家的身份，更是作为一个哲学家来审视中国哲学。尽管研究哲学史和进行哲学创作是不能截然分开的，但两者也有明显的区别。哲学史家讲的是别人就某些哲学问题所想的，主要做的是陈述性的工作，而哲学家要说明的是自己对于某一哲学问题的看法，更多的是创造性工作。哲学史家是“照着讲”“我注六经”，哲学家是“接着讲”“六经注我”。如果说《史》是哲学史

① 冯友兰：《三松堂全集》第六卷，河南人民出版社 2001 年版，第 282 页。

家的哲学史，那么《简史》就是哲学家的哲学史。正是这一点的改变，使冯友兰对中国哲学与中国文化的内容和发展有了更清晰和系统的理解和把握，也使《简史》中表现的理论思维水平和对中国哲学发展的看法要比《史》更加成熟和深刻，有了更多的创新和突破。

二、基本内容

（一）既入世而又出世：对“中国哲学的精神”的阐释

“中国哲学的精神”就是中国哲学历史中的主流。中国历代哲学家所关心的问题是如何成就圣人之道，达致天地境界，实现个人与宇宙的统一。根据对这个问题的不同回答可分为“出世的哲学”与“入世的哲学”。在“出世”一派看来，人必须脱离社会生活，甚至只有离开“生”后才可能达到这个境界，如佛家和部分的道家思想；“入世”的哲学则注重社会中的人伦和世务，不太会讲或不愿讲超道德价值，如儒家的某些思想。从入世的哲学来看，出世的哲学过于理想主义，不实用且消极；而从出世的哲学来看，入世的哲学又太现实主义了，过于肤浅。中国哲学的任务所要解决的问题，就是如何把入世与出世两者统一起来。这就是中国哲学的精神，而最终能够在思想上和行动中达到两者统一的便是圣人。圣人的人格是“内圣而外王”，既在精神修养上达到个人与宇宙的统一，又不脱离日常的人伦世务，在尘世生活中成就圣人之道。中国哲学不能笼统地说成是入世还是出世，准确地说它既入世又出世，既是现实主义又是理想主义，既讲求实用又不显得肤浅。这是中国哲学对统一入世和出世的解决办法，也是中国哲学对未来哲学可能的贡献。因此，中国哲学家的哲学始终与政治思想分不开，都以这种或那种方式与政治思想联系着。同时，学哲学不仅是要知道它，获得这种知识，而且是要体验它，养成这种人格。

《简史》抓住了“中国哲学的精神”这一中心问题，并围绕这一中心展开了关于中国哲学发展的论述。在冯友兰看来，中国哲学中一直存在着两种传统，即儒家的“入世”精神与道家的“出世”态度，就是人们常说的孔子重“名教”，老子、庄子重“自然”。这两种传统在中国哲学中既对立又统一，既有区别又有联系，形成“儒道互补”。“因为儒家‘游方之内’，显得比道家入世一些；因为道家‘游方之外’，显得比儒家出世一些。这两种趋势彼此对立，但是也互相补充。两者演习着一种力的平衡。这使得中国人对于入世和出世具有良好的平衡感。”[①] 按照这一理路，孔子既认识到道德价值，也认识到超道德价值，但孔子所体验到的超道德价值，和道家所体验到的并不完全一样，道家所认识、所体验的超道德价值，距离人伦日用更远。[②] 中国佛学禅宗最重要的发展，是企图降低佛教固有的出世性质，认为圣人的生活无异于常人的生活，圣人做的事也就是平常人

① 冯友兰:《三松堂全集》第六卷，河南人民出版社 2001 年版，第 23 页。
② 冯友兰:《三松堂全集》第六卷，河南人民出版社 2001 年版，第 45 页。

做的事。[1]新道家接受了部分重要的儒家经典，对道家学说作了若干极重要的修正，力求取消出世与入世的对立；新儒家的最终目的是教人怎样成为儒家的圣人，圣人必须在社会关系之内提高精神修养，找到了中国的浪漫主义（风流）与中国的古典主义（名教）的最好的结合。[2]

（二）可变与不变：对中国文化前景的分析

与特定生产方法、生产制度和社会制度相适应的中国文化，是否只适用于在中国传统社会中生活的人呢？是否只是“博物馆里面的陈列品？”这个问题实际上是自“五四”以来一直被讨论的东西方文化矛盾问题的一个方面。对这个问题的看法涉及如何判断中国哲学与中国文化的前途。冯友兰对这一问题的回答，是既肯定又否定的。“任何民族或任何时代的哲学，总是有一部分只相对于那个民族或那个时代的经济条件具有价值，但是总有另一部分比这种价值更大一些。不相对的那一部分具有长远的价值。”[3]也就是说，任何民族或任何时代的哲学都有两部分：一部分是相对于那个民族或那个时代的经济条件具有价值，这个价值会随着那个民族或那个时代的经济条件的丧失而丧失，这部分哲学也会失去其真理性，成为过时的东西，因此是可变的成分；一部分则具有“社会一般”的普遍性，具

① 冯友兰:《三松堂全集》第六卷，河南人民出版社 2001 年版，第 224 页。
② 冯友兰:《三松堂全集》第六卷，河南人民出版社 2001 年版，第 247 页。
③ 冯友兰:《三松堂全集》第六卷，河南人民出版社 2001 年版，第 28 页。

有长远的价值，因而是不变的成分。

以儒家社会哲学思想为例，“一旦中国工业化了，旧的家族制度势必废除，儒家论证它合理的理论也要随之废除。但是这样说并不是说儒家的社会哲学中就没有不相对的东西了”[①]。儒家社会理论中有些东西是专门属于中国社会本身的，这部分是相对的、暂时的、可变的，但是总有一些更为普遍的东西是属于“社会一般”的，这部分则是不变的、长远的。道家的社会理论也是如此。按他们的说法，人类的乌托邦是远古原始社会的理论，按现代社会发展理论来说，这种理论是错误的，是相对的、暂时的，但它还是具有“社会一般”的普遍性，某些现代社会理论中有关人类生存的理想状态理论，如无政府主义，就与道家的某些思想是相似的。人生哲学也是如此。一个民族或一个时代的哲学所提出的人生理想，有一部分必定只属于该民族或该时代的经济社会条件下所形成的人生理论，但是也必定有一部分属于“人生一般”，这个“人生一般”则具有不相对的性质，因而具有长远的价值。以儒家的人生理想为例，“理想的人生是这样一种人生，虽然对宇宙有极高明的觉解，却仍然置身于人类的五种基本关系的界限之内。这些人伦的性质可以根据环境而变，但是这种理想本身并不变。[②]因此，不能由于五伦中有些伦常要废除，就认为连儒家的人生理想也必须一

① 冯友兰:《三松堂全集》第六卷，河南人民出版社 2001 年版，第 28 页。

② 冯友兰:《三松堂全集》第六卷，河南人民出版社 2001 年版，第 29 页。

道废除。相反，也不能因为这种人生理想是可取的，就把五伦都原封不动地保存下来。

由此，冯友兰得出结论："每个哲学各有不变的东西，一切哲学都有共同的东西。"[①]这些不变的东西是什么？冯友兰在《新事论》中给予了回应："我们是提倡所谓现代化底。但在基本道德这一方面是无所谓现代化底，或不现代化底。有些人常把某种社会制度，与基本道德混为一谈，这是很不对底。某种社会制度是可变底，而基本道德则是不可变底。可变者有现代化或不现代化的问题，不可变者则无此问题。"[②]因此，要运用逻辑分析的方法区分中国文化和中国哲学中哪些是可变的，哪些是不变的。在此基础上，冯友兰进一步指出，中国哲学中的"负的方法"和注重提高人生境界的理论对未来世界的哲学都会有所贡献。这也就从哲学的角度回应了中国文化的价值和前景问题。

（三）哲学代宗教：从中国文化看哲学的性质和功用

哲学和宗教都与人生的问题关系密切。哲学是对于人生的有系统的反思的思想，宗教则是一种哲学加上一定的上层建筑，包括迷信、教条、仪式和组织，每种大宗教的核心都有一种哲学在支撑。用这种标准来衡量中国哲学，特别是儒家哲学，就可以看出儒家并不是宗教。在儒家的著作及思想中，没有创世

---

① 冯友兰:《三松堂全集》第六卷，河南人民出版社 2001 年版，第 29 页。
② 冯友兰:《三松堂全集》第四卷，河南人民出版社 2001 年版，第 331 页。

纪，也没有讲天堂、地狱，更没有宗教仪式和宗教团体。不仅于此，作为哲学学派的道家和作为宗教的道教，以及作为中国哲学重要组成部分的佛学与作为宗教的佛教，都是有区别的。中国文化的一个最基本的特征，就是“与别国人相比，中国人一向是最不关心宗教的”。按卜德的话说：“中国人不以宗教观念和宗教活动为生活中最重要、最迷人的部分。……中国文化的精神基础是伦理（特别是儒家伦理），不是宗教（至少不是正规的、有组织的那一类宗教）。……这一切自然标志出中国文化与其他主要文化的大多数，有根本的重要的不同。”[①] 如果在大多数的民族中，宗教是生活中的重要追求之一，为何中国人就是例外呢？

冯友兰认为，在宗教和哲学价值观上，可作“道德价值”与“超道德价值”的区分。一般地讲，爱人，是道德价值；爱上帝，是超道德价值。但这并不是说超道德价值就是宗教价值。哲学同样具有超道德的价值，超道德价值并不限于宗教，而且严格来讲，“基督教的爱上帝，实际上不是超道德的。这是因为，基督教的上帝有人格，从而人爱上帝可以与子爱父相比，后者是道德价值”[②]。基督教的爱上帝只能算“准超道德价值”，而斯宾诺莎哲学里的爱上帝才是真超道德价值。而在这个层次上，中国哲学中的天人合一、天人一体，以及张载《西铭》中的“乾

① 冯友兰：《三松堂全集》第六卷，河南人民出版社 2001 年版，第 7 页。

② 冯友兰：《三松堂全集》第六卷，河南人民出版社 2001 年版，第 8 页。

称父，坤称母”“民胞物与”等思想与斯宾诺莎是一致的。由此可知，在哲学中也有超道德价值，所以中国人或中国文化，并非没有人类先天的对超乎现世的追求的欲望，只是把这种追求的欲望放在了哲学上。按照中国哲学的传统，它的功用不在于增加积极的知识，而在于提高精神的境界，以此达到超乎现世的境界，获得高于道德价值的价值。“他们不大关心宗教，是因为他们极其关心哲学。他们不是宗教的，因为他们都是哲学的。他们在哲学里满足了他们对超乎现世的追求。他们也在哲学里表达了、欣赏了超道德价值，而按照哲学去生活，也就体验了这些超道德价值。”[①] 正是在这一点上，“哲学在中国文化中所占的地位，历来可以与宗教在其他文化中的地位相比”[②]。

在冯友兰看来，西方人以宗教为其终极关怀，往往不如中国人以哲学为其终极关怀，哲学要高于宗教。宗教与科学向来有冲突，随着科学的进展，宗教的权威就会不断降低。在这种情境下，西方一些维护传统的人们往往因为宗教权威的下降而悲伤，为越来越多的人不信教而感到惋惜，认为他们已经堕落。但在冯友兰看来，这种悲观是没有理由的，因为除了宗教，还有哲学能够为人类提供获得更高价值的途径，一条比宗教提供的途径更为直接的途径。“因为在哲学里，为了熟悉更高的价值，无须采取祈祷、礼拜之类的迂回的道路。通过哲学而熟悉的更

① 冯友兰:《三松堂全集》第六卷，河南人民出版社 2001 年版，第 8 页。
② 冯友兰:《三松堂全集》第六卷，河南人民出版社 2001 年版，第 5 页。

高价值，比通过宗教而获得更高价值，甚至要纯粹得多，因为后者混杂着想象和迷信。在未来的世界，人类将要以哲学代宗教。这是与中国传统相合的。人不一定应当是宗教的，但是他一定应当是哲学的。他一旦是哲学的，他也就有了正是宗教的洪福。”[①] 中国哲学从孔子开始便是在平实的社会生活中去寻找更高的价值，而不是在现实生活之外再去建立宗教信仰的大厦。冯友兰从中国文化和中国哲学的角度提出“哲学代宗教”的思想，既肯定了中国文化和中国哲学传统的价值，也是对未来哲学和人类文化发展的重要启示。

（四）政治统一：中国文化中的强烈追求

如何看待当时战火纷飞、动荡不安的中国和世界？冯友兰从中国传统哲学的角度进行了回应。在他看来，当代的世界史乃至近几百年的世界史就如同春秋战国时代中国史的重演。中国由战国末期的分裂向秦统一的历史转变，除经济和社会的原因外，还有在哲学思想上或在中国文化背景下的中国人对政治统一的追求和愿望这一因素。梁惠王曾问孟子：“天下恶乎定？”孟子回答说：“定于一。”（《孟子·梁惠王章》）这里的“一”就是“统一”，“天下”就是“世界”，不能仅限于中国封建诸国的范围。中国人习惯于从天下即世界的范围看问题。

从历史发展来看，中国在绝大多数时期保持了和平统一。

---

① 冯友兰：《三松堂全集》第六卷，河南人民出版社 2001 年版，第 9 页。

中国人虽然很早就从地域和种族上区别华(夏)、夷，以中原地区为中国，而以周边的少数民族为四夷，形成所谓“华(夏)夷之辨”。但是从春秋战国之后，这种区分主要转变为从文化和文明上来强调，华夏最文明，夷狄次之，禽兽则是未开化。从历史上看，当蒙古人或满人统治中国的时候，其实他们早已在很大程度上接受了中原文化。这些人在政治上统治中国，而中国在文化上统治他们。蒙古人和满人的统治并没有使中华文明或文化有明显中断或改变，元代、清代和中国历史上前后相继的许多朝代一样，都是“正统”。甚至当佛教输入时，虽然更多中国人开始意识到除中国文化之外还有其他文明存在，但即使对于那些信仰佛教的中国人来说，他们对印度也主要“是作为超世间的世界来称赞”，把印度看作“西方净土”，并未改变中国人自以为自己是人间唯一的文明人的信念。所以，当中国人在十六七世纪开始与欧洲人接触时，并未感到多大的不安，因为在他们的眼里，欧洲人不过是和以前的夷狄一样而已，故称他们为夷。可是当人们发现欧洲人具有的文明虽然与中国的不同，然而程度却相等，才开始有所担忧。冯友兰认为，在中国历史上，只有春秋战国时期有与此相似的情况，当时的各国文化虽不相同，但是文明程度相等，互相攻战。因此从中国文化的角度来看，当今的世界情形正是历史的重演。①

① 冯友兰:《三松堂全集》第六卷，河南人民出版社2001年版，第162—164页。

因为苦于长期的战祸，人们渴望政治统一，反映到思想领域，就是哲学家们采用折中主义的立场，希望通过选取各家思想的优点，建立起一个有机、统一的思想体系，也就是“道”，如《荀子》《庄子》，汉代的司马谈、刘歆等都有折中主义的倾向。可以说，从孔子时代起，一般的中国人，特别是中国政治思想家，就开始考虑世界范围内的政治问题。所以秦朝统一中国，在当时人的心目中，就好像是今天在我们心目中的统一全世界。《简史》中增加了对中国文化、中国人的民族观念等内容的说明，特别阐明中国文化中对政治统一的强烈追寻。这是冯友兰立足于时代问题，从中国哲学和中国文化的视角加以审察的结果，既增强了当时中国人对中华民族前途命运的信心，同时也为寻求破解之法提供了历史启示，因而是在一个新的历史条件下对中国哲学所作的新的阐释。

（五）儒道互补：对中国哲学的发展及内容的系统性把握

《简史》围绕中国哲学的精神这一中心阐述中国哲学全部的演变和发展。中国哲学的精神表现在具体哲学形态上就是儒道互补。冯友兰把中国哲学的主流大致分为两个思想系统：儒家系统和道家系统，具体来说包括先秦儒家、道家和后期的新道家、新儒家。

先秦儒家的创始人是孔子，孟子是“儒家的理想主义派”，荀子是“儒家的现实主义派”，孟、荀两派思想的发展反映了先秦儒家内部的矛盾发展运动，同时也确立了其后整个儒学史发展的基本方向。孔子之后主要的哲学家是墨子。墨子是墨家学派的创始人，在古代与孔子齐名，同时也是传统制度及其辩护者孔子和儒家的第一个批判者。后期墨家和名家都注重对名的辩论，在逻辑学方面有重要贡献。荀子有两个著名的学生：李斯和韩非。李斯辅佐秦始皇不仅统一中国，而且“焚书坑儒”，在思想上也实现了统一；韩非则成为法家的领袖人物和集大成者。

先秦道家有三个阶段:《杨朱》《老子》《庄子》。道家以“全生避害”为出发点，既反对儒家，也不同意墨家。名家对于“超乎形象”的世界的发现给了道家以启示，道家是名家的反对者，又是名家真正的继承者。先秦法家看似与儒家和道家的距离最远，但也彼此影响。法家与道家在无为、治道的观念上有共同之处。儒家将原本适用于贵族的标准用之于平民，法家则是把贵族的行为标准降低到平民的水平，不只按人的出身、财产划分阶级，因而具有平等意味，就这一点来说，双方也有某种共同点。

董仲舒借助阴阳五行家的思想，特别是天人感应思想对儒学进行改造，不仅使儒家在汉朝取得独尊地位，也使儒家逐步走向神秘化、宗教化，由此在儒学内部形成了今文经学和古文经学的对立。在冯友兰看来，今文学派可能是先秦儒家理想派的继续，而古文学派则有可能是先秦儒家现实派的继续。王充作为古文学派影响最大的思想家，以自然主义、科学的怀疑精神对以董仲舒为代表的今文学派进行有力的批判和攻击，为魏晋时期道家的复兴，即“新道家”的形成开辟道路。

新道家即玄学，分为“主理派”和“主情派”。两派既有区别又有联系。其中，“主理派”以向秀、郭象为代表，强调道家对名家的继承，注重“辨名析理”；“主情派”以嵇康、阮籍等为代表，表明道家对道的追求最终落实到人格和精神境界层面。魏晋之际，佛学开始传入中国。佛学最初传入时受到道家的影响比较大，它采用道家哲学的观念和一些术语来解释佛学著作。它对中国哲学的贡献就是提供了“宇宙的心”的观念。佛学与道家哲学的结合最终导致了中国形式的佛学——禅宗的建立。禅宗在修行方面主张顿悟成佛，而这种顿悟是在日常生活中获得的，顿悟成佛之后，他所要做的，仍然不过是日用平常的事，用一句常说的话就是“担水砍柴，无非妙道”。如果担水砍柴就是妙道，为什么“事父事君”就不是妙道？这也就为后来的新儒家提供了启示。

新儒家又称为道学家，分为两大派：程颐开创并由朱熹完成的理学；程颢开创由陆王继承并完成的心学。“二程”思想又受到周敦颐的影响。可以说，新儒家是儒家、佛家、道家（通过禅宗）和道教的综合，正因为这种“综合”，使得清代出现了对程朱、陆王学派的重大反动。清儒认为新儒家在禅宗和道家的影响下，错误地解释了孔子思想，丧失了儒家固有的实践方面，因而发起了“回到汉代”的运动，开始注重汉儒为先秦经典所作的注释，他们称这种研究为“汉学”，而将新儒家称为“宋学”，由此形成汉学与宋学之争。汉宋之争是中国思想史上最大的争论之一，“实际上是对古代文献进行哲学的解释与进行文字的解释的论争。文字的解释，着重在它相信的文献原有的意思；哲学的解释，着重在它相信的文献应有的意思”①。汉学的特点决定了它在哲学义理上所起到的作用是有限的，但汉学家整理研究长期被忽视的儒家以外的古代文献，为近现代受到西方哲学影响而开展的诸子学研究奠定了基础。

相较于《史》中关于子学系统和经学系统的截然区分，《简史》中儒家系统和道家系统，以及它们之间的互动，则一直贯穿于中国哲学史发展的始终，两大系统内容也呈现出丰富的逻辑关系和历史传承关系，这就明显地突出了《简史》的系统性。

三、主要特点

（一）以人生为中心的哲学观

冯友兰给哲学明确下了个定义：“至于我所说的哲学，就是对于人生的有系统的反思的思想。……哲学家必须进行哲学化；这就是说，他必须对于人生反思地思想，然后有系统地表达他的思想。”②这种哲学观包括三个方面的特点：一是哲学反思的对

① 冯友兰:《三松堂全集》第六卷，河南人民出版社 2001 年版，第 270 页。
② 冯友兰:《三松堂全集》第六卷，河南人民出版社 2001 年版，第 6 页。

象是人生，以人生为对象；二是反思的思想，也就是以思想作为思想的对象，“思想思想的思想是反思的思想”；三是有系统性，对人生有了反思之后必须系统性地表达出来。反思之为反思，因为它以人生为对象。思想是哲学的前提，人生则是哲学的目的。强调哲学反思的对象是人生的观点在之前尚未明确提出过。

冯友兰进一步提出了哲学的功用。“按照中国哲学的传统，它的功用不在于增加积极的知识（积极的知识，我是指关于实际的信息），而在于提高精神的境界——达到超乎现世的境界，获得高于道德价值的价值。”[①] 当代西方哲学中的维也纳学派认为哲学的功用只是弄清观念，形上学的性质只是概念的诗。维也纳学派实际上是否定了形上学的价值，而冯友兰则肯定形上学的价值。在此基础上，冯友兰在《简史》的最后一章再次给哲学下了定义：“现在，如果有人要我下哲学的定义，我就会用悖论的方式回答：哲学，特别是形上学，是一门这样的知识，在其发展中，最终成为‘不知之知’。如果的确如此，就非用负的方法不可。哲学，特别是形上学，它的用处不是增加实际的知识，而是提高精神的境界。这几点虽然只是我个人意见，但是我们在前面已经看到，倒是代表了中国哲学传统的若干方面。”[②]

在这里，冯友兰已经摆脱了在《史》中对西方哲学的附和，

---

① 冯友兰：《三松堂全集》第六卷，河南人民出版社 2001 年版，第 8 页。

② 冯友兰：《三松堂全集》第六卷，河南人民出版社 2001 年版，第 283 页。

建立起了自己的哲学观。冯友兰的哲学观的形成是建立在对中国传统哲学特点的认知和把握的基础上的。《史》基本上是用西方哲学来框架中国哲学，是以西方为主，为标准。在这样一种模式下，冯友兰无暇对中国哲学本身的特点进行深入思考。《简史》是冯友兰在新理学的基础上对中国哲学的系统梳理和反思，是冯友兰在有了充分的哲学主见的情形下的思考，这使他能够摆脱对西方哲学模式的依附性，从中国哲学的角度来理解哲学。

(二)肯定中国哲学中负的方法

对中国哲学方法的进一步思考也是《简史》的一个重要特点。冯友兰在《新理学》中用的方法完全是分析的方法，但是在写完《新理学》之后，他开始认识到负的方法的重要性。因此在《新理学》之后写的《新知言》中明确提出哲学有两种方法，即正的方法和负的方法。“正底方法是以逻辑分析法讲形上学。负底方法是讲形上学不能讲，讲形上学不能讲，亦是一种讲形上学的方法。”[①] 正的方法就是逻辑分析的方法，负的方法是直觉的、神秘主义的方法。《简史》中也对这两种方法及其关系作了说明。

冯友兰引用诺思罗普（Northrop）的观点，认为概念有两种主要类型：一种是用直觉得到的，一种是用假设得到的。“用直觉得到的概念，是这样一种概念，它表示某种直接领悟的东

① 冯友兰:《三松堂全集》第五卷，河南人民出版社 2001 年版，第149—150 页。

西，它的全部意义是某种直接领悟的东西给予的……用假设得到的概念，是这样一种概念，它出现在某个演绎理论中，它的全部意义是由这个演绎理论的各个假设所指定的。”[①] 冯友兰认为，这两种区分已经抓住了中国哲学和西方哲学之间的根本区别。西方哲学以“假设的概念”为出发点，中国哲学以“直觉的概念”为出发点。其结果是：正的方法很自然地在西方哲学中占统治地位，负的方法很自然地在中国哲学中占统治地位。显然，这与之前的《史》中将哲学的方法仅限于用科学的方法去认知有了很大的不同。

冯友兰认为，正负方法从表面上看好像是矛盾的，但在哲学体系中，这两种方法并不矛盾，而是相辅相成的。“一个完全的形上学系统，应当始于正的方法，而终于负的方法。如果它不终于负的方法，它就不能达到哲学的最后顶点。但是如果它不始于正的方法，它就缺少作为哲学的实质的清晰思想。”[②] 这两种方法各有各的特点，各有各的职责和作用。中国哲学中负的方法占统治地位，正的方法从未得到充分发展。因此，中国哲学史缺乏清晰的思想，而显得单纯和朴素。单纯性本身值得发扬，但朴素性必须通过清晰思想的作用加以克服。西方哲学中正的方法占统治地位，负的方法未得到充分的发展。未来的哲学的产生必然是将两者相结合。

① 冯友兰：《三松堂全集》第六卷，河南人民出版社 2001 年版，第 24 页。
② 冯友兰：《三松堂全集》第六卷，河南人民出版社 2001 年版，第 288 页。

（三）突出对中国哲学自身特点的阐释

《简史》在方法论上仍然采用逻辑分析方法，当然也吸纳了唯物史观的某些方法。逻辑分析方法的实质是以西方哲学为参照系统，用西方哲学这一标尺去衡量、剪裁中国传统学术，从而创作出中国的哲学史。在这种阐释框架中，中国哲学就成了西方哲学的附属。早在《史》中，冯友兰就注意到这种方法的局限。冯友兰意识到，如果对西方哲学方法的使用不加以限制会造成过度诠释，遮蔽中国哲学的真面目。他提到："哲学史的作用是告诉我们，哲学家的字句，这些人自己在过去实际上是意指什么，而不是我们现在认为应当意指什么。"[①] 这实际上涉及对哲学家思想的论述和解读原则问题，当然也是冯友兰解读中国哲学史的态度。"在《中国哲学史》中，我尽量使逻辑分析方法的应用保持在适当限度里。"[②] 当冯友兰以一个哲学家的身份，同时也是面向西方读者来书写《简史》时，尽管同样采用的是逻辑分析法，但此时他特别注意从中国哲学自身的特点来阐释。《简史》的整个内容主要围绕中国哲学的特点和精神，突出中国哲学发展的经济社会背景，运用逻辑分析方法，选取了每一派或者每一个哲学家有代表性的概念或范畴进行分析。它始终紧扣中国哲学自身特点及发展脉络，从中国哲学自身来分析理解中国古代哲学，摆脱对西方哲学的依附，避免用西方哲

① 冯友兰:《三松堂全集》第六卷，河南人民出版社 2001 年版，第 280 页。
② 冯友兰:《三松堂全集》第六卷，河南人民出版社 2001 年版，第 280 页。

学过度诠释中国哲学。

（四）增强对中国哲学的系统性把握

冯友兰于 1944 年《中国哲学史》重印“自序”中说：“此书第一篇出版于民国二十年，全书出版于民国二十三年，距今已十余年矣。在此十余年中，吾之思想有甚大改变。假使吾今日重写《中国哲学史》，必与此书，大不相同。”[①] 冯友兰这里所说的“不同”，就是指作为哲学家所写的“中国哲学史”与作为哲学史家所写的“中国哲学史”的不同。受西方哲学思辨性和逻辑严密性的影响，冯友兰特别注重哲学的系统性特点，认为真正的哲学都是具有系统性的。系统分为两个层次，即形式上的系统和实质上的系统。“一个哲学家之哲学，若可称为哲学，则必须有实质的系统。”[②] 相较于西方哲学，中国哲学虽有实质上的系统，但缺乏形式上的系统。所以书写哲学史的任务就是要在形式上无系统的哲学中找出实质上的系统。“《简史》与两卷本《中国哲学史》的最大不同，即在于《简史》抓住了‘中国哲学的精神’这一中心，并围绕这一中心展开了关于中国哲学发展的论述。”[③] 抓住了这一中心，冯友兰把整个中国哲学史大致分为两个系统——儒家系统和道家系统。相较于《史》中关

① 冯友兰：《三松堂全集》第三卷，河南人民出版社 2001 年版，第 5 页。

② 冯友兰：《三松堂全集》第二卷，河南人民出版社 2001 年版，第 252 页。

③ 李中华：《中国哲学与中国文化的超越性诠释读——冯友兰〈中国哲学简史〉》，载于郑家栋、陈鹏编：《解析冯友兰》，社会科学文献出版社 2002 年版，第 267 页。

于子学系统和经学系统的区分,《简史》中儒家系统和道家系统,以及它们之间的相互联系，则一直贯穿于中国哲学史发展的始终，两大系统内容也呈现出丰富的逻辑关系和历史传承关系，表明了他对中国哲学更系统、深刻的理解和把握。

《简史》是冯友兰在其思想已日臻圆熟时的创作，他将自身的哲学思想与多年研究中国哲学史的思考相结合并提炼熔铸。无论是对中国文化和中国哲学的整体精神、特点的理解和把握，还是对中国哲学史上的重要流派和具体哲学观点的分析和判断，都较之前更加清晰明了。这本书也并不是《史》的节略，而是在新的历史条件下对时代问题的关切与回应。它是从《史》向《新编》过渡的中间环节，代表了冯友兰在中国哲学史研究方面的第二个里程碑。在该书当年的英文版自序中，冯友兰非常自信地说:“小史者，非徒巨著之节略，姓名、学派之清单也。譬犹画图，小景之中，形神自足。非全史在胸，曷克臻此。惟其如是，读其书者，乃觉择焉虽精而语焉犹详也。”[①] 全书虽只有 20 多万字，体量不大，但文笔轻畅、深入浅出、哲思敏睿，极富意蕴，是冯友兰中国哲学史著作中的精品。从文化交流和传播的角度来看，近一个世纪以来，中国还没有任何一位哲学家或任何一部中国哲学史著作能与之比拟。这本书不仅为西方人，也为所有有志于学习、研究中国哲学的专业人士或普通读

① 冯友兰:《三松堂全集》第六卷，河南人民出版社 2001 年版，第 3 页。

被译成多种文字的《中国哲学简史》

者提供一个比较简明的读本。

第三节　晚年思想的总结和定论

《新编》是冯友兰哲学创作最后一个时期的代表作。冯友兰从新中国成立后便开始萌发重写中国哲学史的想法，到 20 世纪 60 年代初完成一、二册，70 年代对之进行反复修改，80 年代后又决定另起炉灶从第一册开始重写，到最后正式完成整个创作，这项工作经历了几乎长达半个世纪的酝酿、沉淀、撰写和修订，耗费了冯友兰后半生的大部分时间和心血。在他的整个学术生涯中，还没有一部著作像《新编》那样经历了这么漫长而曲折的历程。最终，冯友兰克服了重重困难，以惊人的毅力、顽强的信念撰写完成约 150 万字的七卷本《新编》，创造了中国学术史上的一个奇迹。这是冯友兰用马克思主义的立场、观点和方法重写的一部中国哲学史，是其中国哲学史“三部曲”中的最后一部，代表了他晚年的主要思想，也是他整个学术思想的最终定论。

一、创作历程

（一）萌生撰写《新编》的想法

1949 年中国革命的胜利极大地鼓舞了当时的知识分子群体，激发了他们为新社会服务的热情。冯友兰也产生了用马克思主义的立场、观点、方法，重新写一部中国哲学史的想法。在当时的社会环境里，用马克思主义的立场、观点和方法进行学术研究，既是时代要求，也是政治斗争、思想斗争在学术领域的反映。作为从旧社会走过来的知识分子，必须对其过去的学术思想作一个彻底的反省和改造。实际上，早在 1949 年 1 月清华大学被共产党正式接管后，组织上便和冯友兰进行了接触，甚至还让徐特立专门做他的思想工作。但这次接触并没有取得预期的效果，其根源就在于冯友兰还是习惯于用旧经验了解当时的新事物，不能适应新形势的发展变化，而这必须要经过一定的思想改造才行。其结果是，冯友兰最终辞去了所有的行政职务，只保留了清华大学哲学系教授的职衔。对于这一点，冯友兰也是后来才慢慢反应过来。“可见过去的事是不容易说清楚的，思想改造也不是三言两语所能见效的。从旧社会过来的知识分子，必须经过思想改造，才能为新社会服务。……从旧社会过来的知识分子，绝大部分是为剥削阶级服务的。……如果不把这些立场转变为劳动人民的立场，他就不能为劳动人民服务。他可能有为劳动人民服务的愿望，这种愿望也可能是真的，但是事情并不是只凭主观愿望所能决定的。”[①] 因此，对冯友兰来说，当务之急不是重写哲学史而是要进行思想改造，取得新中国的一名知识分子的资格后，才谈得上为新中国建设服务。而且，马克思主义的立场、观点和方法，也不是靠读几本书就能懂得的，更不要说掌握和应用了，它需要在长期的生活、工作和斗争中才能锻炼出来。没有思想上的革新和转变，就不能真正掌握和应用马克思主义，要重新写中国哲学史也不会新到哪里，充其量不过是对马克思主义的字句生搬硬套。这个时期的冯友兰已经萌生了写作《新编》的想法，但还没有真正付诸实施。

（二）撰写《新编试稿》

20 世纪 50 年代之后，冯友兰开始了对过去学术思想的反省。他曾回忆说：“在解放以后，我也写了一些东西，其内容主要的是忏悔，首先是对我在 40 年代所写的那几本书的忏悔。并在忏悔中重新研究中国哲学史，开始写《中国哲学史新编》。”[②] 经过思想改造，冯友兰终于获得了重新进行学术研究的资格和条件。1960 年 4 月召开的全国文科教材会议决定设中国哲学史编写组，任继愈任主编，冯友兰则负责单独写一部中国哲学史专著及中国哲学史史料史，随后又委派朱伯崑、庄印协助冯友兰。1962 年 4 月，冯友兰参加了全国政协会议，并且在会

① 冯友兰：《三松堂全集》第一卷，河南人民出版社 2001 年版，第 138 页。
② 冯友兰：《三松堂全集》第一卷，河南人民出版社 2001 年版，第 237 页。

上介绍《新编》写作的有关情况。在会议闭会时，毛泽东接见到会的委员，特地向冯友兰询问《新编》写作的进展，这使冯友兰备受感动和鼓舞。冯友兰在这一时期也有了相对安宁的写作环境。1962 年 9 月，《新编试稿》第一册由人民出版社出版。1964 年 6 月，《新编试稿》第二册由上海人民出版社出版。《新编试稿》是冯友兰以马列主义、毛泽东思想为指导研究中国哲学史的第一次尝试，也是新中国成立以后中国哲学史研究的第一部著作。冯友兰明确了中国哲学史研究的对象和内容是唯物主义与唯心主义的矛盾斗争和转化的过程及其规律，唯物主义与唯心主义的斗争是阶级社会中的阶级斗争的反映，同时也就是其斗争的一部分。阶级分析和阶级斗争的观点是一条主线，贯穿全部章节。20 世纪 60 年代的中国学术界全面推行阶级斗争理论。历史唯物主义被简单地归结为阶级斗争，这一方面来自当时现实政治斗争的需要，另一方面也是受了苏联的影响。冯友兰后来总结说："解放以后，提倡向苏联学习。我也向苏联的'学术权威'学习，看他们是怎样研究西方哲学史的。学到的方法是，寻找一些马克思主义的词句，作为条条框框，生搬硬套。就这样对付对付，总算是写了一部分《中国哲学史新编》。"[①] "文革"开始后，冯友兰被迫中断了《新编》的撰写工作。

① 冯友兰:《三松堂全集》第八卷，河南人民出版社 2001 年版，第 3 页。

冯友兰 85 岁高龄时，决定重写《中国哲学史新编》（七卷本）

（三）反复修订《新编试稿》

也正因为如此，《新编试稿》总是不能让人满意，在其出版后即遭到了多方面的批评。这里既有著作本身的原因，也有冯友兰个人的原因，当然更主要的还是时代和社会政治的原因。其后，冯友兰也在一直不断地对《新编试稿》进行修订。1964年9月，上海人民出版社又重新出版了第一册的修订本。到了20世纪70年代，阶级斗争已扩大到了学术研究的一切领域。随着“批林批孔”“评法批儒”运动的开展，“林彪反党集团”和儒家思想遭到了猛烈批判，但“法家”却得到了前所未有的肯定与赞扬。“评法批儒”运动实质上变成了一场“颂法批儒”运动。因此，哲学史工作者也要转变观念，破除尊儒反法的思想体系，正确评价法家，深入批判儒家。冯友兰不得不重新对《新编试稿》进行修订。冯友兰曾这样评价他这一时期的工作：“到了70年代初期，我又开始工作。在这个时候，不学习苏联了。对于中国哲学史的有些问题，特别是人物评价问题，我就按照‘评法批儒’的种种说法。我的工作又走入歧途。”[①]《新编试稿》和冯友兰本人在中华人民共和国成立后的经历一样，历经多次反复修改。当有人问起冯友兰哲学思想改变的经过时，冯友兰无限感慨地用一首诗作了回答：“若惊道术多迁变，请向兴亡事里寻。”[②] 由于始终对自己的创作不满和自身认识的变化，《新编

① 冯友兰:《三松堂全集》第八卷，河南人民出版社2001年版，第3—4页。

② 冯友兰:《三松堂全集》第一卷，河南人民出版社2001年版，第264页。

试稿》一直到“文革”结束依旧无法定稿。

（四）重写《新编》

“文革”结束之后，冯友兰的学术研究终于迎来了历史性的转折。此时，最让冯友兰牵挂的就是祖国的命运、中华民族前途，而这份牵挂转化成了对《新编》写作的执着。1980 年，冯友兰在 85 岁高龄时，决定开始重新修订《新编》一、二册的工作。《新编》有两个版本，一是 20 世纪 60 年代的版本，二是 20 世纪 70 年代的修订版。所谓重新修订，实际上等于重写。这次重写《新编》，冯友兰为自己确立了一个重要原则，就是“学术上的结论是要靠自己的研究得来的。一个学术工作者所写的应该就是他所想的。不是从什么地方抄来的，不是依傍什么样本摹画来的。……吸取了过去的经验教训，我决定在继续写《新编》的时候，只写我自己在现有的马克思主义水平上所能见到的东西，直接写我自己在现有的马克思主义水平上对于中国哲学和文化的理解和体会，不依傍别人”[①]。《新编》计划共写七册，但冯友兰为《新编》一、二册花费了太多的时间和精力，从写作到反复修订，耗费了差不多 20 年的时间。当时有人曾向冯友兰建议，趁身体硬朗，干脆从第三册开始写起，以便在有生之年，完成七卷本《新编》的写作计划。冯友兰婉拒了这一提议。他认为，中国哲学史是一部系统的历史，人们可以用不同的方

① 冯友兰:《三松堂全集》第八卷，河南人民出版社 2001 年版，第 4 页。

法去研究它，但不可以在同一部历史著作中用不同的方法去写作，否则，历史就会变成一个杂乱无章的拼盘。这是一种历史家对历史负责的态度，也反映了冯友兰不断追求真理的科学精神。冯友兰以“老骥伏枥，志在千里”的精神，全神贯注地进行他一生最后的学术创作。后期他因身体状况欠佳频繁出入医院，病痛的折磨容易让人丧失斗志，但完成《新编》的信念让冯友兰依旧坚持不懈。《新编》第七卷也最终在他去世前 4 个月完成。

二、基本框架和内容

《新编》主体分为古代哲学、中古哲学、近代哲学和现代哲学四个时期。这四个时期分别有七大思潮：先秦子学（分前后期）、两汉经学、魏晋玄学、隋唐佛学、宋明道学（分前后期）、近代变法和现代革命。

（一）古代哲学

古代哲学即先秦诸子部分。该部分分为前期和后期两个阶段，前期从殷周到春秋末期、战国初期，后期指的是战国时期。

春秋及其以前诸子百家中各主要学派的前期思想。主要内容和观点有：简述中国上古时期的思想情况，重点介绍了周公旦的天命论、古代朴素唯物主义与自发的辩证法思想萌芽的出现；介绍了春秋战国时期的生产力、生产关系和意识形态的情况，提出在阶级斗争中产生的各个阶级或阶层的思想代表和思想流派是形成这个时期思想战线上“百家争鸣”局面的原因；介绍管仲、晏婴等人的改革举措和思想；介绍前期儒家思想的形成，评述儒家创始人孔子关于古代道德生活、宗教生活、文艺生活、学术生活，以及他对自己的精神境界的反思，重点讨论了孔子的仁学、礼学及完全人格论，肯定了孔子作为中国第一位哲学家的地位；以邓析为代表说明早期名家的起源；揭示孙武的军事哲学思想、范蠡的政治哲学思想和计然的经济哲学思想中表现出来的朴素唯物主义和自然辩证法思想；介绍前期墨家的哲学思想，评述了墨家创始人墨翟的尚贤、尚同、兼爱、非攻、天志、明鬼等思想以及其功利主义和经验主义的特点；介绍早期法家思想，评述了早期法家代表李悝的《法经》和申不害的“术”思想；介绍前期道家思想，提出杨朱是道家学派创立者的新见解。

战国时期诸子百家思想的发展。主要内容和观点有：评述后期法家的代表人物商鞅和韩非的思想，特别是韩非的法、术、势相统一的学说及其唯物主义的认识论，认为韩非继承了荀子的唯物主义思想，又改造了《老子》，使它从客观唯心主义转化为唯物主义，提出韩非是战国时期最后的理论家；评述了后期道家中的老子和庄子的哲学思想，坚持《老子》晚出说，认为其成书于战国时代，提出《老子》倾向客观唯心主义，《庄子》倾向主观唯心主义的论断；论及后期儒家的发展情况，孟子是儒家思想向唯心主义发展阶段的代表人物，《易传》反映了地主阶级既和奴隶主贵族斗争，又与劳动人民有矛盾的两面性，趋向客观唯心主义但包含丰富的辩证法思想，荀子是先秦最大的唯物主义哲学家，他们从不同方面发展了儒学；介绍墨家后期向唯物主义发展的趋向；介绍惠施的“合异同”说和公孙龙的“离坚白”说，兼论其他后期名家的思想；介绍了阴阳家唯物主义的世界图景，重点说明《洪范》《月令》以及邹衍的哲学思想；突破传统的六家或十家的说法，把稷下黄老之学当作单独的一家研究，认为稷下黄老之学实则是道家与法家的统一；分别介绍儒家、道家、法家对百家争鸣所作的总结，把杂家的代表作《吕氏春秋》的问世看作先秦哲学的终结。

（二）中古哲学

中古是指从第一个社会大转变时期以后到第二个大转变时期的前夕，即两汉至明清时期。这个时期又分为三个段落：两汉时期；魏、晋至隋、唐时期；宋、元、明、清时期。

两汉时期的哲学以经学为主。主要内容和观点有：介绍了经学问世前的哲学发展情况；评述了今文经学的代表人物董仲舒的哲学思想；以《礼记》为代表，概述经汉儒整理后的儒家经书所表达的基本思想；介绍了经学另一大分支古文经学的发展情况及其代表人物的哲学思想；概述经学的变种谶纬之学的思想；评述经学对立面的思想，其中以评述王充的唯物主义哲学思想为重点；论述两汉经学衰微后的社会情况和思想变化。

魏晋时期的哲学主潮是玄学。主要内容和观点：一是玄学导言，刘劭的《人物志》和钟会的《四本论》。二是玄学总论，玄学的主题是“有无关系”问题，对这一问题回答方式的不同，构成玄学思潮发展的三个阶段。玄学发展的第一阶段以“贵无论”为主导，以王弼、何宴和嵇康、阮籍及其他“竹林名士”为代表；玄学发展的第二阶段以“崇有论”为主导，以裴頠的“崇有论”和欧阳建的“言尽意论”为代表；玄学发展的第三阶段以“无无论”为主导，是“贵无论”与“崇有论”的合体，以郭象为代表。三是魏晋之际玄学以外的唯物主义和进步的社会思想。四是对玄学思潮作了总结性评判。

佛学是隋唐时期哲学思想的主潮。主要内容和观点有：佛学通论，提出佛学的主题是主观唯心主义和客观唯心主义的斗争，认为佛学在中国的发展经历了格义、教门和宗门三个阶段；评述僧肇、慧远、道生和谢灵运的思想；评述三论宗、《大乘起信论》、唯识宗、华严宗的佛学思想；评述禅宗的佛学思想；评述韩愈、李翱、柳宗元、刘禹锡的哲学思想，认为隋唐佛学逐渐向宋明道学过渡。

宋、元、明、清时期的哲学主潮是道学。主要内容和观点有：道学发展概况；道学的主题是讲“理”；程颢创立的心学，程颐创立的理学，构成前期道学的肯定阶段；张载提出的“气学”，构成前期道学的否定阶段；朱熹理、气并称，是前期道学的否定之否定，又是后期道学的肯定阶段；陆九渊、王阳明是后期道学的否定；王夫之则是否定之否定，成为后期道学的集大成者；道学产生的时代背景是庆历新政和熙宁变法，以及道学的先驱者周敦颐、邵雍的思想；道学的奠基者“二程”和张载以及前期道学代表人物朱熹的哲学思想；陆、王心学的兴起以及后期道学代表人物王夫之的哲学思想；道学以外的思想家陈亮和叶适的思想；气学的复兴、理学的自我修正及革新和心学的发展。

（三）近代哲学

第二次大转变是中国由封建社会转变为半殖民地半封建社会。1840年是中国历史第二次大转变的开始。这个时代的思潮是维新变法，是资产阶级思想逐步取代封建主义思想的历史。主要内容和观点有：介绍近代思想的三位先驱黄宗羲、颜元和戴震，认为他们对中国封建社会的理论支柱——宋明道学进行了猛烈的批判，从而开了中国近代哲学思想的先河；介绍魏源应对新形势的总对策及其哲学思想，重点评述其“以夷为师”的观点；评述太平天国运动以及洪秀全等人的思想；评述洋务派代表人物曾国藩的思想；评述康有为、谭嗣同和严复三位启蒙思想家的思想，严复是引入英国经验学派的主要哲学家；评述中国近代美学奠基人王国维的思想，第一次把美学家写进中国哲学史，王国维是引入欧洲大陆理性学派的主要哲学家；关于中学、西学斗争的官方结论，对近代思想斗争作了简要的总结。

（四）现代哲学

第三个大转变是中国由半殖民地半封建社会转变为社会主义社会。这个时代的思潮是现代革命。戊戌变法运动失败后，中国即进入革命时期。这个时期包括旧民主主义革命时期和新民主主义革命时期两个阶段。主要内容和观点有：分别论述旧民主主义革命时期章炳麟和孙中山的理论活动和学术思想，孙中山是旧民主主义革命的最大理论家和最高领导人；分别阐述了新文化运动时期蔡元培、胡适、梁漱溟、陈独秀、李大钊的哲学思想，蔡元培是新文化运动的创始人，同王国维一起成为引入欧洲大陆理性学派的主要哲学家，胡适、梁漱溟是新文化运动的右翼，其中，胡适是引进美国实用主义哲学的首要人物，陈独秀、李大钊是新文化运动的左翼；概述了20世纪20—40年代科学与人生观论战、社会性质论战、中西文化论战等三次现代哲学史上发生的重大事件；评述毛泽东的哲学思想；论述现代理学的典型金岳霖和冯友兰自己的哲学体系，现代心学的典型熊十力的哲学思想；全书总结，从中国哲学史的传统看哲学的性质及其作用，从中国哲学的传统看世界的未来。

三、主要特色与部分新论

《新编》是冯友兰用马克思主义的立场、观点和方法重写中国哲学史的尝试，同时在写作方法上又改变了以往中国哲学史以哲学人物为纲的写法，代之以时代思潮为纲来书写中国哲学

不同版本的《中国哲学史新编》

史，在此基础上产生了一些新提法和新论点。

（一）马克思主义的诠释框架

哲学史的任务。根据对马克思主义历史观的理解，冯友兰认为哲学史除具有一般历史学如实地叙述事情发展的具体过程之外，还有其特殊的规律，“那就是唯物主义和唯心主义，辩证法和形而上学，这些对立面的斗争和转化，以至于唯物主义和辩证法的不断胜利”①。这个规律表现在不同民族的哲学史中以及同一民族哲学史的不同阶段中，其内容和形式都是极其丰富和复杂的，研究和撰写哲学史就是为了更好地揭示和把握哲学史的发展规律。《新编》的首要任务就是要揭示中国哲学发展史上不同发展阶段的关于唯物主义和唯心主义、辩证法和形而上学的斗争和转化的具体的内容和形式。为此，冯友兰以三次社会大转变为中心，将中国哲学史的发展划分为四个时期，归纳为七个时代思潮，通过揭示每一个阶段所讨论的哲学中心问题来分析哲学的主要派别和主要哲学家的思想在这一阶段的斗争和转化中的表现。

阶级分析法的应用。哲学上的不同派别的形成及其斗争既有认识论方面的原因，也有其社会根源。就社会根源来说，不同的哲学派别和哲学思想反映的是不同的生产关系和阶级利益。冯友兰注重运用阶级分析方法来分析和评价不同哲学家或

① 冯友兰:《三松堂全集》第八卷，河南人民出版社 2001 年版，第 12 页。

者哲学派别的哲学思想。这一方法在对先秦诸子哲学的解读上体现得特别明显。先秦诸子并不是一个阶级，而是代表了不同阶级或阶层的利益。“由于他们有较高的文化水平，有专门的知识和技能，他们成了这个时期各阶级在思想上的代言人。他们提出不同的政治主张和哲学思想。这些不同的政治主张和哲学思想，就是不同阶级的意识与要求的表现。”[①]在错综复杂的阶级分化和阶级斗争中产生了各个阶级或阶层的思想代表和思想流派，形成了“百家争鸣”的局面。例如，孔子是奴隶主阶级中的改革派，既拥护周礼又认为需要对其进行改革；前期墨家代表手工业者中的师傅阶层，宣扬天命论，主张改良思想和阶级调和，后期墨家代表手工业者中的徒弟阶层，宣扬唯物主义自然观、经验主义的认识论和科学知识；道家代表的是没落奴隶主贵族，对待新兴地主阶级的统治选择逃避的办法进行消极的抵抗，如《老子》对地主阶级新政权采取以退为进的态度和相应的斗争策略，《庄子》则表现为彻底的逃避人生的态度；孟子是地主阶级保守派，提倡仁政，反对霸政，提出性善论，法家是地主阶级激进派，主张霸道，变法改革，荀子则是介于二者之间，是为新兴地主阶级政权服务的，其提出性恶论，即是以此表明封建社会的道德和秩序是必要的。百家争鸣和对立反映了阶级立场和利益的不同，是当时阶级斗争和分化在思想

① 冯友兰:《三松堂全集》第八卷，河南人民出版社 2001 年版，第 96—97 页。

战线上的反映，这些政治经济利益上的不同反过来又促进学术思想上的对立与交流，对中国哲学的发展起到了很大的影响。因此，对先秦诸子乃至中国哲学史上的哲学家们和哲学学派思想的分析和评价，都不能脱离他们的阶级立场进行抽象解读。而这一方法也贯穿在整个《新编》的研究和写作中。两汉哲学是为地主阶级建立的统一的全国性政权服务的，即为统一的封建政权的宇宙、社会、人生各方面的哲学体系作理论论证，魏晋的玄学家思想代表了地主阶级贵族的理论依据，宋以后的道学的阶级基础是“四民之首”的“士”，近代哲学则代表资产阶级改良派，现代哲学则有资产阶级革命派和无产阶级哲学两种。

中国哲学史分期的依据。关于中国哲学史的分期，《新编》与《史》都是以中国历史的大转变时期作为中国哲学史分期的主要依据。而《新编》更是明确使用马克思主义唯物史观的概念来论述。由于时代的发展，到写作《新编》的时候，中国历史已经经历了三次大转变：第一次是春秋战国时期的大转变，新兴地主阶级建立的政权取代了奴隶主阶级的政权，封建社会取代了奴隶社会；第二次大转变时期是近代，中国由封建社会变成半殖民地半封建社会；第三次是现代时期，中国进入社会主义社会，以无产阶级消灭一切剥削阶级为其中心内容。在每个大转变时期，社会的政治、经济、文化各方面，都发生了根本的变革，有了全新的面貌，取得了显著的进步。以这三个大转变时期为关键，中国历史分为四个时代：一是古代，即第一个大转变及其以前的时期；二是中古，即从第一个大转变时期以后到第二个大转变时期的前夕；三是近代，即从第二个大转变时期以后到新民主主义革命时期；四是现代，即第三个大转变之后，进入社会主义革命和社会主义建设时期。中国哲学史也大致应分为四个时期，每个时期又可再分为几个段落。古代分为殷周至春秋末战国初和战国时期两个阶段。中古分为两汉、魏晋至隋唐、宋元明至清三个段落。近代是从清初到戊戌变法。现代则是从戊戌变法失败后开始。阶级斗争和民族斗争贯穿在各个时代之中，这是它们的共性；各个时代都有它们特殊的精神面貌，这是它们的特殊性。哲学史的任务在于从特殊性中发现共性，以共性解释特殊性。这体现了鲜明的马克思主义唯物史观的色彩，表明了冯友兰在《新编》中对马克思主义立场、观点和方法的自觉运用。

（二）以时代思潮为纲

对中国哲学史中七大时代思潮的划分。冯友兰哲学史观的一个基本内容就是以研究哲学问题来研究哲学史。在《新编》写作期间，冯友兰多次强调哲学史是哲学的历史，不是人名录，也不是资料汇编，所注重的应该是哲学发展的线索。哲学的发展是围绕哲学问题而展开的，研究哲学史就要抓住、厘清和说明历史上的哲学问题。对于哲学史研究者而言，哲学问题不会游离于历史之外，而往往是包裹在一定的时代思潮之中。正是在某一时代对某一特定哲学问题的集中关注形成了一股时代思潮，所以要把握哲学问题，必须把握时代思潮。要厘清中国哲学史的发展脉络，必须抓住每一阶段的时代思潮。因此，冯友兰在写作《新编》时，逐步确立了一个指导思想，也是《新编》最大的特色，就是通过把握每一个时代思潮，来说明这个时代思潮中的哲学问题，从而揭示这个时代的哲学发展的整体概况。对时代思潮的理解是建立在对社会历史发展的阶段性认识的基础上的。中国历史的三次大转变，构成中国社会历史阶段性划分的主要标志。由此，冯友兰将中国哲学史的发展归纳为七大思潮：先秦子学、两汉经学、魏晋玄学、隋唐佛学、宋明道学、近代变法和现代革命。七大思潮分别代表了中国哲学史七个时代的哲学发展的特点。

关于时代思潮研究的方法论问题。如何通过把握时代思潮来完成对哲学史的梳理和阐释呢？"《新编》着重讲中国历史上各个时代的思潮，每一个思潮，都有一个真正的哲学问题作为它的中心思想，也都有一定的社会政治情况为其所以发生的历史根源。"[①] 要说明时代思潮，就必须抓住这一时代的哲学运动所讨论的哲学中心问题以及这个哲学运动所以发生的经济、政治和社会背景。从社会历史背景来说明时代思潮体现了唯物史观的方法，对时代思潮内部的哲学问题发展规律的把握则体现了逻辑主义的方法，从而也就坚持了历史和逻辑相统一的方

---

① 冯友兰:《三松堂全集》第十三卷，河南人民出版社 2001 年版，第 429—430 页。

法。这是研究时代思潮的两条主线，对这两条线的研究和说明也就构成了《新编》基本的指导思想。《新编》七个思潮的研究都是以此为架构的。不过，这种方法也有一定的难度，特别是对时代经济政治状况这一条线的把握。因为历史的发展具有复杂性，要从这一条线对思潮的产生发展作出说明并不容易，如针对秦汉以后社会政治情况，冯友兰坦言资料太多，头绪纷繁，难以把握。相比于这条线，冯友兰对时代思潮的中心问题这条线的把握则比较得心应手。由于冯友兰对这两条线的把握和阐释程度不同，《新编》表现出了前后阶段书写的差别。《新编》前三册在对时代政治经济状况的说明方面是比较成功的，到第四册以后就更倾向于对哲学中心问题的说明。[①]

（三）部分新论和创见

一是重视汉儒和春秋公羊学。

春秋公羊学就是汉朝的儒家思想。在秦朝完成了统一，建立了专制主义的中央集权的全国性的政权之后，就开始尝试建立一套与之相适应的上层建筑，以便更好地将其保护和维持下来。秦朝统治者最后选择了法家，企图建立一套以法家思想为指导的社会意识形态。然而“仁义不施而攻守之势异也”，秦朝最终二世而亡。继之而起的汉朝统治者吸取了秦灭亡的教训，在初期采用黄老之术，休养生息，到汉武帝时定孔丘为一尊，

① 冯友兰:《三松堂全集》第十三卷，河南人民出版社 2001 年版，第 432—433 页。

正式将儒家思想作为统治阶级的意识形态。当然，此时的儒家思想已非原来的儒家思想。这是时代发展的必然，也是理论发展的需要。以董仲舒为代表的汉代春秋公羊家以经由孔子修改、补充的《春秋》为汉制法。公羊家将《春秋》描述为具有革新意义的法典，特别是经过孔子的修改、补充，这种革新的意义就更为突出。“照公羊家的说法，《春秋》的每一个书法都有很深的意义。这个很深的意义，就是当时历史趋势的反映，也往往是当时政治措施的理论根据。”① 这个意义特别表现在其对中国历史和中国文化中的“大一统”思想的阐发。

如《春秋》开篇的第一条“元年春王正月”。这本是鲁国史官在隐公元年照例记载的一句话，并没有什么理论意义。但《公羊传》却对之加以发挥：“元年者何？君之始年也。春者何？岁之始也。王者孰谓？谓文王也。曷为先言王而后言正月？王正月也。何言乎王正月？大一统也。”② 一切统一于王就叫“一统”；“大一统”就是以一统为大。就此，冯友兰评价说：“《公羊传》一开始就赞美一统，这是当时历史趋势的反映。《公羊传》这样说，表明它对于这个趋势的支持。”③ 作为公羊学派的重要代表人物，董仲舒也是在这个意义上赞美“大一统”的。他在《对策》中说：“《春秋》大一统者，天地之常经，古今之通谊也。”④ 董仲

① 冯友兰：《三松堂全集》第九卷，河南人民出版社 2001 年版，第 47 页。
② 《春秋公羊传·隐公元年》。
③ 冯友兰：《三松堂全集》第九卷，河南人民出版社 2001 年版，第 48 页。
④ 《汉书·卷五十六·列传第二十六·董仲舒》。

舒正是以公羊家“大一统”原则为前提，证明“罢黜百家”是正确的。

同时，春秋公羊学对“夷夏之辨”也作了新的解释。在秦汉统一以前，中国不仅在政治上分为许多诸侯国，各自为政，在民族上也分裂为不同的种族、部族、部落。当时有“南蛮、北狄、东夷、西戎”之称。但是照公羊家的说法，“夷狄”和中国的分别不在于种族不同，而在于有没有文化，特别是有没有道德。在春秋时期，正值社会大转变，有些本来是中国的诸侯国，而在文化道德上成为夷狄，也有些原来是夷狄的诸侯国，而在文化道德上成为中国。《春秋·宣公十二年》记载晋国和楚国的邲之战。《公羊传》认为《春秋》“不与晋而与楚子为礼”。董仲舒也说：“《春秋》之常辞也，不予夷狄而予中国为礼，至邲之战，偏然反之，何也？曰：《春秋》无通辞，从变而移。今晋变而为夷狄，楚变而为君子，故移其辞以从其事。”[①] 公羊家认为，《春秋》对于“中国”和“夷狄”的分别是极其严肃的，但这种分别又是相对的，一个原是夷狄的种族、部族或个人，如果接受了中国文化，它们就进入“中国”，成为“新中国”。一个原来属于中国的人，如背离了中国文化，他就变为“夷狄”，成为“新夷狄”。转化为“中国”，《春秋》就以“中国”即以礼待之，转化为“夷狄”，《春秋》就以“夷狄”待之，一视同仁。这个原则成为汉朝

① 《春秋繁露·竹林》。

的民族政策。汉朝把不同的种族、部族、部落融合起来，成为一个统一的民族。春秋公羊家的夷夏之辨表明了汉朝的民族政策对中华民族大家庭的形成具有重要的意义。

春秋公羊学不仅在中国历史上第一次社会大转变时期对中国统一、民族融合的形成具有重要意义，而且在中国历史上第二次社会大转变中也起了很大的作用。如鸦片战争前后魏源、龚自珍等人都提倡过春秋公羊学。戊戌变法时，康有为更是以春秋公羊学为“变法”的理论根据。春秋公羊学出现在中国社会两次大转变时期，不是偶然的，是因为春秋公羊学的基本精神是“改制”。春秋公羊学就是为以汉朝为代表的封建社会制定一套上层建筑，为其新的经济基础服务，从而使中国社会能够循着封建社会的发展规律，稳步前进。至于公羊家所制定的上层建筑是好是坏，是进步还是反动，冯友兰对其作了积极肯定性的总结:“所谓好坏也是相对的，一种社会的上层建筑，如果能巩固那种社会的经济基础，它就是好的。如果不能，它就是坏的。上层建筑的好坏，就看它对于经济基础是否合适。公羊家为中国封建社会所制定的上层建筑是不是合适呢？是合适的。……中国历史中的实践也证明这个上层建筑是合适的。也许太合适了，所以我们在反封建的时候，要批判它，就觉得要多费一点功夫。好比一座房子，如果盖得很坚固，拆的时候就觉得很费力。但不能由此得出结论说，盖房子就不应该坚固，就只能盖地震棚式的房子，以便随时都可以拆掉。”[①]

二是对太平天国运动和曾国藩作了“不同寻常”的评价。

在中国近代史上，洪秀全及其领导的太平天国运动得到了很高的赞誉，被认为是农民革命的楷模。毛泽东曾评价说：“洪秀全、康有为、严复和孙中山代表了在中国共产党出世以前向西方寻找真理的一派人物。”[②] 洪秀全被视为近代中国探索救亡图存道路的代表人物之一。但冯友兰对洪秀全及其领导的太平天国运动却作出与一般评价完全不同的结论。冯友兰认为，在社会大转变过程中，评价历史人物最重要的标准就是看他是顺着历史发展的主流推动历史前进，还是违反社会发展的趋势把历史拉向后退。“在中国社会第二次大转变的发展过程中，历史的主流是近代化，其主要的内容是振兴工业，提倡科学和技术，这是近代维新的主流。”[③] 冯友兰认为，中国的近代维新有两个基本课题：反对封建主义和向西方学习，而洪秀全及其领导的太平天国运动对这两个基本课题都没有解决好。

就反封建来说。冯友兰认为，中国封建主义的主要内容即是毛泽东所说的“四大绳索”。政权、族权、神权、夫权，代表了全部封建宗法的思想和制度，是束缚中国人民特别是农民的四条极大的绳索。[④] 而洪秀全看似和中国传统文化决裂，但

① 冯友兰：《三松堂全集》第九卷，河南人民出版社 2001 年版，第 86 页。
② 毛泽东：《毛泽东选集》第四卷，人民出版社 1991 年版，第 1469 页。
③ 冯友兰：《三松堂全集》第十卷，河南人民出版社 2001 年版，第 354 页。
④ 毛泽东：《毛泽东选集》第一卷，人民出版社 1991 年版，第 31 页。

实际上以上帝为“天父”，以耶稣为“天兄”，他自己为“天王”，这是以全社会为一大宗族，“天父”是天上的族长，“天王”是地上的族长，把君权和族权统一起来了。太平天国有自己的一套鬼神系统，同它的组织本身构成的国家机器共同进行统治，就把政权和神权也统一起来。在太平天国，妇女的地位虽有所提高，但只限于个别的人，对于一般的妇女还是强调夫权。太平天国的官方文件中就记载着一首《妻道》：“妻道在三从，无违尔夫主。”还有一首《天父诗》：“只有媳错无爷错，只有婶错无哥错，只有人错无天错，只有臣错无主错。”[①] 从这些文件来看，太平天国并没有真正废除封建主义的四大绳索，把老百姓解放出来，而是改头换面，把封建主义的绳索集中在一个人的手中。天王实际上就成为一个中央集权的专制主义的独裁者。

就向西方学习来讲。从太平天国的官方文件来看，洪秀全和太平天国是主张向西方学习的，但他们所要学习的是西方的宗教，是西方中世纪的神权政治，这就与近代维新的总方向和中国近代史的主流背道而驰了。在冯友兰看来，中国近代维新的总方向是工业化和科学技术，而洪秀全和太平天国的神权政治却是要把中国中世纪化、宗教化。对此，冯友兰甚至极其严厉地批评洪秀全及其领导的太平天国运动：帝国主义强迫当时的中国政府允许其通商和传教，通商是对中国人民的物质剥削，

① 冯友兰：《三松堂全集》第十卷，河南人民出版社 2001 年版，第 346 页。

传教是对中国人民的精神麻醉，而洪秀全宣传基督教，实行神权政治，这在客观上和西方的侵略起了里应外合的作用。并最终得出“洪秀全的宗教宣传和太平天国的神权政治正是逆流而行，把中国历史拉向后退”[①]的结论。

至于太平天国运动中所颁布的两个著名的文件《天朝田亩制度》和《资政新篇》，冯友兰认为：前者仍然是代表小农生产的自然经济和中国农民传统的平均主义，不符合近代化的主流；后者虽然对近代化有较深入的了解，并实际上提出“以商带工”的思路，但因种种原因并没有得到实施而成为一纸空文。冯友兰对洪秀全及太平天国运动的这个评价，是中国近代史研究中极其罕见的，而且这也涉及对太平天国运动的对立面——曾国藩的评价。冯友兰对曾国藩的评价也涉及两个方面：

从曾国藩与太平天国的斗争方面来看。曾国藩与太平天国的斗争是中西两种文化、两种宗教的斗争。就曾国藩要保护中国的传统文化，特别是其中的纲常名教这一点来说，他反对中国进步，是守旧的。但洪秀全及太平天国运动虽向西方学习，但它不是学习西方的优点，而是学习西方中世纪的神权政治，“神权政治正是西方的缺点，洪秀全和太平天国所要向西方学习的正是这个缺点。如果洪秀全和太平天国统一了中国，那就要把中国拉回到西方的中世纪，使中国的近代化推迟了几个世

---

① 冯友兰:《三松堂全集》第十卷，河南人民出版社 2001 年版，第 354—355 页。

纪”[1]。曾国藩镇压太平天国运动，客观上就是阻止了中国的后退，而且也抵抗了帝国主义的文化侵略。这是他的一大贡献。

从曾国藩的洋务措施和洋务派思想上说。他认识到中西方的差异，并且积极举办洋务，这是他进步的方面。但曾国藩没有学习西方的“以商带工”，而是主张“以政带工”。西方的近代化，是由于产业革命，用以蒸汽为动力的机器进行社会化的大生产。这种社会化的大生产，要有社会力量来带动，在西方就是以商人或商业资本来带动。曾国藩虽然认识到西方以商立国，但实际中推行“以政带工”。他委派一批中级官僚兴办工业，“以政带工”的结果必然是以官代商，于是造成工业、商业官僚化、衙门化，其所办工业，利润为官商所中饱，而不能维持。“以政带工”不仅在经济上后果严重，而且其政治上的后果更为严重。其中饱的官商逐渐成为官僚资本家。代表封建主义的官僚资本家和代表帝国主义的买办资本家狼狈为奸，使中国更深地陷入半殖民地、半封建的地位。冯友兰认为，如果“以商带工”，中国原来的商人就会更早地成为民族资本家，中国就可能早一点进入近代化，早一点从半殖民地、半封建的地位中自拔出来。从这一点来看，曾国藩的洋务举措看似是把中国的近代化推进了一步，其实是延迟了中国的近代化。

因此，在冯友兰看来，对曾国藩要作一分为二的分析，“总

① 冯友兰:《三松堂全集》第十卷，河南人民出版社 2001 年版，第 358 页。

起来说，曾国藩镇压了太平天国，阻止了中国的中世纪化，这是他的功；他的以政带工延迟了中国近代化，这是他的过”[①]。这种对曾国藩的评价在中国近代史研究中也是少见的。

（四）向中国传统哲学复归

在《新编》第七卷的最后总结篇中，也就是本书的最后部分，冯友兰谈到中国传统哲学与马克思主义哲学在客观辩证法的认识上的差异。在他看来，客观的辩证法有两个主要范畴：统一和斗争。马克思主义是把矛盾斗争放在第一位，中国传统哲学是把矛盾统一放在第一位。理论上的差别表现在实践上有重大的意义。冯友兰以张载为例，在中国古典哲学中，张载把辩证法的规律归纳为四句话："有象斯有对，对必反其为；有反斯有仇,仇必和而解。"[②] 冯友兰认为,张载这四句话中的前三句,同马克思主义辩证法是一致的,但在第四句上两者则有所不同。在马克思主义的辩证法那里会更赞同"仇必仇到底"。因此,"仇必和而解"还是"仇必仇到底"，即是中国传统哲学与马克思主义哲学的一个重要区别。

"仇必和而解"是要维持两个对立面所处的那个统一体。"仇必仇到底"则是要破坏两个对立面所处的那个统一体。这正体现了革命的本质。毛泽东"将革命进行到底"也是主张"仇必仇到底"的。问题在于什么才是"到底"。冯友兰认为："任何革命

---

① 冯友兰:《三松堂全集》第十卷,河南人民出版社 2001 年版,第 372 页。
② 《正蒙 · 太和篇》。

都是要破坏两个对立面所共处的那个统一体。那个统一体破坏了，两个对立面就同归于尽，这就是‘底’。革命到这个程度就‘到底’了。……一个革命‘到底’了，作为这个革命对象的那个统一体被破坏了，共处于这个统一体中的两个对立面同归于尽了，可是这个社会仍然存在，不过它要从一个统一体转入到另一个统一体。”[①] 新的革命家和革命政党成为统治者。新的统治者的任务不是要破坏统一体，而是要维护这个新的统一体，使之更加巩固，更加发展。这样，就从“仇必仇到底”的路线转到“仇必和而解”的路线。在任何一个社会的大转变时期都会有这么一个大转变。这是冯友兰在对中国传统哲学的辩证法思想作了深入研究后得出的结论。

但是，“和”并不是没有矛盾斗争，恰恰相反，它是充满矛盾斗争的。在中国古典哲学中有“和”与“同”的区别。“同”是指双方没有区分的绝对统一，“和”是双方有区别的统一。只有一种味道、一个声音是“同”，各种味道、不同声音配合起来是“和”。因此，“同”不能容“异”，“和”不但能容“异”，而且必须有“异”才能称其为“和”。这正是中国传统哲学的特点。从实践来看，强调斗争的绝对性，往往会导致不允许不同的声音、不同意见的存在，这样也就扼杀了事物的发展。冯友兰进一步认为：“‘仇必和而解’是客观的辩证法。不管人们的意愿如何，

① 冯友兰:《三松堂全集》第十卷，河南人民出版社 2001 年版，第 655—656 页。

现代的社会，特别是国际社会，是照着这个客观辩证法发展的。”[①] 在他看来，第一次世界大战结束后出现的国际联盟、第二次世界大战以后出现的联合国等国际组织，都是“仇必和而解”这一客观辩证法在现代历史中的表现。

由此，冯友兰总结说，中国哲学的传统和世界哲学的未来都必定是“仇必和而解”的。“现代历史是向着‘仇必和而解’这个方向发展的，但历史发展的过程是曲折的，所需要的时间，必须以世纪计算。联合国可能失败。如果它失败了，必将还有那样的国际组织跟着出来。人是最聪明、最有理性的动物，不会永远走‘仇必仇到底’那样的道路。这就是中国哲学的传统和世界哲学的未来。”[②] 这段话不只是《新编》第七卷的结尾，更是整部书的结论，这一结论也表明了冯友兰在历经学术“多变迁”之后，其晚年的哲学思想最终向传统哲学和传统文化复归。

从 20 世纪 60 年代以来，中国哲学史界陆续有几部成果问世。其中比较有代表性的成果有任继愈主编的《中国哲学史》（四卷本）、冯契所著的《中国古代哲学的逻辑发展》（三卷本）和《中国近代哲学的革命进程》、萧萐父与李锦全主编的《中国哲学史》（两卷本）等。这些著作的主要内容都是“从孔夫子到孙中山”，对于新中国成立之后的哲学史并没有涉及。《新编》则从商、周时期一直写到 20 世纪 70 年代，是新中国第一部较

---

① 冯友兰:《三松堂全集》第十卷，河南人民出版社 2001 年版，第 657 页。
② 冯友兰:《三松堂全集》第十卷，河南人民出版社 2001 年版，第 665 页。

为完整的、系统的哲学通史著作，同时也是一部个人的学术著作。特别是冯友兰本着“修辞立其诚”的精神来进行创作，在书中坦言直陈，因此在海内外产生很大影响。

中国哲学是中国文化的核心部分，是中华民族智慧的结晶，代表了中华民族理论思维的最高水平。所谓“三史以释今古”即是通过梳理中国哲学发展的历史脉络，讲清它的来龙去脉，以探求中国未来文化发展的道路，通过发掘中国古人的哲学智慧寻求中华民族振兴的思想动力和个人安身立命的源泉。“三史”代表了冯友兰在不同时期哲学史研究的成果，各有偏重、各具特色，体现了他对中国哲学史的阶段性认知。这三部力作奠定了冯友兰作为近现代历史上中国哲学史研究第一人的地位。

第三章 六书纪贞元

冯友兰所说“六书纪贞元”的“六书”是指《新理学》《新事论》《新世训》《新原人》《新原道》《新知言》六本书。“贞元六书”构成了冯友兰的新理学体系。《新理学》引入西方哲学的新实在论思想和逻辑分析方法，从本体论上改造传统理学的理气理事；《新事论》从共相和殊相的关系入手，探讨中国如何走向自由之路；《新原人》立足传统儒学的人性论，从精神层面解答人的安身立命的问题。这三部书从宇宙本体到人类社会再到个体人生，形成较为清晰的面向现实生活的现代理学之路，体现出冯友兰对天人关系的新的思考和探索。循着这一理路，《新原道》追寻中国传统哲学的道统思想，为尊德崇道、成圣成贤提供内在依据；《新知言》将西方的逻辑分析与中国哲学的生命体悟的方法结合，着力建构从正到负的新的哲学方法论；《新世训》则追寻现代人的日常伦理行为的特点规律，谋求超凡的圣人之德向普通的生活价值观转变。“六书”之间既彼此关联、相互补充，又各有侧重、干枝分明，显示出新理学相对完整的理论体系构架。

第一节　新理学体系

“贞元六书”构成了冯友兰的新理学体系。什么是“贞元”？根据《周易》的解释，“元亨利贞”是事物的一种周期循环，“元”代表着发生，“亨”代表着成长，“利”代表着成熟，“贞”代表着消亡。一切事物皆从元发展到贞，接着再从元重新开始。“贞下起元”就是冬尽春来，意即最大的困难正在度过，新的发展即将到来。所谓“贞元之际”就是指抗战时期，也即中华民族复兴的时期，用冯友兰自己的话来说，就是“贞元者，纪时也。当我国家民族复兴之际,所谓贞下起元之时也”。[①]从“贞元六书”的成书背景来看，中华传统文化正处于动摇、衰微之时，不仅需要以新的哲学理念改造传统儒学之理气、理事，吐故纳新，为中国传统儒学注入现代理性精神，而且需要在对天人关系的思考和探索中，以人学精神和道德的眼光，重新审视人在宇宙世界的位置和生命存在，为人的安身立命、获得自由和幸福进行合理的筹划，最终实现中华民族文化的复兴。在这个意义上来讲，新理学体系的构建已经蕴含了“旧邦新命”的哲学使命。

① 冯友兰:《三松堂全集》第四卷，河南人民出版社 2001 年版，第 337 页。

西南联大时期（1937—1946）的冯友兰。“贞元六书”创作于这个时期

一、“贞元六书”的成书背景与体系构成

从“六书”创作的时代背景来看，20 世纪 30—40 年代，日本帝国主义侵略了中国大部分领土，中华民族处于生死存亡的关头，“贞元六书”的任务是：“帮助中华民族，度过大难，恢复旧物，出现中兴。”[①] 因此，“六书纪贞元”的提法充分体现了冯友兰强烈的民族忧患意识、爱国主义立场和历史使命感，以及以哲学创新的方式自觉参加中华民族复兴的伟大理想。

从“贞元六书”思想体系的形成过程来看，最初的“贞元三书”（《新理学》《新事论》《新世训》），已基本建构起一个“明体达用、理事无碍”的思想体系，其中，《新理学》相当于“体”，《新事论》相当于“用”，《新世训》相当于“理事”，其主旨分别在于“通天人之际、达古今之变、明内圣外王之道”。[②] 然而，就纯哲学的系统而言，这一构架在天人的关系上并非形成前后承接、彼此融汇的有机体制，《新理学》难以在天人关系上自成体系，《新事论》没有会通当今之变，《新世训》不足以成就圣王之理想。在《新原人》自序中，冯友兰明确指出：“况我国家民族值贞元之会，当绝续之交，……岂可不尽所欲言，以为我国家致太平，我亿兆安心立命之用乎？”[③] 据此，冯友兰续写了

① 邓联合：《冯友兰〈新世训〉：中国道德观念的理性化转换》，《南京社会科学》2008 年第 2 期。

② 冯友兰：《三松堂全集》第四卷，河南人民出版社 2001 年版，第 463 页。

③ 冯友兰：《三松堂全集》第四卷，河南人民出版社 2001 年版，第 463 页。

《新原人》《新原道》以及《新知言》“贞元”后三部书，并以宋儒张载的“为天地立心，为生民立命，为往圣继绝学，为万世开太平（被冯友兰称作“横渠四句”）为新理学的理想目标和现实期待。其中，《新原道》《新知言》，“承百代之流”，“会乎当今之变”，[①] 以人的主体精神开辟“入圣”的天地境界，《新原道》融合西方理论，继承和发展宋明儒学的道统精神，为顺乎自然、合乎人性的德感生活作了理论铺垫。在这一接续和调整的过程中，冯友兰对新理学体系的结构关系作出了调整，在新理学之纯哲学的系统中，《新理学》《新原人》《新原道》以及《新知言》构成其理论主干，除《新理学》与《新事论》原有的本体论与认识论的关系即体用关系之外，《新原道》与《新知言》结合为本体论与方法论的关系，《新原人》与《新世训》则构成内圣与外王的关系。

二、新理学的哲学变革与使命担当

冯友兰的新理学体系立足于中国哲学的文化传统，在吸收西方哲学合理要素的基础上完成了哲学本体论的构建，将人的精神活动纳入现代理性的坐标之下；同时，为了实现经世致用、立德塑人的现代目标，冯友兰将研究之重心转向道德理性和日常伦理，以道德的完善、精神的自由、人格的提升为目标，从人的觉解、境界的拓展、日常人伦的践行等方面，完成对变革

① 冯友兰:《三松堂全集》第五卷，河南人民出版社 2001 年版，第 141 页。

时代中人的理性塑造，以此确立中国哲学的现代理性精神，在中国哲学史上开启了儒学思想的现代性一途。对于饱受战乱之苦的生民的安身立命和建功立业，推动中国哲学历史的现代化进程以及实现中华民族的伟大复兴，具有重要的理论贡献、实践作用和现实意义。当然，需要指出的是，在中国传统哲学走向现代化的征程上，冯友兰的新理学尚未达到自身体系建设中的圆融与会通，有待进一步改进、完善和提升。新理学体系的体用关系是建立在中国传统哲学的共相与殊相、一般与个别的关系上的，其中的共相也即宇宙事物的共性、普遍性，与其从形式逻辑上推演出的“真际”世界不相符合，其理论构建过程存在着自身难以解决的本体论问题，引发了学界一些专家、学者的质疑和批评；新理学方法论以“正的方法”与“负的方法”的结合为其基本的方法论结构，正负结合的方法论格局固然突出了西方哲学的理性原则和逻辑方法，但“正的方法”的移植略显生硬、机械、晦涩，“负的方法”的输入缺乏中国传统哲学的充足养分，以西学为主的正负方法的结合并不完全适宜于新理学的人学原则和中国哲学注重“体验”传统的弘扬；在立德树人的过程中，新理学的培养目标主要局限在境界高远、与天地齐同的现代高层知识分子，不仅缺乏顶层设计和理性引导，而且仅仅依靠知识分子自身的觉悟、理解来完成，培育对象精英化、小众化，对于身处民族危机之中和生存底线之下的普通民众有所忽略。

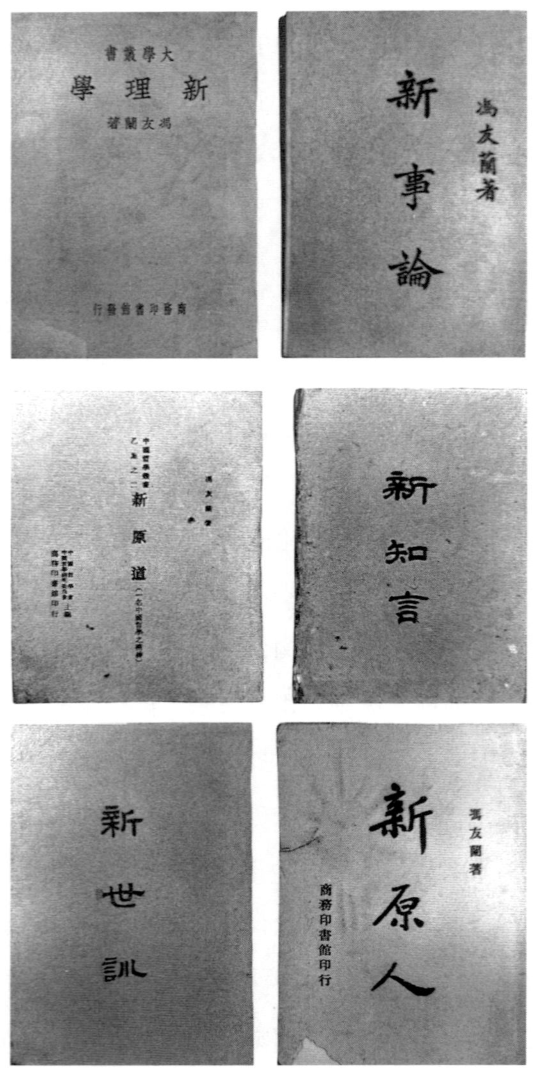

“贞元六书”

冯友兰的儒学重建是一个复杂艰难的缔造过程。这一过程尽管存在着宇宙世界与现实人生、道德理性与精神实践的现实矛盾，但是，它对于“天人合一”境界的推崇，对于充满理想色彩的“人学”精神的倡导，对于通过修身养性、改善道德操行来完成个体人格塑造、谋取幸福的生活方式的谱绘，具有鲜明的时代性、使命感和崇高的历史担当。从其成书的整个过程来看，“贞元六书”并非一个孤立的、静止的思想体系，而是一个从不完善到完善、从自我修正到不断超越的复杂的、开放的动态体系，由隐至显地体现出“极高明而道中庸”的思想理路与精神追求。在《新原人》写作之前，冯友兰就主张在人的行动中改造世界观和精神世界，以消解“高明”与“中庸”的对立性，同时，又以日常生活的“道中庸”实现人的思想品格的“极高明”，使其奠定在坚实的现实基础之上，以达到《新原道》所谓“经虚涉旷”的精神境界，最终实现“阐旧邦以辅新命”的哲学目标和历史使命。陈来教授曾指出，“新理学体系中最重要的是两个部分，一是形上学，一是境界说”[①]。“形上学”相对于《新理学》，“境界说”相对于《新原人》，两者在新理学体系中均占有举足轻重的地位。不过，从“贞元六书”成书的完整性、系统性和新理学的人学价值论转向来看，《新世训》的中庸之道和日常人伦学说又是冯友兰新理学体系得以最终落地的理论基

① 陈来:《冯友兰中国哲学史研究的贡献》,《北京社会科学》1995 年第 4 期。

础，理应予以充分重视。

第二节 新理学的“理世界”

什么是冯友兰的新理学？冯友兰在《新理学》一书的绪论中就明确地说：“本书名为新理学。何以名为新理学？其理由有二点可说。就第一点说，照我们的看法，宋明以后底道学，有理学心学二派。我们现在所讲之系统，大体上是承接宋明道学中之理学一派。我们说‘大体上’，因为在许多点，我们亦有与宋明以来底理学，大不相同之处。我们说‘承接’，因为我们是‘接着’宋明以来底理学讲底，而不是‘照着’宋明以来底理学讲底。因此，我们自号我们的系统为新理学。就第二点说，我们以为理学即讲理之学。普通人常说某某人‘讲理’，或某某人‘不讲理’。我们此所说之讲理，与普通人所说之讲理，虽不必有种类上底不同，而却有深浅上底大分别。我们所说之理，究竟是什么？我们现在不论。我们现在只说：理学即是讲我们所说之理之学。若理学即是讲我们所说之理之学，则理学可以说是最哲学底哲学。但这或非以前所谓理学之意义，所以我们自号我们的系统为新理学。”[①]

一、“理世界”在新理学体系的构筑

冯友兰通过《新理学》建立了一套由宇宙论贯通社会哲学和人生哲学的形而上学系统。在社会哲学方面，《新理学》规定了理和社会的四点关系：(1)没有社会之前，即有社会之理。(2)理是社会的律则和主宰，社会必须依照理始能成为社会。(3)有一切社会之理，有某社会之理。一切社会之理，是任何社会都必须依照的。某一社会之理，是某一社会必须依照的。“天不变，道亦不变”，一切的理都是不会改变的，可改变的只是依照此理的社会。只要有社会存在，一切社会之理是必须依照的。而某一社会之理，在某一社会已改变之后，则是不必依照的。(4)任何理都是完满自足的。理和理也没有高低上下之别。正如社会的理，并不因为社会依照而增加其价值，也不因为其已不再(或未曾)为社会依照而减损其价值。在人生哲学方面，《新理学》亦规定了理和人的四点关系：(1)人是社会的一份子，人的行为必须依照一切社会之理，亦必须依照某一社会之理。(2)人依照社会之理的行为，是道德的行为，反乎此者是不道德的行为。依照理即是尽性，尽性即是穷理。(3)依照一切社会所依照之理、所规定之基本规律以行动者，即是君子，反之，则是小人。完全依照规律以行动者则是圣人。(4)圣学始于格物

① 冯友兰：《三松堂全集》第四卷，河南人民出版社2001年版，第4页。

致知，终于穷理尽性。格物致知者知其理，穷理尽性者循其理。易言之,圣学始于哲学的活动,终于道德的行为。圣学非关才识，只在尽其在我，故圣学人人可学，圣人亦常人可至，此孟子所谓“人皆可以为尧舜”(《孟子·告子章》)。

构成新理学的形上学系统的主要有四个核心观念，即“理”“气”“道体”“大全”。由这四个核心观念，构成了“新理学”的形上学系统中的四组主要命题。

第一组命题是，凡事物必都是什么事物，什么事物必都是某种事物。某种事物为某种事物，必有某种事物之所以为某种事物者。这个“某种事物之所以为某种事物者”,就是“理”。“理”是一类事物的共相，也是一类事物的规定性。借用程颢的话，也就是“有物必有则”。

第二组命题是，事物必都存在，存在的事物必都能存在。能存在的事物必都有其之所以能存在者。这个“存在的事物之所以能存在者”，名之为“气”。“气”就是构成事物的“料”，这个“料”是不具有任何规定性的逻辑概念。实际事物是“气”对“理”的实现。用朱熹的话说，也就是“有理必有气”。

第三组命题是，存在是一种流行。凡存在都是事物的存在。事物的存在是其气实现某理或某某理的流行。实际的存在是无极实现太极的流行。总所有的流行，谓之“道体”。一切流行所涵蕴的动，谓之“乾元”。借用周敦颐的话，也就是“无极而太极”或是《周易·象传》中的“乾道变化，各正性命”。

第四组命题是，总一切的有，谓之“大全”。大全即宇宙，包括一切理和一切事物，也就是一切的有。这就是佛家说的，“一即一切，一切即一”。

以上四组命题，构成了“新理学”形上系统的一个宇宙和二重世界。命题四的“一即一切，一切即一”中的“一”，就是大全。大全就是新理学的宇宙。这宇宙又可分为二重世界。一重是“冲漠无朕，万象森然”的“洁净空阔”的“理世界”，[①]另一重是“形而下者谓之器”的物质世界或事世界。冯友兰的“理世界”是根据西方哲学的逻辑推理构筑的真际世界，是对中国传统哲学中“理”“气”观念的改造与创新，它以概念分析和逻辑推演的方式预设了宇宙世界的本体存在，即设定在我们的现实之外存在着最高的宇宙本体。“理世界”的超验性质决定了它自身超越我们的认识和经验，为我们解决现实问题、走出道德和精神困境提供了绝对保证。“理世界”不仅逻辑上先于实际世界，在范围上大于实际世界，而且比实际世界更为真确，也更为根本，而实际世界也必须对理世界事事依照，使理世界在事实上成为实际世界的本体、创造者和主宰者。“理世界”是非生成的、实在的，也是超时空的、先验的，如同柏拉图的理念、斯宾诺莎的永恒概念、黑格尔的绝对理念、康德的物自体一样，神秘莫测，魅力四射，充溢着现代哲学的理性精神和永恒光辉。

① 冯友兰:《三松堂全集》第四卷，河南人民出版社 2001 年版，第 42 页。

二、“理世界”的本体论地位

近代社会以降，中国的传统哲学缺少对终极意义的现实思考，各类宗教流派多言“怪力乱神”，对问题的认识往往拘于形而下状态，不能从根本上解决人的精神世界的困惑，以及人何以安身立命的问题，容易把现实世界中的人导入宗教迷信的价值误区。在此历史文化背景下，传统的中国哲学面临着一个大的转型，即宗教式的神学思想的灌输必须转化为哲学式的人生意义的探索，使当下的人担当起承继传统、开启太平盛世的历史使命。冯友兰新理学的形而上构建，就是要解决天人关系问题，继承文化传统，以哲学的方式解决人的终极关怀问题。冯友兰认为:“哲学可以给人一个‘安身立命之地’。就是说，哲学可以给人一种精神境界，人可以在其中‘心安理得’地生活下去。”[①] 在本体论的意义上，新理学“理世界”之理与宋明理学之天理比较接近，“理世界”之道体与宋明理学之道统基本相通，相当于中国传统哲学之天道，因而冯友兰的“理世界”保留有中国传统哲学之基本要素，具有较为深厚的民族文化基础和突出的传统哲学特性。但是，“理世界”的超验性质与形式逻辑是中国传统文化所不具备的，其中包含有西方近现代哲学的理性元素和逻辑概念，从本体论的角度来讲，蕴含着对中国传统文化和宗教思想进行哲学改造的条件和可能。中国传统文化讲求

① 冯友兰:《三松堂全集》第八卷，河南人民出版社 2001 年版，第 32 页。

宇宙世界的起源生成和人神共在，讲究天道与人道的相互转化，如盘古开天、女娲抟土造人等传说讲述的是世界起源的故事，存在着与本体论不相兼容的历史起源和演变过程，其中的后羿、大禹、夸父等英雄形象，往往具有人神同形的特点，容易导致本和相的界限的混淆。中国的宗教教派如公元 4 世纪自印度传入中国的佛教，在国内佛教各宗中衍生出真如缘起论、法界缘起论、性具实相论、自心顿现论等本体学说，概括起来有两种本体论类型：一是心性本体论，即以缘起论为中心，将心视为众生的本原、成佛的本原，视为宇宙万法之本原的本体论，如真如缘起论、自心顿现论、法界缘起论等；一是具有实证意义的实相论，即可以通过实证方法证明其实存的本体论，如性具实相论等。但是，心性本体论存有以精神代替物质的唯心观念和性空的虚无思想，性具实相论以心性等同实相，存有本源与实体混同的倾向，两者均存在物质与精神二元对立的矛盾性，难以在现代性问题上完成中国现代哲学的本体论构建。再如东汉末年兴起的道教（如全真教），尊奉道为宇宙之本体，尊道贵德，主张道术修炼以长生成仙，与道合真。道教虽有“天人合一”的主张和追求，但其教义中神仙方术与鬼神观念并存，驱鬼辟邪以承认鬼神的存在为前提，与道法自然的道本思想背道而驰。相对于中国传统文化和宗教思想而言，冯友兰的“理世界”有三个突出特征：第一，它是非生成的、超验的，无始无终，无根无源，这就与中国传统文化的生成论思想和基于佛教缘起论的因果思想和业报观念划清了界限；第二，它以“理”“气”为构成质料，是实存的、有着自身规则的，这就与佛教的心本源论和道教的鬼神观念有了质的区分；第三，作为宇宙万物之理、冲漠万象之法则，它代表宇宙的最高本体，以本体的地位存在着，具有超越其他一切事物及彼此关系的绝对性，这就决定理性精神优越于人类的认识和经验，能为我们解决现实问题和走出精神困境提供根本的依据。

在“理世界”的构建上，概念推理和逻辑分析的语言学方法的引入也是饶有趣味的，超验的、神秘的“理世界”既然无法到达，为何要以逻辑分析的方法加以推导呢？依靠逻辑分析导出的“理世界”与生息繁衍的人类生存有何关系？自先秦时代起，中国儒学初步形成了以哲学代宗教的思想传统，尤其是在宋明理学那里，这种理性精神得到一定的发扬。但是，在漫长的历史长河中，语言理性的作用并没有在中国古典文化中得到突出的强调和发挥，以《论语》和《庄子》为例，其语言陈述和意蕴表达多为只言片语或模糊性的言语，倾向于宣扬抽象的现实哲理和道德警示，或传达具象的生存体验和人生体悟。语言逻辑的匮乏使得中国哲学在天道以及天道与人道的关系的阐释上缺少强大的理性精神和必要的论证张力，人的精神世界往往停滞在混乱无序的生存认知和体验感受上，容易被巫术、邪教和鬼神之道所误导，难以在理性、精神和现代性的高度上建构起现代哲学的理性大厦。在冯友兰的新理学体系中，依靠形式逻辑推演出的“理世界”,超出了我们的认知程度和感性经验，其可靠性也许值得我们怀疑和批评，但是，在一个缺乏理性思维和思辨精神的国度，尝试本身是大于论证过程的，根本的问题不在于推演的过程和结果，而在于为什么要以这样的方式推演，这样的推演方式对于传统的思维模式能够产生什么样的影响，这也许是冯友兰以正的方法为之赋名并着力于语言学实践的主要原因。

三、“理世界”的现代理性精神

在西方近代哲学中，宇宙本体主要是指自然神或道德神，如斯宾诺莎的自然神，康德的物自体、上帝等。西方近代哲学的理性概念分为知识理性和道德理性两种类型，基于科学主义的发展和影响，西方近代哲学的理性观念主要体现在知识理性上，如启蒙运动意在开启人的智慧的启蒙理性，维也纳学派崇尚实证求真的逻辑理性，等等。在西方古典哲学领域，逻各斯（Logos）和努斯（Nous）两个概念较为典型地体现了理性观念的基本内涵。逻各斯是指某种隐秘的智慧和宇宙万物变化的尺度和秩序，语言逻各斯意味着语言直接传达智慧和真理；努斯是指超越感性状态和物质性的灵魂，即作为个体精神向上超越的精神能力的理性。语言逻各斯的指称功能显示出意义传达的工具性和手段性，难以与超验的、绝对的世界本体达到统一，努斯精神则倾向于灵魂自身的理性审视，能就其自身的觉悟能力实现对于宇宙本体的通达。语言学的这一困境在近代欧洲理性主义思潮中并没有真正得到克服，近代欧洲的哲学家们高举理性主义的大旗，在坚持知识理性的基础上弘扬人的主体性的同时，忽略了道德理性对于人的灵魂的改造和努斯的自我否定精神，因而无法有效把握现实世界并实现人格的自由和超越。

在新理学的构建过程中，“理世界”的超验性和神秘性已经超过知识理性的限度，如果承认“理世界”的绝对性和本体地位，基于语言学分析方法的逻辑推理也便存在内在的矛盾性。那么，冯友兰又是如何开启中国哲学的现代理性精神的？其价值意义又体现在什么地方？在这个过程中，冯友兰悬置了“理世界”的具体内涵，对于“理世界”的价值意义不置可否，这样做既是出于对逻辑推理结果可靠与否的谨慎考虑，也是出于对“理世界”本体地位的尊重。作为宇宙万物之本体，“理世界”应该也必然成为衡量人的活动及其意义的价值准则和最高评判标准。在此基础上，人的一切活动都需纳入理性的坐标之下，以理性的精神和光辉照耀自我，引导和提升自我，最终实现自我的超越。理性坐标的现代意义在于：第一，“理世界”之理成为衡量宇宙万物变化之终极参照，进而与宗教神性和道德形而上学区分开来，与中国传统文化中的“有神”论思想和巫术邪说、宗教迷信划清界限，为人们拨开宗教之迷雾、开启人生智慧、提供精神启迪。第二，冯友兰将“理世界”逻辑化、形式化，虽然提供的是一种语言学的形式逻辑构架，且拒弃了现实维度与伦理价值对于“理世界”的介入，但是，“理世界”本身又是一个最高的、开放的宇宙“场域”，期待着人们按照自己的方式来感受它、理解它、靠近它。按照冯友兰的理解，“理世界”是一种“存有”的范畴和状态,以“纯粹底”“抽象底”形式先验地、普遍地存在着，其神秘、开放的场域存有向作为存在者的人开启的可能性，即天道和人道之间存在着会通与转化的条件与可能，即随着理性精神的引导、道德实践的深入，人们能够在智慧的开启和精神的觉悟中聆听到“道”来临时的脚步声，进而把自身塑造成为有着高度理性自觉的现代人。“理世界”的这两个标度，实际上已经涉及中国哲学中人的现代性的问题，也就是冯友兰所说的“内圣”与“外王”的问题。

第三节　“人生境界”论

冯友兰的《新原人》是讲人生的，是关于人的境界论的体系性著作，更广泛一点说，也可以视为对哲学的应用。按照冯友兰的观点，人的“安身立命之地”，不是一种纯客观的环境，而是人的精神世界所可能达到的某种“境界”。冯友兰的“境界”论以道德完善为核心，更贴近于道德人生，因此可称为“人生境界”论。相比“宗教境界”论（如佛学之禅宗境界），冯友兰的“人生境界”论较为关注现实中的人的道德趋向和价值追求；相比“学者境界”论（王国维的“境界”论）和“审美境界”论（如刘熙载的“境界”论），冯友兰的“人生境界”论内容更为宽泛，因而更具人生指导意义；相比新儒学另一代表唐君毅的“境界”论，冯友兰的“人生境界”论虽不及唐氏的具体细致，但更突出道德精神在人格塑造中的提升作用，强调道德实践在推动人走向“天地境界”中的后天动量。此外，冯友兰的“人生境界”论以“觉解”说为其理论支点，综合知觉和理性两个维度，突出人的主观体验和主体精神，这就决定了冯友兰的“人生境界”论不仅呈现为依次递进的动态过程，而且为人的精神超越和人格提升设定了内在前提。在天人关系的问题上，冯友兰的“人生境界”论呈现出其新理学思想由本体论向价值论转移的研究取向。目前，在各种类型的“境界”论中，冯友兰的“人生境界”论影响力最大，因而也更具实践意义。

一、从精神的觉解到人生境界

所谓“境界”，就是人对于宇宙人生在某种程度上所有的觉解，或者说，就是宇宙人生对于人所有的某种不同的意义。冯友兰认为，人生最特殊、最显著的性质就是有觉解。“解”是了解，“觉”是自觉。两者统一于人内在的心理结构中，构成了人完备的心理基础和认知条件。觉解的过程既有先天的感知条件，也有后天的实践生成。人的实践活动和觉解程度决定了他对人生的意义有着不同的理解和感悟，因而有着各自不同的生存状态和精神世界。他说:“若问：人是怎样一种东西？我们可以说：人是有觉解底东西，或有较高程度觉解底东西。若问：人生是怎样一回事？我们可以说：人生是有觉解底生活，或有较高程度底觉解底生活。”[①] 冯友兰认为，就存在说，人们有一个公共的世界，但因人对公共世界有不同的觉解，这个公共世界便对人有不同的意义，以此，各个人有不同境界。

根据觉悟和理解程度的高低，冯友兰把个人对宇宙人生的觉解划分为四种：没有觉解、“最低程度底了解”、“深底了解”和“最深底了解”。[②] 在他看来，正是个人的觉解程度决定了他对人生的意义有着不同的理解和感悟。冯友兰根据人对宇宙人生的觉解程度，把人生境界划分为四个层次，即自然境界、功利境界、道德境界、天地境界。自然境界是最低层次的境界。自然境界中的人，完全顺其自然之性行事，这种人对宇宙人生无觉解或只有很低的觉解。按现在的话来说，也就是完善自我。这种人就是自然人，但他是社会中的一员。功利境界其实就是开拓进取。它比自然境界高了一层。功利境界中的人，用自己的劳动与智慧创造价值，其行为是“为利”的，只知道有“小我”不知道有“大我”。但正是利益的驱动促使人们参与竞争去创造创新，从而推动社会经济的发展。这种人和前一种人同样“不

① 冯友兰:《三松堂全集》第四卷，河南人民出版社 2001 年版，第 472 页。
② 冯友兰:《三松堂全集》第四卷，河南人民出版社 2001 年版，第 467 页。

知性”，我们称之处于功利境界。道德境界其实就是勇于奉献。它比前两种境界更高一层。道德境界中的人，其行为是“为义”的。他们已经觉解到人是社会中的一分子，人的生存与发展离不开社会，人之性中含有社会性。因此，他们懂得，为他人和社会谋利，也就是实现人之性、人之理。简单一点说，当一个人创造的价值即获得的利益巨大且自己享受之后有充裕，他情愿把多余的利拿出来贡献社会做慈善事业，救助别人，这就是最大的义。天地境界是最高的，天地境界也就是“天人合一”的境界，即大公无私（或者说天下大同）。处于这一境界的人，他做事时刻想的是别人，唯独没有自己，他的胸怀装的是天下人，想的是天下大同。天地境界所需的觉解最多、最高，处于天地境界中的人已与万物融为一体，因而对于宇宙的感受和理解已达到与天地齐同、物我两忘的状态。在自然境界和功利境界中，由于感性和欲望所占的比例成分较重，精神世界缺乏理性的引导而保留更多的自然习性，更多的受到物的限制而缺少自由空间；在道德境界中，人的精神活动更多地受到理性的引导，倾向于摆脱自然和物欲的束缚，因而自由空间不断加大；特别是在天地境界中，人的精神处于高度和谐融洽状态，可以独与天地往来，“人在宇宙而能与天地参，就是上顶天，下立地，每个人都是顶天立地的人”[①]。

---

① 冯友兰：《三松堂全集》第十三卷，河南人民出版社 2001 年版，第 460 页。

冯友兰的“觉解”理论与“境界”学说，均体现为一种与西方道德观念截然不同的人学精神，即以个体的修身养性、道德完善作为人类安身立命、谋求自由幸福的生存方式。两者的背后蕴含着深厚的道德理性精神，即要求人通过实践活动提升和完善自我，顺应自然，乐天知命，以达到乐天、知天、事天、齐天的自由状态。精神境界是兼有感性与理性双重因素的综合心理活动，是人的精神活动的本然状态和自我调节过程。在由道德境界通往天地境界的道路上，冯友兰通过哲学重建的方式为德性的存在和发展保留了更大空间，理性精神不断得到增强和彰显。冯友兰强调：“哲学，特别是形上学，它的用处不是增加实际的知识，而是提高精神的境界。”[①] 提高精神境界就是以理性启迪人的智慧和觉悟，通过自我修行和涵养气质，培育博大无私的精神情怀和天地境界，使个体脱离“有私”和“功利”状态，意识到社会和他者，意识到宇宙之浩渺并自觉地为其做事，进而达到知行合一。这一价值探索和目标追求已经体现出现代性的内涵，即将人的博大胸襟和天地情怀转化为人的自觉的行动，在以理性为引导、以体验和觉解为基础的道德实践和境界提升中，进一步确证人的自我的价值观念和人生信仰。

① 冯友兰:《三松堂全集》第六卷，河南人民出版社 2001 年版，第 283 页。

二、正的方法与负的方法

在新理学的形上的构架中，冯友兰主要采用了逻辑分析的方法，但是，如前所言，语言逻辑以其特殊形式为其承载的内容划界，从而限定了表述的内容。如维特根斯坦所言："我的语言的界限意味着我的世界的界限。……逻辑充满着世界，世界的界限也是逻辑的界限。"① 由于人的认识与超验世界之间存在着无法跨越的鸿沟，单靠语言学的逻辑方法无法解决现象界的精神困惑问题，更无力将形而上的道德观念确立为人生信仰。西方语言学的困境促使冯友兰对其进行了深刻的反思。冯友兰发现，处于虚空状态的本体世界没有现实意义，甚至没有具体的符号称谓来表达虚空的对象内容。从语言逻辑出发推演出来的形而上本体，不仅无法从实证的角度加以论证，而且因其形上和形下、逻辑理性与努斯精神的对立与割裂，难以在方法论上完成现代性的转换。为此，需要在中国传统体验哲学中寻求和创新独特的表达方式。在其晚年所著《中国哲学史新编总结》中，冯友兰认为，在运用逻辑解释中国哲学的同时，必须再回到中国哲学，使正的方法与负的方法相结合，建立真正的形上学。他指出，一个完全的形上系统，应当始于正的方法，终于

① ［奥］维特根斯坦著，郭英译:《逻辑哲学论》，商务印书馆 1985 年版，第 92 页。

负的方法，因为哲学最终是要达到超理性的天地境界的。[①]逻辑分析法讲形上学就是对经验事实作逻辑的解释，它采取的方法可称之为正的方法；所谓直觉的方法就是讲形上学不能讲，它采取的方法可称之为负的方法，这也是讲形上学的一种方法，即讲其所不讲。正的方法能够解释形上学的对象是什么，负的方法则是不说它。负的方法不是没有能力说出，而是无法说出，因而只有保持沉默。在此意义上，沉默和不可说不仅是对逻辑分析的有益补充，而且是一种特殊的表达方式，沉默和不可说也是一种言说，是对语言逻各斯的突破和超越。同时，沉默的表达方式也是对中国哲学体验传统的继承和弘扬，道家思想强调心斋、坐忘、虚静，佛学思想主张修佛、静空、顿悟，它们都是沉默方式的独特表达，蕴含着无尽之意见于言外。这种情况表明，语言之说虽然被限定在形式逻辑的限度之内，但人可以选择不言说的沉默方式，并在沉默状态中明心见性，洞彻宇宙人生。从新理学的方法论角度来看，冯友兰之所以辅之以负的方法完成形而上系统的构建，除解决形式逻辑引发的实证问题和本体论困境之外，一个重要的原因还在于，由负的方法可以开启中国传统哲学的体验精神，能够使人在自我修行中进入沉默和领悟状态，与天地齐同，走向混沌如初、物我两忘的本然状态。这是对“人生境界”论的深化与补充。

---

① 冯友兰:《三松堂全集》第六卷，河南人民出版社 2001 年版，第 288 页。

在冯友兰的“人生境界”论中，自然境界、功利境界、道德境界、天地境界是一个依次递进的升华过程。其中道德境界是一个分水岭，其下是自然、功利层面，人为自然、功利因素所束缚；其上是天地层面，“人之性”与“天之理”达到圆融的状态，人具有阔大的胸怀与高尚的气节，最终“与天地比寿，与日月齐光”。[①] 这一分化过程表明，道德层面具有更大的人格塑造功能和精神提升空间，道德实践在人生境界的提升过程中发挥关键作用。道德实践的目标即在于赋予德性的人以一种超越品格，使其进入天地境界的神圣殿堂，并从内在的道德完善走向外在的强大，即“内圣外王”。“内圣外王”这一概念出自《庄子·天下》，指人一方面应具有圣人的品质才德，一方面又能施行王道。冯友兰从新儒学的立场对其作了进一步的发挥，在中国哲学中，无论哪一派哪一家，都自以为是讲“内圣外王之道”。“所以圣人，专凭其是圣人，最宜于做王。如果圣人最宜于做王，而哲学所讲底又是使人成为圣人之道，所以哲学所讲底，就是所谓‘内圣外王之道’。”[②] 同时，还指出：“既然哲学以‘内圣外王之道’为主题，研究哲学就不是仅仅为了寻求哲学的知识，还要培养这样的品德。哲学不仅是知识，更重要的，它是生命的体验。它不是一种智力游戏，而是十分严肃的事情。”[③]

---

① 冯友兰：《三松堂全集》第四卷，河南人民出版社 2001 年版，第 500 页。

② 冯友兰：《三松堂全集》第五卷，河南人民出版社 2001 年版，第 138 页。

③ 冯友兰：《三松堂全集》第六卷，河南人民出版社 2001 年版，第 13 页。

按照冯友兰的观点，圣人是一个有着至真的心性、至善的德性的现代意义的完人，能够担当起拯世济物、开启太平的现代使命，与此同时，圣人还能够在“自同于大全”的天地境界中，铸就超越的精神和人格，拥有自由的生命体验、理性的穿透力和浩渺的宇宙情怀。

第四节 日常人伦学

《新世训》又名“生活方法新论”，是对人生问题的实际思考。所论“生活方法”，即做人的道理；所谓世训，就是立身处世的规范。在其所谓“哲学之内容”中，《新世训》属于伦理学的范畴，但是，它又不完全等同于伦理学的研讨，《新世训》突出的是对“非道德底”生活内容及其价值观念的诠释、训诫和调适。在伦理学中，“道德”一般区分为“道德”“不道德”“非道德”三种类型。“道德”与“不道德”是相对立的，而“非道德”是指道德上中性的或在道德领域之外的。冯友兰指出，我们以为人的行为或思念，不一定都可分为是道德的或是不道德的。“而我们所讲底生活方法，则虽不违反道德底规律，而可以是非道德底。”[①] 确切地说，《新

① 冯友兰:《三松堂全集》第四卷，河南人民出版社 2001 年版，第 341 页。

世训》的方法论已经超出道德理性的范畴，而偏重于理性实践的研讨。与传统人生教训相比，《新世训》突出的是非道德方面的人生劝诫，即如何不违反道德追求个人的成功。针对现代社会的世俗生活和普通个体，《新世训》提供了一套对现实生活中的道德行为的诠释、劝说和训诫的伦理思想，虽难以自成理论体系，但适宜于改善当今社会人们的个体生活方式，并谋求从传统的圣人之德向以日常生活为基础的人伦之德的转变。其中既涉及以人伦道德促动人的精神境界超越的终极问题，也涉及传统的人格理想在现代社会如何加以调适的问题。

一、《新世训》的思想内容

《新世训》共十篇，分别为《尊理篇》《行忠恕》《为无为》《道中庸》《守冲谦》《调情理》《致中和》《励勤俭》《存诚敬》《应帝王》等篇，最初连载于桂林《中学生》杂志，后结集成书由开明书店出版。《新世训》通过对实际的社会生活的分析和总结，论证道德之理以合于实用，即探讨依据人之理的诸种常德之运用。所谓“十训”者，主讲“仁之方”“礼之用”“信之实”。由于人之理与道德之理是普遍存在之理，因此《新世训》依据普遍之理、所言之生活方法也是本然的。依据“道德底”和“非道德底”的区分标准，大体说来，《新世训》的十篇中，一部分内容，如忠恕、中庸、中和、诚敬属于传统的道德德目，谈道德与非道德在现代社会的实际应用；另一部分内容，如冲谦、勤俭、无为属于传统的非道德德目，谈其在现代日常生活的价值和意义。

《新世训》以“尊理性”开宗明义，以“理性”作为人之所以为人者的自性与内涵，提出“人之所以异于禽兽者，即在其是理性底，……人之有文化，证明人是理性底动物”[①]。理性的作用在于发现宇宙人生诸法则，相对于人的主体性而言，是外求而不是反观，只有了解而没有自觉。这一点与冯友兰在《新原人》中提出的“觉解”观点形成了呼应。觉解的成果在于知天、尽性，冯友兰认为，了解是一种活动，而自觉却是一种心理状态，这种明觉的心理状态，固然不可思议或不可了解，但仍须以思议得之，以了解了解之。因此，“理性”即是觉解中的了解，“尊理性”则是达到天地境界的必由之路。从冯友兰对人的本质命题的思考和深化的过程来看，《新世训》一书应该是为《新原人》的“人生境界”论作铺垫。

《新世训》的第二篇为“行忠恕”。按照冯友兰的讲法，“忠恕一方面是实行道德的方法，一方面是一种普通‘接人待物’的方法”[②]。所谓实行道德的方法，是以忠恕为“行仁”的方法。忠恕即“尽己为人”和“推己及人”。“己之所欲，亦施于人，是忠。己所不欲，勿施于人，是恕。”[③]“忠恕之道的好处，即行忠恕之道者，其行为的标准，即在一个人的自己的心中，不必外

① 冯友兰:《三松堂全集》第四卷，河南人民出版社 2001 年版，第 352 页。

② 冯友兰:《三松堂全集》第四卷，河南人民出版社 2001 年版，第 358 页。

③ 冯友兰:《三松堂全集》第四卷，河南人民出版社 2001 年版，第 360 页。

求。”[①] 冯友兰对忠恕的解说，特别是对“忠”的“尽己为人”的解释，应该说是对中国传统儒学的新的注解和发挥。同时，冯友兰将忠恕之道视为普通“待人接物”的方法，已超出道德范畴，指称非道德领域的生活处事原则。

《新世训》的第三篇为“为无为”。道家之无为重在兴趣，率性而为，做自己愿意做的事；而儒家之无为重在德性，即一个人只应做自己该做的事。冯友兰主张顺理而为，将自然与应然统一起来，合而行之。他以《庄子·养生主》中庖丁解牛之例，指出无为即顺理而为。牛身上有天然之理，即所谓天理。庖丁解牛十二年而刀刃愈发新，是因为他知道解牛要顺肌理才能游刃有余。在生活中我们也要像庖丁解牛那样，将儒道两家无为之道合而行之，顺应天理，积极应对，那么，我们的生活将越接近于理想状态。

《新世训》的第四篇为“道中庸”。“中庸”之“中”，是指“不偏不倚”，是“时中”，不偏执，不走向极端，为人行事审时度势，综合权衡，以求获得利益的最大化；“庸”乃“普通”或日常，与“菽粟布帛，柴米油盐酱醋茶”一样家常，需要坚持走“天下之正道”，勿要“索隐行怪，行崄侥幸”，抄捷径，走旁门邪道。即在日常生活中恪守为人之道，通晓做人的道理，正所谓“担水劈柴，无非妙道”。“中庸”之道意在“执两用中”，符合伦理

① 冯友兰：《三松堂全集》第四卷，河南人民出版社 2001 年版，第 362 页。

道德规范，但不必拘泥经义僵化保守，而要依据具体情况，在实践中学会变通。冯友兰列举“嫂子溺井”和“尾生赴约”两个例子，说明以生命为第一要务、顺时而变乃“中庸”思想的应有之意；同时，冯友兰还援引《论语》中的话，尖锐地批评了和稀泥、不讲原则、只求一团和气的“乡愿”之流，指责他们离心乱德，根本上背离了“中庸”之道。

《新世训》的第七篇为“致中和”。从儒家的“中和”思想出发，主张和必须兼说中，居中随和，和实生物，肯定无过不及即是中，同时，在为人处世上还要有所保留，和而不同。“中和”思想表现在社会政治哲学方面就是民主主义，要求每个人生活在一定的界限之内，从而获得自由，在宇宙层面上，是指万物各尽其性，各归其位。正所谓“天地位焉，万物育焉”（《中庸》）。

此外，《新世训》的其他篇目也都有独到的见解和现实意义。“守冲谦”重在论人的谦虚的态度和品质。谦虚是一种人生态度，就个人而言，谦虚可以使一个人不自满，不骄傲，不断进取；就人与人的关系而言，谦虚也是一种待人自处之道，可以免招或削减别人的嫉妒之心，不至于引来祸害或别人的贬损。谦虚也意味着在学识或道德品质上的涵养，“可以无意于求谦虚而自然谦虚，无意于戒骄盈而自然不骄盈”[①]。“调情理”着重探讨情和理的关系。人之情难以从道德角度加以评判。冯友兰认为，

① 冯友兰：《三松堂全集》第四卷，河南人民出版社 2001 年版，第 405 页。

“饥饿幽怨，饮食男女，常情隐曲”等皆为人欲，“从道德的观点看，皆是无所谓道德底或不道德底”。[①]但是，人之情需要入情入理，否则，不通人情，则是一个人很大的短处；同时，人之情也必须“安时处顺”，以理化情，顺应自然。面对自然法则，理智地控制自己的感情，有情而不为情所累。“励勤俭”强调勤以运动，俭以养廉，勤俭不单是经济方面的节省，更是道德方面的操守。冯友兰认为，民生在勤：从身体方面说，必须勤于运动，从精神方面说，必须保持自强不息的状态。同时他还认为，俭以养廉：俭重积德，复养以啬。“存诚敬”将诚敬视为一种处世之道，一种超凡入圣的途径，无妄之诚，执事之敬。诚有两方面含义，一是不欺人，二是不自欺。敬是指认真做事，即执事敬。“应帝王”讲的是关于做首领的方法，相当于现在的“为官之道”。冯友兰总结为四点：无为、无私、存诚、居敬。即要玄览俗务、廓然大公、知人善任、用心专一，由此便具备了做领导的方术并能走向成功。

二、《新世训》的人生追寻

《新世训》一书的问世，意味着新理学的价值论转向在人生哲学和生活领域得到了补充、落实和深化。这一转向尽管存在着宇宙世界与现实人生、道德理性与实践理性的矛盾困境，却在中国哲学史上初步完成了“立德树人”的哲学转型。也正基

① 冯友兰:《三松堂全集》第四卷，河南人民出版社2001年版，第108页。

于此，新理学体系最终完成了理想人格的形塑：既通达天地宇宙而又不离人伦日用、既入世间而又出世间的圣人。圣人一方面于日常生活中探寻存在的终极意义，不断扬弃自身存在的有限性以获得自我超越；另一方面对于终极意义的追求又以日常生活为依据，不断消除终极世界的抽象性与虚空性，使终极关切日益呈现出现实意义上的人文关切。冯友兰认为，“极高明而道中庸”的最后目的是要达到“合内外之道”的精神境界，“极高明”就蕴含在极平凡的日常生活当中。具体路径是：先有“极高明”，即不断扬弃自我、超越自我，然后再返回现实，以日常人伦的普通与平凡彰显出伟大和不平凡。

《新世训》并非一部纯哲学著作，它所“接着讲”的是形而下的“义理之学”，与《新知言》的“最哲学底形上学的方法”有着本质的区别，但作为经世致用的处事方法，又都透射出待人接物、行为处事的变通与睿智，从这个意义上讲，《新世训》已经超越了哲学意义的探讨。尊理性，道中庸，尽性为人，以理化情，勤俭自勉，为官清正，《新世训》的这些“方术”“训诫”“秘诀”“要领”，对于身处物欲社会的人们如何立身处世、塑德行善，获得精神的自洽、家庭的和睦和事业的成功，对于深入践行社会主义核心价值观，构建当代社会和谐的人伦秩序，都具有重要的参考价值和启迪意义。

《新世训》的生活方法为我们提供了“最好至善之人生”的理想范式，并为当今世人的安身立命提供了具体的参照标本。

在冯友兰为我们描绘的理想的生活状态中，存在一种由隐至显的价值取向，即在其日常人伦学领域，人能够在道德伦理的规范下与合理的价值观念的引领下，借助自身的道德实践、心理体验和精神觉悟，通过身体修炼、德性培育与境界提升，最终摒弃自私、功利以获得自我超越，实现个体与宇宙世界大同。这就是冯友兰在《新原人》中所讲的“天地人格”，也即“极高明而道中庸”的理想人格。由此观之，《新世训》已经在“极高明”和“道中庸”之间架起一座衔接与会通的桥梁，能够使两者相互生发，交相辉映。在《新世训》中，冯友兰实际上已为理想人格赋予了现实品格：顺时应变，明理通情，泰然处事，勤勉仁爱，精神豁达，适性自足。在其现实意义上，《新世训》对于人的安身立命、合理化生存这一终极关切问题所开辟的维度是双向的：在“极高明而道中庸”的人生目标的追求中，人既可在日常生活的道德实践中实现对自身存在意义的体验、领会和觉悟，又可在自身生存价值的追求和探寻中洞察、明了自身的现实处境和生活目的，以心性的修炼、处世方法的圆通、精神世界的自适来实现安身立命、谋取自由幸福的合理化的生存方式。

第四章 育人六十载

冯友兰不但是一位著名的哲学史家、哲学家，也是一位杰出的教育家。自 20 世纪 20 年代开始，冯友兰从事高校教学、教育工作六十余年，积累了丰富的教育、教学实践经验，形成了较为完整的、系统的教育思想和教育主张。冯友兰的教育思想经历三个主要阶段：早期对儒学教育思想的传承，中年时期中西教育思想的兼容、各类学术观点的会通，晚年向传统文化观念的回归。其中，人生哲学思想与有关大学教育的思想为其突出成就。在长期的教书育人实践中，冯友兰撰写了大量的文章与著作，弘扬民族优秀文化和传统思想，宣传、推广现代大学理念、管理模式；为大学教育和建设规划初步蓝图，推动形成“清华学派”及其优良传统；培养出一大批哲学史和思想史专家，为高校人文学科建设输送了人才。在清华大学、西南联大等高校任职期间，还参与多项重大民主决策，抗议军阀专制统治和政治独裁，为抗日救国和民族中兴奔走操劳，体现出一个爱国知识分子的道德良知和职业操守。“文革”时期，冯友兰遭受挫折，其教育理想出现动摇，但他能够坚持学人的立场和自我反思的精神，在艰苦逆境中愈发坚韧并砥砺前行。进入晚年，冯友兰仍诲人不倦，笔耕不辍，以崇高的信仰、深厚的学养，俯仰天地人生，穷究为学之道，传播生活真谛，展示了一位教育大师广阔的胸襟、超迈的情怀和对于民族教育事业的赤诚之心。

第一节　教育经历与教育成就

冯友兰毕生都在从事教育教学工作，为中国教育事业的发展鞠躬尽瘁。除了在河南第一工业学校担任过 1 年的教员，冯友兰的主要工作经历都是在高校。曾先后任职于中州大学、广东大学、燕京大学、清华大学、西南联合大学、北京大学。冯友兰不仅亲自承担高校教学工作，同时还身兼重要管理岗位的职务，曾长期担任清华大学和西南联合大学的文学院院长，并两次担任清华大学校务委员会主席，主持日常工作事务。这些经历使他能在实际工作中清醒地审视传统教育的优势和缺陷，探索教育教学和人才培养的规律，从思想上为推动中国教育事业走上现代之路做好准备。在 60 余年的教育实践中，冯友兰培养了大批高质量的学科人才，撰写了相当数量的教育论著，并对中国教育尤其是高等教育的未来建设提出了自己的独到见解。

一、教育经历与教育实践

1918 年 6 月 18 日至 20 日，冯友兰与北京大学文科文学门、哲学门和理科同学 8 人在毕业考试后，到北京第四中学、第一中学、正志中学、求实中学、北京女子师范学校考察中学教育。考察回校后，他执笔撰写了调查报告《参观北京中等学校记》，于同月 25 日至 28 日在《北京大学日刊》发表。1918 年夏，冯友兰在北京大学哲学门毕业，返回开封，在河南第一工业学校担任了一年的国文、修身教员，这是他一生教育生涯的开端。在这一年中，他著文三篇:《新学生与旧学生》及杂文《随感录三则》《随感录一则》，对教育进行了论述。

1919 年，冯友兰经考试，取得官费留美资格。同年 12 月，赴美国哥伦比亚大学留学。1920 年，在《河南留美学生年报》上发表《对于河南选派留学办法之意见》，对河南选派留学办法提出了四点意见。1923 年，冯友兰博士论文答辩通过后，回国在中州大学任教授兼哲学系主任、文科主任。彼时，其文科设有中文、历史、哲学、英文等四系，各系除开设不少基础课程外，还比较注重理论联系实际。在哲学系，包括西洋哲学史及中国哲学史在内的 11 门主课，都由冯友兰一人讲授，他讲课过程深刻自然，广征博引，贯通古今中外，注重启发学生深入思考，探索哲学思想和历史发展的内在关联，受到了同学们的欢迎。在这段时间里，冯友兰还担任中州大学学生社团文艺研究会名誉会长,并为该会会刊《文艺》撰写发刊词。在中州大学，冯友兰仍然十分关注中学教育。

1923 年年底，冯友兰赴曹州山东第六中学讲演 3 周，演讲稿《一种人生观》于 1924 年由商务印书馆出版。同时，开始撰写《人生哲学》论文，并于1926年出版，后被选为中学教科书。其间，他已经开始关注大学教育，对此作了深入的研究，1925年5月，在《现代评论》发表《怎样办现在的中国大学》一文，表达了如何办好中国大学教育的观点。同年，中州大学原校务主任离职，冯友兰就向校长张鸿烈申请接任此职，明确表达了自己的办学理想："我刚从国外回来，不能不考虑我的前途。有两个前途可以供我选择：一个是事功，一个是学术。我在事功方面，抱负并不大，我只想办一个很好的大学。中州大学是我们在一起办起来的，我很愿意把办好中州大学作为我的事业。但是我要有一种能够指挥全局的权力，明确地说，就是我想当校务主任。"[①]张鸿烈没有接受他的申请,冯友兰便在是年8月底，去了广州。在广东大学（今中山大学前身）任教授兼哲学系主任。1926年年初，冯友兰前往北京，开始在燕京大学哲学系担任教授兼燕京研究所导师，讲授中国哲学史、人生哲学两门课，同时兼北京大学讲师，讲授西洋哲学史这一门课程，并在华语学校为外国人讲授《庄子》。

1928年9月，冯友兰应邀在清华大学担任哲学系教授兼校秘书长，同时在北京大学、燕京大学兼课。1929年2月，辞去校秘书长一职,专门担任教授。是年9月,担任清华哲学系主任。1930年5月，应聘任河南中山大学（原中州大学）校长，但未

---

① 冯友兰:《三松堂全集》第一卷，河南人民出版社2001年版，第57页。

清华大学图书馆冯友兰先生纪念专室专门陈列先生的专著和藏书

到任，不久即辞去职务。6月始，代理清华文学院院长职务。7月至次年4月，因罗家伦辞职，冯友兰开始代理校长职务，主持清华校务会议和学校日常工作。1931年7月，冯友兰担任清华文学院院长。任职清华期间，还写有《国立清华大学教授会告同学书》《国立清华大学教授会辞职宣言》《国立清华大学文学院概况》《国立清华大学哲学系概况》《青年的修养问题》《教青年认识祖国》等文章。

1937年9月，长沙临时大学成立，冯友兰被选举为校图书设计委员会委员、课程委员会委员、文学院哲学心理教育学系教授会主席，负责该系课程编制、工作分配及设备等筹划事宜。任职教授期间，开设中国哲学史、中国哲学史研究、老庄、朱子等4门课程。写成《论民族哲学》论文，阐述了哲学的民族性及其与科学的关系。

1938年4月，清华大学与南开大学、北京大学合并为国立西南联合大学。冯友兰担任西南联大文学院院长、教授、哲学系主任。是月，担任西南联大“校歌校训委员会”主席，执笔写成《满江红》一词作为校歌，校歌歌词精炼、典雅，叹南迁流离之苦辛，颂师生不屈之壮志，集中反映了联大精神，表达了抗日战争必胜的信念。授课延续长沙临时大学时的课程内容，据学生回忆，冯友兰授课准备充分、认真谨严，内容深思熟虑、一丝不苟，亲切和蔼、平易近人，表现了具有高尚师德的仁厚长者和儒雅学者的风度。其间，完成《中国哲学史》（上、下册）、

“贞元六书”等著作，其中，不少内容涉及他的教育哲学思想及理论观点。在这段时间里，他还撰写了《清华的回顾与前瞻》《美国教育与哲学思想现状》《论大学教育》等文章，对中国教育寄予了殷切的期望。抗日战争胜利之后学校北迁，1946 年 5 月，冯友兰撰写《国立西南联合大学纪念碑碑文》，纪念其光辉的历程、光荣奋斗的传统、优良卓越的学风、精深博大的学术。

1948 年 12 月，清华大学校长梅贻琦离开清华，冯友兰当选为校务会议临时主席，再一次主持清华校务。1949 年 5 月，北平军管会任命冯友兰为清华校务委员会委员。是年 9 月，冯友兰主动辞去清华校务委员会委员、文学院院长、哲学系主任职务。其间撰写《解放期中之清华》等文章，概述了清华大学的课程变动、实验设备等情况，对清华大学的未来充满希望。

1949 年至 1990 年，冯友兰曾先后在清华大学、北京大学专任哲学系教授，开设中国哲学史、中国哲学史科学等课程，并教授和指导研究生课程。研究生们回忆：“先生对学生的要求既严格又自由。所谓严格，是指在学业上，在知识掌握上，必须按计划进行，不可有丝毫放松，不可有任何‘躐等’，学风要严谨，功夫要扎实。……所谓自由，是指研究方法、范围和观点方面，先生给学生以充分的自由，并无任何限制，更没有‘门户’之见。他所关心的是分析能力、学术水准、理论水平，而

1957 年，冯友兰迁至燕南园 57 号，此后一直住在这里

不是观点本身。”[①]1982年，冯友兰撰写了《我的读书经验》一文，将自己的读书经验概括为四点：精其选、解其言、知其意、明其理。[②]即精心选择适合自己阅读的有益书目，攻破语言文字关，逐字逐句地理解，深入其中领会其内在涵义，做到融会贯通。中华人民共和国成立后，除曾担任中国哲学史研究室主任以外，冯友兰没有担任其他行政职务，但依旧十分关注中国教育，撰写了大量教育论文，较有影响力的有以下几篇：《对中国近五十年教育思想进展的体会》《再论“为学术而学术的学风”》《树立一个对立面》《我的读书经验》《我所认识的蔡孑民先生》《怀念梅贻琦先生》《中国落后并非由于文化，厌学责任不在于青年人》《对〈中国青运〉记者谈五四》《清华发展的过程是中国近代学术走向独立的过程》。此外，在《三松堂自序》中，也有不少内容涉及教育思想。

二、教育成就

在长期的教育实践中，冯友兰除撰写不少论文、杂文与著作，贯彻其教育哲学思想、教育主张外，在培养英才、推动学术独立、促进高校民主化等方面，也都取得了卓尔不凡的成绩。作为一位教育管理者，冯友兰竭力反对行政过度干预学校

① 梦培元：《回忆与断想》，载于单纯、旷昕编：《解读冯友兰·学人纪念卷》，海天出版社1998年版，第136—137页。

② 冯友兰：《三松堂全集》第十四卷，河南人民出版社2001年版，第197页。

管理，举贤荐能，团结广大师生同舟共济，推动形成独具特色的“清华学派”，并培养了大批的青年专家学者。作为一位演讲家、社会活动家，冯友兰曾在社会各界包括大中小学、科研机构、军队、上流社会等，广为普及、宣传科学、民主思想，鼓励青少年积极投入社会，为报效国家而读书学习；20 世纪三四十年代，为抗日救亡、民族复兴奔走呼号，反对国民党统治的倒行逆施，为民族教育事业作出了积极贡献。冯友兰的教育成就与贡献，主要可归结为以下几点。

一是作为一名大学哲学系教授，常年致力于哲学文化思想的讲授与传播，为中国培养出众多优秀的中青年专家学者，其中不少人已成为相关领域的领军人物。如涂又光教授在先秦儒学、楚国哲学史、中国教育哲学等研究领域多有建树，著有《楚国哲学史》《中国高等教育史论》《文明本土化与大学》等学术论著；北京大学哲学系李中华教授，任博士生导师、中国哲学暨文化研究所所长，撰写或主编《冯友兰评传》《谶纬与神秘文化》《中国人学思想史》等书，由他主持修订的《中国哲学史》现已成为高校的教科书；蒙培元现为中国社会科学院哲学研究所研究员、博士生导师，曾担任中国哲学研究室主任、中国哲学史学会副会长、《中国哲学史》杂志主编等职务，著有《理学的演变》《理学范畴系统》《中国心性论》《中国哲学主体思维》《心灵超越与境界》等论著，在推动中国哲学研究由逻辑思维向情感理性转变，实现中国哲学向传统文化回归方面，作出了自己独到的思考和贡献。

冯友兰在高校推崇文科与工科并举，人文与科学并重，其学术影响力已远远超出哲学文化领域。据不完全统计，由他亲手培育的知名专家、学者就达数十人之多，而在其直接或间接影响下成长起来的科学家、哲学家、工程院院士等，更是不计其数。在2009年北京大学出版社出版的《实说冯友兰》中，参与讨论冯友兰的弟子就达23人，分别为：任继愈、杨振宁、汪子嵩、郑敏、张世英、黄楠森、张友仁、许渊冲、闻立雕、陈乐民、资中筠、羊涤生、胡显章、钟肇鹏、蒙培元、王庆淑、余敦康、牟钟鉴、李中华、陈来、陈战国、单纯、郭建荣。在20世纪的中国教育界，冯友兰作为影响深远的教授、哲学家，不仅在中西哲学、中西文化的会通方面作出很大的贡献，达到那个时代的一个高峰，而且培养出众多的文化学者和中青年科学家，为中国科技事业的发展和传统思想文化的传承作出积极贡献。

二是任职清华大学、西南联大期间，恪尽职守，在维持大学正常运转，推进学术独立、民主管理等方面做出努力。在担任校务会主席（代主席）、文学院院长、哲学系主任时，勤勉事务，与师生勠力同心，推动学校和文学院健康有序发展。在这一阶段，冯友兰除认真教学、著书立说外，在尊师重教、尊贤举能方面卓有成效，如推荐知名学者、专家到一线教学岗位，担任相关专业的教授、副教授、讲师，其中有杨振声、翟俊千、

1981年，冯友兰（前排左七）与北京大学哲学系78届研究生合影

顾颉刚、苏冰心、许地山、张崧年、罗常培、徐祖正、钱满升、林语堂、孙同华、周光庚等一批有才华的学者；主持校图书馆、体育馆、地理学馆、新医院、教职工宿舍等基础设施的修缮与建设；进一步改善和提高教职工的生活待遇；倡导教授治校，成立以教授为成员或主要成员的校教授会和评议会；设立奖学金、助学金等各项学生奖励基金，选派留学生出国进修等。在维持校务方面，认真履行教育管理者的责任。

在推进学校民主管理方面，冯友兰代表学校或教授会，与反动专制统治和恶势力进行坚决斗争。1930 年 5 月，为反对阎锡山的幕僚乔万选主持清华大学，冯友兰与蒋廷黻、张奚若、吴之椿、朱自清、周炳琳、张子高等共同起草《国立清华大学教授宣言》，宣称："一切措施，应以合法手续行之。校长自应由正式政府主持之教育机关产生。若任何机关皆可以一纸命令任用校长，则学校前途将不堪设想。查本校自罗家伦校长辞职后，校务由教务长、秘书长及各院长组成之校务会议维持，所有计划照常进行；……俾在此兵戈扰攘之中，青年尚有一安心求学之处。倘有不谅此衷别有所图者，同人等职责所在，义难坐视。谨此宣言。"[①] 同年 7、8 月，冯友兰代理校务，发表《清华现状与我的态度》一文，表明自己的态度："我受教授会的推举，加入校务会议维持校务，要负我的责任。除非我不能行使

① 冯友兰:《三松堂全集》第十四卷，河南人民出版社 2001 年版，第 44 页。

职权，除非校务会议，别人全走不能开会，除非教授会撤了他给予我的代理文学院院长之职，除非大多的学生对我失了信任，我一定要遵守教授会的意思，维持清华。‘可以托六尺之孤，可以寄百里之命。临大节而不可夺’，我的修养还未到此，但我是要照此方向做的。”[①] 在这次斗争中，冯友兰不屈服于反动势力，不辱名节，他和他主持的校务会议得到学生们的充分信任和支持。1931 年 6 月，为反对破坏教授治校、恶意攻击师生的吴南轩接管学校，冯友兰与教授代表张奚若、吴有训一起赴南京，向教育部、舆论界披露清华真相，迫使教育部撤销吴南轩的职务，改派他人来接管清华校务。抗日战争和解放战争期间，冯友兰坚决反对和抗议国民党军队侵入学校，干预正常教学环境和教学秩序。1948 年 7 月，坚守清华大学校园，代表校保卫委员会与傅作义军队协商，敦促其撤出清华校园，以捍卫学校一方净土。之后，又作为校务会议临时主席，率领全体在校教职员工，完成了向共产党领导下的军管会交接，使清华大学回到人民掌管之中。

三是作为清华大学知名教授、文学院院长，推动形成“清华学派”及其优良传统。所谓“清华学派”，并非清华大学依行政建制成立的一个学术机构或学术团体，而是指清华大学的学人在长期治学过程中形成的具有共同风格和创新精神的学术风

① 冯友兰:《三松堂全集》第十四卷，河南人民出版社 2001 年版，第 51 页。

气和学术传统。依据蔡仲德的观点，“清华学派”的特点可概括为：“贯通中西，融汇古今，实现微观与宏观结合，并以此为基础进行‘释古’与创新，不仅合理阐释传统文化，更加全力创造新文化。”[①]

“清华学派”及其学术传统的形成，是清华学人共同努力、共同促进的结果，既有“五四”新文化思潮的浸润，特别是蔡元培的“学术独立”“教授治校”“思想自由，兼容并包”等思想的引导，同时也与清华各系教授、学者治学过程中形成的某种共通性（共同或相近的学术风格）密切相关。但在冯友兰来清华之前，“这种学风并未得到有意张扬，集团性优势尚不显著，作为一个学派只能说尚处幼年”[②]。应该说，它的成熟主要得益于两个方面：一是理论、观点上的创新精神，即在学问上有所建树；二是学术上的自由态度，即采取“兼容并包之”的学术立场。这两个方面，与冯友兰的学术开拓是分不开的。“清华学派”注重理论的创新和思想的兼容，这在清华大学哲学研究领域表现比较显著。冯友兰说：“过去二十年中，我的同事和我，努力于将逻辑分析方法引进中国哲学，使中国哲学更理性主义一些。在我看来，未来世界哲学一定比中国传统哲学更理性主义一些，比西方传统哲学更神秘主义一些。只有理性主义和神

① 张岱年：《直道而行》，大众文艺出版社 2000 年版，第 117 页。
② 徐葆耕：《师古与清华学派》，清华大学出版社 1997 年版，第 120 页。

秘主义的统一才能造成与整个未来世界相称的哲学。”[①] 在他看来，只有做到“理性主义和神秘主义的统一”，才能“承百代之流，而会当今之变”，从而形成“与整个未来世界相称的哲学”。在冯友兰的主张和影响下，“中西文化”“新旧文化”在学术研究上的鸿沟基本上没有了，“两种精神成为一种精神了。这是清华大学时的特色”[②]。正是在这样的环境影响下，张岱年提出了“三流合一”，即“唯物、解析与理想”综合于一的研究方法，金岳霖创造出自己的形上学和认识论哲学体系，他们的学术创新都是贯通中西、融汇古今的结果。在对待传统文化方面，冯友兰主要采取“释古”立场，并对“信古”和“疑古”立场持兼容态度。他说：“清朝人研究古代文化是‘信古’，要求遵守家法；‘五四’以后的学者是‘疑古’，他们要重新估定价值，喜做翻案文章；我们应该采取第三种观点，要在‘释古’上用功夫，作出合理的符合当时情况的解释。研究者的见解或观点尽管可以有所不同，但都应该对某一历史现象找出它之所以如此的时代和社会的原因，解释这为什么是这样的。”[③] 他阐明了“释古”的重要性：“释古一派的人所做的工作，即是将史料融会贯通。就整个的史学说，一个历史的完成，必须经过审查史料及融会

---

① 冯友兰：《三松堂全集》第十一卷，河南人民出版社 2001 年版，第 593 页。

② 冯友兰：《三松堂全集》第十四卷，河南人民出版社 2001 年版，第 157 页。

③ 参见王瑶：《我的欣慰与期待》，《文艺报》1988 年 12 月 6 日。

贯通两阶段，而且必须到融会贯通的阶段，历史方能完成。”[①]这样便做到兼收并蓄，以“合于内外之道”。在此期间，冯友兰撰写了《中国哲学史》《中国哲学简史》和“贞元六书”，立足于传统文化的“释古”工作，通过反思与批判、肯定与汲取，力求在理论上有所创新，推动了“清华学派”走向成熟。

四是在西南联合大学任文学院院长、哲学系主任期间，实践民主办学思想，推动了人文精神传统的培育与形成。西南联合大学脱胎于七七事变以后，由北京大学、清华大学、南开大学三校合并成立的长沙临时大学，1938 年年初西迁至昆明。同年 4 月，长沙临时大学正式改称西南联合大学。在这一时期，冯友兰不仅拓展了自己的学术事业，而且全面实践了民主办学的思想。在治学过程中，冯友兰注重吸纳新的学术方法，力求融汇中西、贯通古今，改变中国传统文化的陈旧形态，创造具有现代特色的人文社会学科，并取得了巨大成就。西南联大在文学院设置了中国文学系、外国语文系、哲学心理学系、历史社会学系等人文学系，集中了清华、北大、南开一批著名学者授课育人，传播人文知识与人生智慧，如朱自清、陈寅恪、闻一多、钱锺书、钱穆、朱光潜、汤用彤、贺麟等著名的学者、大师。作为文学院的主要负责人，冯友兰强化服务意识，尊重并团结这些教授专家，争取他们的信任与合作，为他们创造必

① 冯友兰:《三松堂全集》第十四卷，河南人民出版社 2001 年版，第 376 页。

1946 年，由冯友兰撰文、闻一多篆额、罗庸书丹的西南联大纪念碑落成

要的工作条件和生活环境。他不仅十分注重发挥教授会的作用，而且注意听取他们（如朱自清、闻一多、陈寅恪等）的意见和建议，发挥他们的优势和特长，因而在培养学生与学术研究两方面均取得显著成效。西南联大办学的一个突出特色是人文与科学并重。人文科学与自然科学对于一所大学乃至于一个国家、民族而言至关重要。在这段特殊的历史时期，西南联大为国家民族培养了大批优秀青年，这与它文理兼备、注重人文精神的培植是密不可分的。今天，缅怀西南联大的历史与业绩，我们在怀念叶企荪、吴大猷等理工科学者、专家的同时，也更加敬佩冯友兰、闻一多、朱自清、金岳霖等人文大师。

时值国家、民族危亡之际，冯友兰与全校师生一道，顺应时代潮流，同仇敌忾、共同御侮，体现出强烈的忧患意识和民族气节。面对山河破碎、风雨飘摇的衰微国势，冯友兰对国家、民族命运表现出高度关切，“望中原，遍洒血。抵绝徼，继讲说”（西南联大纪念碑碑文语），便是他心忧天下、壮怀激烈的真实写照。任职期间，由他执笔写成的西南联大校歌，不仅激发了西南联大学生的爱国情怀，对于他们的成才发挥了巨大的促进作用，而且影响和感染了一代又一代青年学子，激励他们为民族之中兴而发愤图强。也正基于此，西南联合大学能够“以其兼容并包之精神”，“内树学术自由之规模，外来‘民主堡垒’之称号”，“八年之久，合作无间。同无妨异，异不害同；五色交辉，相得益彰；八音合奏，终和且平”[①]。

抗战时期，西南联大为中华民族培养了数以千计的人才，并为后来新中国的科技文化事业培育了大批优秀人才。从西南联大毕业的学生，有取得过重大成就的理工科世界级科学家，如杨振宁、李政道两位物理学家、诺贝尔奖得主，邓稼先等物理学家，梁思成等建筑学家，也有蜚声海内外的人文社科领域大学者，如任继愈、何兆武等哲学家，何其芳、汪曾祺等作家。这些专家、学者、作家无论是人文社科专业的优秀学生，还是理工科毕业的高材生，都受到过冯友兰有形或无形的影响，并对他在西南联大的工作给予高度评价。在西南联大学生人文素质的培植方面，冯友兰等文科教授是作出了自己的独特贡献的。

第二节 教育主张与教育哲学

作为一位大思想家、大教育家，冯友兰对中国教育的问题与现状进行过深刻反思，并对中国教育的未来寄予了殷切的希望。在 20 世纪三四十年代他撰写的“贞元六书”中，冯友兰从关注现实人生出发，注重德性修养的培育、人生境界的开拓，

① 冯友兰:《三松堂全集》第一卷，河南人民出版社 2001 年版，第 301 页。

推崇“道中庸”“内圣外王”的人格理想，在日常生活中穷究生存之理，在道德、不道德之外寻求为人之道，在教育哲学领域实现对生活中的人的终极关怀。同时，冯友兰还汲取了西方近现代教育思想，努力将研究的视域向外部世界拓展，力求与国际教育的现代性接轨，他的以新学代旧学、大大学、学术独立、为学术而学术等教育理念，对中国现代大学教育体制、教育模式的建构产生了深刻的影响，不仅影响和促成“清华学派”及其优良传统的形成，同时也开创了一个新的文化教育空间，为民主与科学思想的输入和创办高质量、开放型的大学，起到了理论和观念上的先导作用。

一、教育主张

第一，以新学代旧学。

1918 年 9 月，冯友兰在河南创办了期刊《心声》。在其创刊号上，发表《新学生与旧学生》一文，指出新学生与旧学生之区别。针对当时存在的“以私塾之学生为旧”，“‘洋学’之学生为新”，“以读八股策论之学生为旧，研究科学之学生为新”的观念[①]，他从民族救亡图存的核心论点出发，对当时存在的一些模糊认识进行辨析并予以澄清。冯友兰认为：“新学生专心研究学问，旧学生专心读书。……书籍者，纸片上之学问也，纸片上之学问，不过先王之刍狗，古人之牙慧耳，吾所谓老套者也。

① 冯友兰：《三松堂全集》第十四卷，河南人民出版社 2001 年版，第 11 页。

古来所谓大发明者，其所发明决非自纸片得来。纸片所载，皆古人所已发明者。若一社会之学生，专研究纸片，则尽其能事，亦仅能成‘述者之明’，断不能成‘作者之圣’。而此社会必永为古人所束缚，终无进步之一日，此理之极易明了者也。”[①]这就澄清了一味死读书与专心做学问的区别，以及两者之于社会进步的价值差距。那么，造成这一差距的根本原因又在哪里呢？冯友兰以犀利的言辞指出："吾国历来之旧学生皆误于‘述而不作，信而好古’之一念。崇拜老套，达于极点。觉古圣之言论，先王之宪章，皆可放之四海而皆准，行之万世而不悖。视纸片以外，遂若无所谓学问者。此所以数千年来，永为纸片所束缚，沉沉无一毫生气也。国之不振，民之无援，皆由于此。”[②]据此，他归结了两者差距的根本原因："新学生以研究学问为目的，读书为手段，而旧学生即以读书为目的，此其根本之差异也。”[③]

为说明新学与旧学的利弊得失，他进一步区分了新旧学生的治学态度："新学生注重实际，旧学生注重空谈。旧学生所研究之学问，不外义理、考据、词章三者而已。及其末流，则义理之弊，为‘板上钉钉’；考据之弊，为‘咬文嚼字’；词章之弊，为‘油腔滑调’。……然其最劣之点，则在专究纸片。”[④]据此，

---

① 冯友兰：《三松堂全集》第十四卷，河南人民出版社 2001 年版，第 11 页。

② 冯友兰：《三松堂全集》第十四卷，河南人民出版社 2001 年版，第 11—12 页。

③ 冯友兰：《三松堂全集》第十四卷，河南人民出版社 2001 年版，第 12 页。

④ 冯友兰：《三松堂全集》第十四卷，河南人民出版社 2001 年版，第 13 页。

他指明了当时教育上存在的弊端，对两者的实质和作用做出划分："其研究科学也，不以实验为主，亦但多记新名词，以壮纸片上之观瞻耳。所以其在学校中所学之功课，毕业后十九无实用也。……以此精神研究学问，无论其所研究，为若何新而又新，吾必谓之为旧学生。是故新学生之研究学问也，不求壮纸上之观瞻，但求切现在之实际。……夫然后一学有一学之益，一术有一术之用，而各种学术，皆可直接间接有益于人生矣。此新学生之精神也。"①

新学与旧学的差异还在于："新学生之生活，为群众的，旧学生之生活，为单独的。"② 这与两者所处的具体环境与价值追求的不同相关，旧学生处于私塾教育的包围之中，只关心个人的荣辱名节，新学生则处于人与人相关的集体社会当中，以天下为己任。因此，他强调："吾人欲为社会有所尽力，则必先养成群众生活之习惯，以备将来之应用。……谓宜养成博爱平等诸美德，'善与人同'，以诚心联益友，而共为社会尽力焉。此新学生所宜努力者也。"③ 基于此，冯友兰对传统"以隐遁山林为高，以不治生产为雅，以矜奇立异，荡检逾闲，为风流子赏"的名士人格持批判态度。他认为，在"多数共和之制已成"的时代背景下，"而所谓名士派，最不适于群众生活者也。……

---

① 冯友兰:《三松堂全集》第十四卷，河南人民出版社2001年版，第14页。
② 冯友兰:《三松堂全集》第十四卷，河南人民出版社2001年版，第13页。
③ 冯友兰:《三松堂全集》第十四卷，河南人民出版社2001年版，第13页。

举凡旧学生一切不近人情之习惯，皆新学生所当摧陷廓清之者也”[①]。摧毁中国旧学的作风、习惯和价值取向，倡导一种社会化的、健康的学风、习惯和价值取向，这与世界发展的潮流和时代节拍也是相适应的，符合中国现代教育思想的价值追求。

从国家、民族的发展与前景入手，冯友兰对旧学生“专究纸片”的陋习深恶痛绝，提出革新传统观念的具体路径：“新学生注意现在与未来，旧学生注意过去。”[②]即教育要面向现在与未来，有所作为，反对坐守书斋，闭门造车。他指出：“吾人所以不必过于注意过去之原因，盖有二端，其一为过去之关系于吾人，不若现在与将来之大。其二则过去已成之铁案，吾人纵研之至精，亦苦于无可如何，现在与将来，则正吾人大有可为者也。故今日之新学生，与其过于注重古书，不如过于注重报纸杂志。何以故？古书所载过去之事实与思想，报纸杂志所载，则现在与将来之事实与思想也。吾国旧学生，贵古而贱今，专究‘亡羊’，而不究所以‘补牢’之方，专究失之东隅，而不究所以‘收之桑榆’之道，此神州所以陆沉也。”[③]因此，他强调“‘知来’为目的，‘察往’为手段”，以改过自新的勇气、亡羊补牢的办法，奋起直追，努力实现国家、民族的复兴。

冯友兰提出的“旧学生”与“新学生”概念，实际上指的是

① 冯友兰:《三松堂全集》第十四卷，河南人民出版社2001年版，第13页。
② 冯友兰:《三松堂全集》第十四卷，河南人民出版社2001年版，第12页。
③ 冯友兰:《三松堂全集》第十四卷，河南人民出版社2001年版，第13页。

“旧学”与“新学”的教育观念，贯穿着他“以新学代旧学”的教育改良理念。这既是“五四”新文化思想的延伸，也是他教育哲学思想的逻辑起点。1989年，冯友兰在《对〈中国青运〉记者谈五四》一文中，重申了《新学生与旧学生》文章的主要观点，表明了冯友兰一以贯之的教育思想和教育立场，并决定了他的教育哲学、教育思想的基本取向。

第二，教授治校。

教授治校源于西方现代高等教育的管理模式与管理实践，是指教授参与大学决策与管理的一种民主制度，即通过一定的规章制度和组织形式，由教授阶层决定高校办学的方针政策，拥有学校事务的决策权力，并对外维护学校的自主与自治。蔡元培在北京大学实施教育改革时采用了这一管理制度，规定校评议会和行政会议成员以教授为限，决定校内一切重大问题并付诸实施。冯友兰继承了蔡元培这一教育思想，极力主张并实践教授治校，为清华大学的民主发展、学术独立起到了重要作用。其思想主张大致有以下内容：学校评议会、教授会、校务会等决策与管理机构，均由教授选举产生，教授成员在其中的人数比例占多数；学校和各院系设立教授会，实行教授管理；教授治校赋予教授一种权利，同时赋予其相应的责任与义务，教授在管理学校（含学院）中发挥重要作用。

教授是高校教育中某一专业或领域的专家学者，实施教授治校可提高大学教师的学术地位，充分发挥他们的积极性，使其在相关领域作出突出的成就，同时也有助于维护学术的独立和尊严。在《论大学教育》中，冯友兰强调：“一个大学应该是独立的，不受任何干涉。……对于任何一种学问，只有研究那一种学问的人有发言权，别人实在说来不能对专门知识发言，因为他没有资格。……所以国家应该给他们研究的自由。”[①]在清华大学和西南联大任职期间，冯友兰注重发挥教授会的职能，充分尊重教授的权利、学术地位，在住房、薪酬、津贴、岗位聘任、职称晋升等方面给予必要的优惠措施，团结他们共同推动整体教学质量的改进和学术水平的提升。在教授治校管理模式的激励和影响下，高校形成了宽松良好的学术氛围和谨严的治学传统，团结了一大批知名教授，如朱自清、闻一多、傅增湘、罗常培、陈寅恪、顾颉刚、张崧年、汤用彤、钱穆、金岳霖等，使其充分发挥才能和优势，在各自的岗位和研究领域作出了举世瞩目的成就。

教授治校践行了民主管理学校的理念，它赋予教授一种公共管理责任，能唤起知识分子的责任感和使命感，有利于构建教师与学校共同管理、相互协助的“学术共同体”，推动大学教育的良性运转和健康发展。与校长一人领导不同，教授治校要求教授有良好的民主素养、公共意识，在行政管理上反对外部力量干预，反对校长独裁专制，发挥教师在公共管理上的主体

① 冯友兰：《三松堂全集》第十四卷，河南人民出版社2001年版，第161页。

性。在担任清华校务会临时主席和代理校务期间，冯友兰坚决执行教授会、校务会、评议会的章程和决议，在推动学校的民主管理方面作出了自己的贡献。

教授治校也是对教师责任感和师德精神的考量，要求教师从自身良知出发，以慈爱为怀，为学生提供必要的帮助，使学生健康成长，顺利完成学业，尤其是国难当头时期，要正确引导学生，关心和保护学生。在这一方面，冯友兰发挥了积极作用，如与其他教授一起，公正严格地选拔、奖励优秀学生，举荐学生公派留学，增加学生伙食津贴等；出于对学生的同情和理解，曾出面保释了被捕学生冯仲云、陈志安等，掩护了爱国学生黄诚、姚克广（姚依林）、裴玉荪等。九一八事变之后，冯友兰起草校务会布告，告诫学生以学业为重，反对学生以空有之爱国热情赴南京集体请愿："吾人处此危难之局，头脑尤宜冷静。若使牺牲学业能得相当之代价，则尚可告无罪于国家社会；若不计结果，徒为学业上之牺牲，则诸同学少上一日之课，即国家多受一日之损失。……须知现在战争必须全国动员，所谓全国动员者非人人皆赴战场之谓，乃全国人士皆努力以作其应有之事。所谓不有居者，谁守社稷？不有行者，谁捍牧圉？"[①]在1945年"一二·一"运动中，冯友兰主持教授会并通过议案，迫使制造事端的当局行政首脑以于15天内去职为保证，并敦

① 蔡仲德：《冯友兰先生年谱初稿》，河南人民出版社2001年版，第128页。

促学生复课。后与教授会同人起草《教授会告同学书》，再次表明全体教授反对专制暴政、渴望民主自由的态度，以求“为中国学术界保留一块自由园地，为‘民主堡垒’留个余地”[①]。

从现代意义上说，教授治校是高校管理的有益探索和理想形式，体现了对知识和人才的尊重。这一民主制度的确立，有助于凝聚高校知识分子的集体智慧、集体力量，发挥他们管理学校的主人翁精神，在维护良好的教育秩序和学术民主、学术独立方面，发挥了不可忽略的作用；同时，也有助于从根本上维护教师的基本权益，从师德、师风等方面影响和塑造学生的优秀品质、精神灵魂，从根本上实现立德树人的教育目标。教授治校作为大学民主管理的一种模式探索，是尊重学术规律、尊重大学教育思想的集中体现。冯友兰不仅是这一教育思想的主张者，也是这一教育思想的践行者，对于“清华学派”及其良好传统的形成无疑起到了重要作用。直到今天，这种思想与模式对于我们如何建设和管理学校，充分发挥高校知识分子的能动性和创造性，仍具有重要而深远的借鉴意义。

第三，为学术而学术。

五四运动前后，随着启蒙思想在中国的深入，蔡元培提出为学术而学术的理念，并在北京大学等国内高校加以践行。在1949年以前的教育实践中，冯友兰基本上是这一思想的追随者、

① 冯友兰:《三松堂全集》第一卷，河南人民出版社2001年版，第299页。

倡导者和践行者。冯友兰认为，中国要成为世界强国，必须做到“知识上的独立，学术上的自主”[①]。为此，需要放大眼光，为国家制定知识、学术自主独立的百年大计。他说：“五四运动，建立了新学风。……其表现在学术教育方面的，是建立了一个为学术而学术的学风。”[②]中华人民共和国成立以后，冯友兰改造了为学术而学术的思想，将其融入党的为人民服务的执政理念，提出了学术以为人民服务为宗旨，服务于国家、人民和教育事业。这一转变可以视为他早期“新学生之生活是为群众的”思想之延展。

新中国成立后，冯友兰系统地总结了中国50余年教育治学理念，指出：“一个时期的教育思想的具体表现，就是一个时期的学风。”“五四运动前一方面的表现，在中国历史上起了壮阔的波澜，有了深远的影响。这是众所周知的。后一方面的表现，在中国的教育及学术研究方面，也很有影响。在这种影响下，有一种思想，是教育为学术服务。……学术是为什么呢？照主张为学术而学术的思想，学术的价值，就在于发现真理，而真理的价值就在于其本身。”[③]他认为，“真理的价值”既然在于它本身，那么，“发现真理”即为学术的终极追求和最高境界。因

---

① 冯友兰：《三松堂全集》第五卷，河南人民出版社2001年版，第457页。

② 冯友兰：《三松堂全集》第十四卷，河南人民出版社2001年版，第178页。

③ 冯友兰：《三松堂全集》第十四卷，河南人民出版社2001年版，第179页。

此，主张为学术而学术的人，视研究学术为社会上最清高的事业，这样，他们就摆脱了功利的束缚，以研究学术为自己的终身事业，可以顺性而动、安贫乐道，研究自己感兴趣的事，终身为学术服务。冯友兰指出:“这种为学术而学术的风气，相对于五四以前的学风说，是一个进步。这个进步在中国的学术界教育界，起了一定的作用。”①

为学术而学术的风气，本身含有重视理论轻视技术的意思。学术之“学”，有做学问、研究为学之道的意思；学术之“术”，则涉及方法、技巧、本领等内涵。意即学为本体，术为末流。冯友兰指出，在为学术而学术风气的影响下，有可能导致“学问之士，倡其新理，事功之士，窃之为术”的分化与对立倾向。这种分化与对立有其深刻的思想文化根源，既是道家文化中“道与器”理论的体现，也与孟子“劳心者治人，劳力者治于人”的思想存有联系。对于前者而言，是要把学术从传统的经学的束缚中解放出来，不把它当作任何东西的附属品，为此，他在《再论“为学术而学术的学风”》一文中强调:“学术的最高目的，在于求‘真’。这个目的，是‘独立’于任何方面的看法。……所谓‘独立’者，是对于这些束缚说的。但是若把‘独立’抽象地孤立地看，则又是一种错误。”② 他认为，为学术而学术有三层

① 冯友兰:《三松堂全集》第十四卷，河南人民出版社 2001 年版，第 179 页。

② 冯友兰:《三松堂全集》第十四卷，河南人民出版社 2001 年版，第 190 页。

含义:“一方面是有关于个人研究学问的目的的思想。另一方面是有关于对于学术的看法的思想。更另一方面是有关于对于研究学术的方法的看法的思想。”[①] 在这三者之中，他尤其看重第一方面，认为其有利于民主的学风和学术研究的自由。对于后者而言，冯友兰认为这是一种“纯技术观点”，即“要人确实得一种本领，教人靠本领吃饭或者发财致富”[②]，通俗一点说就是以技术为谋生手段，以“升官发财”为人生目的，并认为这相对于“五四”以前的学风而言，不啻为一种思想进步，因为学术毕竟有实际价值。但是，他又强调，做学问“不可以有致用之心。为致用而学术，容易犯一种短视急躁病。结果学术研究不好，因而也无从致用。‘为学术而学术’，不以致用为意，反而可以得到学术的大用”[③]。因此，做学问虽以有益于人生为最终目的，但在具体探究过程中，必须抛弃各种杂念、功名利禄之心，进入理想的学术境界，才能获得学术的大用。总之，冯友兰这一时期的思想观点是辩证的、合乎时代潮流的，有利于实现学术独立和学术民主，推动中国学术事业的发展和民族文化的繁荣。

---

① 冯友兰:《三松堂全集》第十四卷，河南人民出版社 2001 年版，第 189 页。

② 冯友兰:《三松堂全集》第十四卷，河南人民出版社 2001 年版，第 180 页。

③ 冯友兰:《三松堂全集》第十四卷，河南人民出版社 2001 年版，第 190 页。

新中国成立以后，冯友兰接受了马克思主义唯物论和实践论，改造了自己的人生观，开始用为人民服务来替代为学术而学术的教育目的观："以'为人民服务'而学习研究，对于社会说是有所为而为，对于个人说是无所为而为。惟其能为社会，所以才不为个人，惟其有所为而为，所以才真能无所为而为。它是'有所为而为'与'无所为而为'的辩证的统一。"[①]从马克思主义的劳动说出发，他力图把为学术而学术的主张纳入社会实践的框架之内："从社会发展史上看，因劳动的需要而有技术，因技术的需要而有理论。理论是为技术服务的，技术是为劳动服务的。从这一方面看劳动就是创造。技术是直接帮助创造的，理论是间接帮助创造的。从这一方面看，技术是先于理论，而其意义也重于理论。"[②]在他看来，理论与实践不是两件孤立的东西，而是有机联合着的，从这个意义上讲，理论家有了实践，或实践者有了理论，他一定能搞得更好。这样，为学术而学术的思想观点就统一到马克思主义的实践观的框架之中了。

第四，大学教育理念。

大学教育的任务是什么？这是大学建设面临的首要问题。在《论大学教育理念》一文中，冯友兰对这一问题进行了深入的思考："一个大学可以说是一个知识的宝库。它对人类社会所

① 冯友兰：《三松堂全集》第十四卷，河南人民出版社 2001 年版，第 181 页。

② 冯友兰：《三松堂全集》第十四卷，河南人民出版社 2001 年版，第 183 页。

负的任务用一句老话说就是‘继往开来’。古人常说‘一物不知，儒者之耻’。……但是这句话可以改为‘一事不知,大学之耻’。”[①]这种主张与西方教育界提倡的大学“通识”教育大体相似，但仅此还不行，还需要在实现大学教育与职业教育分离的基础上，保证大学教育的独立性、学术的纯粹性，并通过教育培养出学生的主体性。他指出：大学不是职业学校、宣传机关或是教育部的科室，而是传授知识、学术独立、注重研究的专家集团，是不受干涉之专家集团、智囊团；大学教育之目的是培养“人”，而不是训练出工具或机器。“所以大学教育除了给人一专知识外，还养成一个清楚的脑子、热烈的心，这样他对社会才可以了解、判断，对已往现在所有的有价值的东西才可以欣赏。”[②]大学既是专家集团，又是自行继续的团体，那么，在学术领域就必须构筑属于自己的形而上学。为此他主张：“目前急要决定底，就是要树立几个学术中心。其办法是把现有底几个有成绩底大学，加以充分底扩充，使之成为大大学。”[③]按照冯友兰的教育构想，所谓的大大学，应该是一个学术独立的、有自己话语权力的、分工精细且相互协作的、不受任何外部干涉的高等教育单位。基于知识分工和大学的研究任务，冯友兰还赋予大

---

① 冯友兰:《三松堂全集》第十四卷，河南人民出版社 2001 年版，第 160—161 页。

② 冯友兰:《三松堂全集》第十四卷，河南人民出版社 2001 年版，第 162 页。

③ 冯友兰:《三松堂全集》第五卷，河南人民出版社 2001 年版，第 457 页。

大学以更高的研究目标，“人类所有的知识学问对于人生的作用，有的很容易看出来，有的短时间甚至永远看不出来。就世俗说有些学问是有用的，有些学问就没用；可是一个大学就应该特别着重这些学问。”[①] 因此，看似“无用”的知识，在大大学都是有用的，都是需要认真研究的。

那么，在现有的教育条件下，如何办好中国的大学教育呢？早在 1925 年，冯友兰在《怎样办现在中国的大学》中，系统地、概括地提出了办好大学教育的初步方案。他指出：“（一）中国现在须充分地输入新学术，并彻底地整理旧东西；（二）中国现在须力求学术上的独立；（三）中国现在出版界可怜异常，有许多人想看书而无书可看；（四）中国现在对西洋学术有较深的研究之人甚少；（五）上述之人，国已甚少，而其中更绝无（仅有？）人，在世界学术界中，可以称为‘大师’（authority）。”[②] 这五个基点，是建立在对“现在”中国的现状的清醒认识上的，意在输入西方先进教育思想和办学模式，建立世界一流的中国大学。在上述前提下，冯友兰认为“稍有点规模的大学”可由三部分组成：像样的本科、研究部和编辑部。首先是办像样的本科。其次，要使教员达到“像样”的水平。他指出，为达到“教员像样”，短期看可请外教或派出留学，但“我们办大学，仍应以请

① 冯友兰：《三松堂全集》第十四卷，河南人民出版社 2001 年版，第 161 页。

② 冯友兰：《三松堂全集》第十四卷，河南人民出版社 2001 年版，第 30 页。

中国人做教员为原则”[1]。他反对只看过两本教科书，有两本笔记本簿，便在高校教人的误人子弟的行径，强调：“（一）所请之人，要有继续研究他所学之学问之兴趣与能力；（二）设研究部，给他继续研究学问的机会，同时，大学教员可兼研究部研究生；（三）可使大学教员兼编辑部编辑员的差事，每一年或二年译一本书，目的是充分地输入西洋学术，当然也可救济出版界。”[2]从教员兼差当编辑到派出留学，到保证其学术水平的提高，到教员水平高，再到办一个像样的本科，直至办成一个像样的有规模的大学，这是一个循序渐进的过程。在这些环节中，前者是后者的前提，后者是前者的目的，相辅相成，最终归于办好中国大学。对此，冯友兰将其概括为“三位一体”的办学模式，目的是推动和维护学术上的独立，以学术之独立维护政治上的独立，并为经济的自主、自强提供文化上的保障。在具体的政策措施上，冯友兰提出了以下几点建议：一是尽量予以财政上的支持，不可用平均发展的政策，同时鼓励社会力量为大学投资；二是不可有急功近利的要求，一个大大学要做到包罗万象，特别是对冷僻的学问要有研究，要办出特色；三是国家社会对大大学要坚持不干涉的态度，保证其言论自由，保证其选举人才的自由，外边的人，不能干涉。也就是说，每一个

① 冯友兰：《三松堂全集》第十四卷，河南人民出版社2001年版，第31页。

② 冯友兰：《三松堂全集》第十四卷，河南人民出版社2001年版，第31—32页。

大大学都应该是一个可以独立完成其使命任务的团体，其本身就是一个新陈代谢的组织。

总之，冯友兰的大学办学思想和大大学理念，是在民族“救亡启蒙”背景下提出的新的大学教育设想，是在放眼世界、学习西方办学经验基础上对中国大学教育提出的改良理想。不过，基于激进的爱国立场和自身的留学经历，他的大大学理念偏重“西学输入”，而对中国教育的实际情况则有所忽略，20 世纪三四十年代以后，他的教育思想逐步趋向成熟，摒弃了自己对传统教育的偏激立场，开始向德育思想和人生哲学教育方向转移，并通过相互补充的办法展现出中国传统教育与西洋教育互承的思路，正如他在西南联大纪念碑碑文中阐述的“万物并育而不相害，道并行而不相悖，小德川流，大德敦化”[①]，这一和合思想与民主立场，与他一贯倡导的“思想自由，兼容并包之”的大学精神是基本合拍的。

二、教育哲学思想及其特点

一个社会教育的发展，既要能够适应社会发展的规律，也要遵循教育自身的规律。就社会发展的规律而言，注重社会教育实践，促进教育资源合理配置，实现人的全面发展是社会教育的任务和目标；就教育自身的规律而言，注重因材施教，突

① 冯友兰:《三松堂全集》第十四卷，河南人民出版社 2001 年版，第 154 页。

出道德素养的培育、理想人格的塑造、教学方法的改革等，则是教育部门、教育工作者需要把握的关键环节。基于中国的教育现状，冯友兰立足于现实人生和社会实践，并从个体的、自然的人性出发，提出了面向现代社会的教育哲学思想。其教育哲学思想和基本特点大致可以概括为：教育公平、慎思笃行、修身立德、由教而化、以学尽才。这是一个由客观到主观、由思想到行动、由主体实践到行为伦理的依次递进的上升过程。

第一，教育公平，有教无类。

平等教育是指受教育者享有平等受教育的权利，包括入学、学习、升学、就业等方面机会均等，不因民族、种族、性别、年龄、职业、财产状况、宗教信仰等的不同而受到不平等待遇或教育歧视。生产社会化形成了教育公平的前提和基础。冯友兰以“乡下人”和“城里人”比较，以此说明中国乡村与城市受教育程度的差异，进而指出中华民族与西方发达民族的差异。他指出，所谓“城里人”有两层含义，一是组成社会中心之民族，二是进入生产社会化较早的民族。[①] 而对于“乡下人”，“即使其不能不依靠城里。有一部分生活必需品，是生活所必需，但不是乡下农人自己所能生产者。在这些方面，他们即必须靠别人。……总括一句话说，他必须靠社会。城里是社会的中心，一个城里是一个社会的中心。反过来亦可说：一个社会的中心，即是一

① 谷真研：《冯友兰教育观研究》，2009 年黑龙江大学硕士学位论文，第 27 页。

个社会的城里，此即是乡下所以必须靠城里，而城里所以对于乡下占优势的缘故”[①]。与此同时，“英美及西欧等国所以取得现在世界中城里人的地位，是因为在经济上它们先有了一个大改革。这个大改革即所谓产业革命。……在工业革命后，西方成了城里，东方成了乡下。乡下即靠城里，所以东方依靠西方”[②]。“英美等国之所以能于现在世界中取得城里之地位者，乃因其先近代化或现代化，乃因其先有某种文化。中国之所以于现在世界中流为乡下的地位者，乃因中国未近代化或现代化，乃因中国未有某种文化”[③]。所以应自教育始，且使“乡下人”或落后民族与先进民族有平等受教育之机会，“乡下人”就可缩小与“城里人”的差距走向先进。教育和文化水平的提升，同时又可以巩固中国人的“城里人”的地位。各民族拥有平等受教育机会，就会共同发展、走向进步。

应生产社会化的要求改变教育主体，扩大教育规模，是使各民族平等受教育成为现实的基本保障。在生产社会化的社会中，社会分工及人才专业化的需求，使得社会上各专门学校都由多名专家来共同培养学生，一名教师的知识结构已不能满足学生的全部需要。冯友兰认为：第一，对各种教育人才进行专

① 冯友兰:《三松堂全集》第四卷，河南人民出版社 2001 年版，第 223—224 页。

② 冯友兰:《三松堂全集》第四卷，河南人民出版社 2001 年版，第 222—223 页。

③ 冯友兰:《三松堂全集》第四卷，河南人民出版社 2001 年版，第 229 页。

门化培养已成为社会的需要，这必然导致教育主体的改变。从分工的角度看，只有具备不同专业知识及专业技能的教育才能培养出不同的人才；从合作的角度看，这是一种教育制度工厂化的合作模式，即诸多有专门知识专门技术的人集中在一起，合力以教育某种学生，合力以制造某种人才。从社会需要的方面看，在近现代化的过程中，社会需要的不是“无所不明，无所不通”的博才，而是各种专门的人才，这就要求教育者必须按照社会需要，培养出掌握某种专业知识和专业技能的人才。第二，各种人才的大量培养不仅扩大了教育规模，而且促使各民族能够平等受教育。在工厂化的教育制度下，大量培养教育人才的原因有二：一是为满足不断增加的社会需要；二是如果不大量培养，对教育主体而言是不划算的。若只制造几个人才，自然亦是不够分配底。同时，“一个专门学校的书籍仪器，比如一个工厂的机器；一个专门学校的教员，比如一个工厂的工程师。这些设备、这些开支，都用很大底经费。很大的经费，若只用以制造几个人才，自然是不经济底”[①]。当然，大量培养并非“粗制滥造”，冯友兰对以赚钱为目的的教育商业化是持反对态度的。在这种生产模式下，只能以社会的教育机关和学校为主体，而不可能以“家”为教育主体。走出“家”的框架，放眼大社会和整个世界，在生产社会化条件下扩大教育规模、实

① 冯友兰:《三松堂全集》第四卷，河南人民出版社 2001 年版，第 266 页。

现新的教育体制下的分工协作、重塑教育主体，是冯友兰为中国教育走上现代化之路所指明的前提条件和应然选择。

因社会分工不同和社会化的需求，每一成员都是教育工厂的齿轮或螺丝钉，都不同程度地在发挥着各自的价值作用。因而，教育者的分工虽有所不同，但没有高低贵贱之分；不仅如此，受教育者作为社会一员和协作机制下的受益者，其接受教育的条件、机会也应当是均等的，至少不能有大的偏差，以防止教育不公、教育歧视，而与现代教育目标发生偏离。“子曰：‘有教无类。’”（《论语·卫灵公》）其内涵大致有两层意思：一是指不分贵贱贤愚，对各类人都可以进行教育；二是指人原本是“有类”的，比如有的智、有的愚，有的孝顺、有的不孝，但可以通过教育去消除这些差别。按照现代教育理念理解，就是通过“合作教育”模式实现教育条件、教育机会的均等，推动“个性的民主化”，即实现“人的一切才能和精神力量的发展和解放”。[①] 孔子的“有教无类”的教育观在冯友兰那里得到进一步的深化，不仅体现为一种个性化的、自由化的民主教育观，而且为人的全面发展奠定了教育思想基础，并内化为教育者和受教育者的社会责任。在倡导健全人的才智、锻炼人的体魄之外，冯友兰突出了作为受教育者的学生的主体地位，要求以多种教育形式培养学生的主体性、能动性，强调教师要言传身教、

① ［苏］雷先科娃等著，朱佩荣译：《个性的民主化》，《外国教育资料》1988 年第 1 期。

德艺双馨，尽可能地培养出符合社会所需要的创新性的、专业化的人才。同时，他还强调受教育者的公共性和全民性，倡议全体公民在公共教育中积极承担起社会义务和社会责任，“在从前，有许多人都只能算做家里人，而不能算做社会的人。……换句话说：就是对于社会不负什么责任。可是现在不同了，妇女和儿童，不能再看做是家里的人，而也同样的是社会的人。这样，对于家庭所负的责任，虽然比较减轻，可是对于社会所负的责任，就要加重了”①。

第二，博学慎思，明辨笃行。

慎思笃行是冯友兰教育思想的基本特点之一，始于其治学初期。“贾谊《鹏鸟赋》说：‘天地为炉兮，造化为工；阴阳为炭兮，万物为铜。’我们可以套他的这几句，说：社会是炉；社会上底领袖们是工；他们的行为是炭，而群众是铜。个人进了社会，大概都为社会所熔化。”②冯友兰号召广大青年积极投入社会的熔炉中，煅烧自己，提炼自己，成为社会的栋梁之材。1936年，冯友兰在北平成达师范学校，作了一篇《青年的修养问题》的报告，对青年学生提出了具体要求：要感觉责任，承担起社会的责任。要立定志向，做一个对于社会有益的人，当前，要

---

① 冯友兰：《三松堂全集》第十四卷，河南人民出版社 2001 年版，第 140 页。

② 冯友兰：《三松堂全集》第四卷，河南人民出版社 2001 年版，第 272 页。

以立德为最紧要之务。[①] 接下来，冯友兰从“才”“学”等方面进行论述，指出做学问要和自己的才能结合起来，抓住自己感兴趣的方面努力去做，博学慎思，并积极地加以实践运用，最后达到成功。同时，在追求事业的道路上，青年人在现实中可能会遇到大的挫折，所以还要“忘却失败”。“我们无论做什么事，如果把成败看得太真，就要感到许多痛苦。譬如：比赛足球，胜利了就愉快，失败了就不高兴，把胜利看得太真，就没有意思了。我们在一生中，所想做的事不一定都能成功，而尤其是新兴的事业，那更没有把握了。……所以我们无论做什么事，遇到失败，千万不要灰心，仍然要继续做下去。”[②] 他给出的理由是，“一件事的失败，是就个人的观点说的，如果就社会的观点说，大部分的事，是无所谓失败的。譬如：第一个制作飞机的人，在个人观点上说，固是失败了，但在社会的观点说，并没有失败，失败就是成功”[③]。

那么，在具体的实践过程中，如何处理知识（或理论）与实践的关系？冯友兰认为，“知易行难”和“知难行易”各有其适用范围和具体情形，应该具体问题具体分析。知易行难是相

① 冯友兰:《三松堂全集》第十四卷，河南人民出版社 2001 年版，第 139—141 页。

② 冯友兰:《三松堂全集》第十四卷，河南人民出版社 2001 年版，第 142 页。

③ 冯友兰:《三松堂全集》第十四卷，河南人民出版社 2001 年版，第 142—143 页。

对于道德方面的知行来讲,“知其为善则行,知其为恶则去,……此而能做得到,便已进入圣域贤关了”[①]。就个体由感知良知到实现良知这一转化过程而言,的确是“知易行难”。知难行易是相对于技术方面的知行来讲,如匠人不必懂建筑学,便可通过经验盖房子,“知其然所以能行,不知其所以然,所以虽行而未知”[②]。原因在于,人的知识首先来源于经验,之后才是科学的,人凭着经验的知识就可以行动,但最终必须通过科学的诠释,才算达到真知。同时,他又指出:“其实知行是合一底。真知必能行,知而不行,只是未知。有真知者自然能行。”[③]由此可见,不容易实现的是真知,若能实现真知,则必能行。就此方面来讲,的确是“知难行易”。据此,他不同意孔子的“行重于知”的观点,并对王阳明忽略人的理性(道德)判断能力的知行观质疑。冯友兰认为,相对于道德方面的知行来讲,亦可说知难行易。“知”蕴含两层意思,一是认识,二是了解。从道德方面的认识之义来讲,是知易行难,如人可以感知艺术但未必能创造艺术。但从道德方面的了解之义来讲,是知难行易。如人可能认为所做之事具有道德价值,却不了解道德的真谛。道德学存在的价值在于能诠释善的含义,以此使人们更清晰地理解善。从此方面来讲,确是知难行易。有关客观事物或客体对

① 冯友兰:《三松堂全集》第五卷,河南人民出版社2001年版,第377页。
② 冯友兰:《三松堂全集》第五卷,河南人民出版社2001年版,第377页。
③ 冯友兰:《三松堂全集》第五卷,河南人民出版社2001年版,第378页。

象的认识，一旦从科学的角度加以解释，都不是一件容易的事情。此外，他认为某些因素的干扰往往会导致人“知其所以然，却不为之”情况的出现，因此他判定说：“在技术方面，知难行易，所以能知即能行。但在道德方面，虽亦可说知难行易，但却不一定能知即能行。”[①] 关键在于深入具体的情势之中，加以分析和判断，权衡利弊，因势利导、化难为易，然后再通过行动达到预期的理想效果。总而言之，冯友兰的知行观既不同于孔子的“行重于知”，也不同于王阳明的“知行合一”，他的知行观最突出的地方在于充分考虑到知与行相对的不同方面，承认“知难行易”与“知易行难”存在的合理性，慎思笃行，这样在行动结果上才不至于出现较大偏差。

第三，修身立德，提升境界。

“文以载道”，“尊德性而道问学”，是中国传统儒家教育奉行的重要原则。《中庸》作了最概括的阐明：“天命之谓性，率性之谓道，修道之谓教。”奉天承运，顺性而动，修道涵德，忠贞不渝，把持操守，以成君子之人格。冯友兰认为，道德教育的结果就是培养出社会需要的理想人格，在传统社会，具有这种理想人格的人被称为君子，为此，他推崇传统社会中的两种君子类型。一是英雄式的杀身成仁的节烈君子，一是圣贤式的温文尔雅的谦谦君子。前者为立功之人，后者为立德之人。[②]

① 冯友兰：《三松堂全集》第五卷，河南人民出版社 2001 年版，第 381 页。
② 冯友兰：《三松堂全集》第十四卷，河南人民出版社 2001 年版，第 46 页。

在他看来，英雄式节烈君子"'杀身成仁，舍生取义'；可以使他能'行一不义，杀一不辜，而得天下，弗为'；可以使他'可以托六尺之孤，可以寄百里之命，临大节而不可夺'；可以使他'富贵不能淫，贫贱不能移，威武不能屈'，如孟子所谓'大丈夫者'"[①]。但由于杀身成仁、舍生取义并非普通人通过接受教育就能做到的，故冯友兰把德育之重心放在了"立德之人"的人格塑造上。1940年，在《蔡先生的一生与先贤道德教训》一文中，冯友兰称"蔡先生的人格，是中国旧日底教育的最高底表现"[②]。认为蔡元培先生温和敦厚，坦荡正直，庄重严肃，谦逊内敛，是一个值得学习和敬仰的真正的谦谦君子。由此可见，冯友兰推崇的君子人格就是"温良恭俭让"，具有圣贤人的品性。在《新世训》中，冯友兰以玉比君子之德，称之"温其如玉"，"玉有光华而不外露，有含蓄的意思。我们的先贤，重含蓄而不重发扬。含蓄近乎谦，而发扬则易流为骄"[③]。

为进一步阐释德育的基本准则，冯友兰在《新世训》中设置"存诚敬"和"守冲谦"两篇作为补充。所谓"诚"，主要指内心世界顺从自然，意念诚挚的心性；所谓"敬"，主要指行动过程中内心世界自始至终秉持真挚的情感和敬畏之心。《礼记·中庸》曰："诚者，天之道也。诚之者，人之道也。"虔诚本为天道，

---

① 冯友兰：《三松堂全集》第四卷，河南人民出版社2001年版，第271页。

② 冯友兰：《三松堂全集》第五卷，河南人民出版社2001年版，第358页。

③ 冯友兰：《三松堂全集》第四卷，河南人民出版社2001年版，第405页。

然而，人只要敬畏天地，顺从自然，顺应天意，以虔诚之心看待外物和人事，就是按自然法则行事，就会从人的意欲中摆脱出来，去伪存真、返璞归真，这样天道亦便转化为人道也。因此，诚敬是一种向善的道德规范，它内涵了“人是目的”“人为自立法”的人道原则。在“存诚敬”篇中，冯友兰引用程颐的话说:“无妄之谓诚，不欺其次矣。”“无妄”就是不虚妄，就是对待别人及自己“无虚假”，就是“诚”。“有真至精神是诚，常提起精神是敬。……《论语》说:‘执事敬。’我们做一件事,‘当心’去做,把那一件事‘当成一件事’做,认真做,即是‘执事敬’”。[①] 所以，人在精神方面的“勤”就是敬。人做了一事，又做一事，不要不必要的休息，此是普通所谓做事勤。人于做某事时，提起全副精神，专一做某事，此是孔子所谓“执事敬”。居敬使人有朝气，使人能“全副精神贯注”地投入学习及生活中。

在“守冲谦”篇中，冯友兰阐述了谦虚作为一种人生态度的品性:“《论语》说:‘有若无，实若虚。’虚者对实而言。真正谦虚底人，自己有成绩，而不以为自己有成绩；此不以为并不是仅只对人说，而是其衷心真觉得如此，即所谓‘有若无，实若虚’。”[②]“就中国的传统思想说,谦虚是一种人生态度。”[③]“一个人的这种戒慎恐惧的心理，在态度上表现出来，即是谦虚。

---

① 冯友兰:《三松堂全集》第四卷,河南人民出版社 2001 年版,第 445 页。

② 冯友兰:《三松堂全集》第四卷,河南人民出版社 2001 年版,第 399 页。

③ 冯友兰:《三松堂全集》第四卷,河南人民出版社 2001 年版,第 401 页。

真正谦虚底人，并不是在表面上装出谦虚底样子，而是心中真有自觉不足的意思。……所以《易》谦卦彖辞说：‘天道亏盈而益谦，地道变盈而流谦，鬼神害盈而福谦，人道恶盈而好谦。谦尊而光，卑而不可逾，君子之终也。’……所以说：‘满招损，谦受益。’……‘学如不及，犹恐失之。’”[①] 概括来说，一个人的事业或学问如果常能学如不及，还是可以继续进步的；反之，有了志得意满的心，他的事业或学问就已至其极，便不能再有所发展了。冯友兰认为：“一个人可以有一种知识或修养，有此种知识或修养者，可以无意于求谦虚而自然谦虚，无意于戒骄盈而自然不骄盈。”[②] 为此，他指出了三种可以获得知识或修养的方法，即重客观、高见识和放眼界。重客观的人把自己的成功看作是时势造就，因而有功成弗居之心；高见识的人凡事均取法乎上，而对于他自己的成就，常觉得不及标准，而自感不足；放眼界的人眼界放至与宇宙一样大，认为自己盖世功名，不过是宇宙中的一介微尘。他引用老子的话来说明谦的运用：“老子说：‘富贵而骄，自遗其咎。’以富贵骄人，或以学问骄人，或以才能骄人，如所谓恃才傲物者，大概都没有好结果。若我虽有过人之处，而并不以此骄人，不但不以此骄人，而且常示人以谦，则人反极愿意承认我的过人之处，而我的名誉，可立可保。

① 冯友兰：《三松堂全集》第四卷，河南人民出版社 2001 年版，第 404—405 页。

② 冯友兰：《三松堂全集》第四卷，河南人民出版社 2001 年版，第 405 页。

老子说：‘不自见故明，不自是故彰，不自伐故有功，不自矜故长。夫惟不争，故天下莫能与之争。’正是说上所说底道理。”①

在中国传统社会，提升人的精神品格，秉持操守，除顺应“天道”外，没有一个绝对理性可以参照。心存诚敬、志存高远、胸次廓然、淳至坦荡，主要靠个体的修身、体悟与道德修养的完善来实现。在《新原人》中，冯友兰指出人生之意义在于觉解，觉解之程度为境界，依次分为自然、功利、道德、天地四个境界。其中道德境界已超越以私欲为中心的功利境界，以他人和整体利益为重，“正其义不谋其利”，是一种舍弃个人利益、以行义为人生准则的生命境界。与西方的宗教教育观（包含理性观）不同，冯友兰继承、弘扬了先秦以来的儒道思想文化，创造性地融入“觉解”说和“境界”说，内含以体验、理解、觉悟为核心，以人道关怀为生活目标，确立人的生存法则的价值取向。他的“觉解”说，将感性因素和理性因素统一于人的心理结构中，共同构成人的完备的体验条件与觉悟的可能性，尤其是“境界”说，体现了与西方教育理念截然不同的文化教育立场，即以至善本性为人心之生生之德，倡导道德自我完善，并以天地境界为安身立命的终极关怀，力求实现人在世界大地上的诗意生存。

第四，由教而化，润物无声。

---

① 冯友兰：《三松堂全集》第四卷，河南人民出版社 2001 年版，第 405 页。

在教育方法的运用上，冯友兰也有自己独到的见解，这就是倡无形教育，潜移默化；行不言之教，润物无声。1937 年，他在《申报》上发表了《教青年认识祖国》一文，提出“无形教育与有形教育”的观点。他说：“我们现在太注重有形的教育了。例如教学生读书，作实验，听讲等等，都是所谓有形的教育。有形的教育，固然是不可少的，但所谓教育者，却并不只限于此。另外有一种所谓无形的教育。这种教育，并不靠学生读书，听讲，而只用另外一种方法，使学生潜移默化，改过迁善，而不自知。大概关于知识方面的教育是非用有形的教育不可的；至于关于道德方面的教育，若专靠有形的教育，恐怕是不能有什么功效的。‘声色之化民末也。’这是一句老话，但却是一个真理。严格说起来，我们不能只‘教’人，使他成为道德的；我们还要‘化’人，使他成为道德的。”[①] 他认为有形教育注重教授知识，是“教”人；而无形教育是“化”人，更有益于学生个人道德的形成。“无形教育”的思想，是冯友兰继承中国传统教育思想的精品理论。

1988 年，冯友兰在《我所认识的蔡孑民先生》文章中，提出“不言之教”思想，可以视为其“无形教育”思想的延伸。文中写道：“蔡先生一句话也没有说就使我受到了一次春风化雨之

---

① 冯友兰：《三松堂全集》第十四卷，河南人民出版社 2001 年版，第 146 页。

教，这就是不言之教，不言之教比什么言都有效。”[①]“蔡先生的教育有两大端，一个是春风化雨，一个是兼容并包。依我的经验，兼容并包并不算难，春风化雨可真是太难了。春风化雨是从教育者本人的精神境界发出来的作用。没有那种精神境界，就不能发生那种作用，有了那种精神境界，就不能不发生那种作用，这是一点也不能矫揉造作，弄虚作假的。”[②]在冯友兰看来，行不言之教有春风化雨之效，可以与“无形教育”相通。“无形教育”是针对“有形教育”而言，其内涵更广些，囊括了人所有受感动的情境，是泛化的教育观；“不言之教”是针对“有言之教”而言，更注重教师的精神状态及气度，是泛化的境界说。因此，如果把“无形教育”看作是整体，那么“不言之教”就是局部，即“不言之教”是“无形教育”的组成部分。例如，冯友兰的“境界”说中就包含更多“无形教育”和“不言之教”的元素。身处自然境界之人是不知不教，天地境界之人是行“不言之教”，二者都是“无形教育”；功利境界之教育以“有形教育”为主体，道德境界之教育既有“无形教育”也有“有形教育”。

冯友兰特别强调环境对人的教化作用。这里所说的环境主要是指家庭和社会。他认为：“一人所处底社会，对于他的品格，

① 冯友兰：《三松堂全集》第十四卷，河南人民出版社 2001 年版，第 213 页。

② 冯友兰：《三松堂全集》第十四卷，河南人民出版社 2001 年版，第 218 页。

有决定底影响。”[①] 这种影响我们称之为“化”。单从家庭方面来看，家亦是小社会，一家有一家的风尚，即所谓家风。一个人可为其家风所化。在以家为本位的社会中，人在“家”里生活，所以其家风对之有很大的影响。一个学生最先受其家风所“化”，学生最初的性格，是在家庭中培养的。从社会方面来看，在以社会为本位的社会中，“化”的力量比在以家为本位的社会中要大得多。学校作为一个小社会，亦有其风尚，即所谓校风。“一个学生的动作言谈，都是受他的学校的校风影响。……就这一方面说，工厂化底学校对于学生的‘做人’，并非无所帮助，至少可以说，并非不能有所帮助。”[②] 在学校之外，还有社会。“在以社会为本位底社会中，人更易受所谓风尚的支配。因为交通的方便，所谓‘宣传’，更容易达到人人的心中，使人互相刺激。此人见彼人若何而若何，彼人见此人若何而更若何。如在街上，此人见彼人跑而亦跑，彼人见此人跑而跑得更快。一时之间，可以使满街人都跑。此即是互相刺激，所谓群众心理，即是如此构成底。这些都不是‘教’，这些都是‘化’。”[③] 综上所述，冯友兰对于教化环境、教化范围的强调是多层次的、全方位的，不仅家庭、学校应注意加强思想道德风尚的建设，使学生在健康的环境中成长，而且整个社会都要改良，移风俗、厚人伦、

---

① 冯友兰:《三松堂全集》第四卷，河南人民出版社 2001 年版，第 270 页。
② 冯友兰:《三松堂全集》第四卷，河南人民出版社 2001 年版，第 270 页。
③ 冯友兰:《三松堂全集》第四卷，河南人民出版社 2001 年版，第 273 页。

美教化，以有助于学生良好品格的培养。

此外，冯友兰还特别强调教师在教化方面的重要性，并以亲身实践为学生做出示范，强调非如此无法做到真正的“化”人。他认为:“在学校当‘师’底，恐怕以终身为师者居多。……大多数底教员，所能表现底道德行为，不过是按时上课，不请假；按时领薪，不预支等类而已。他不能有什么奇节异行，使人可泣可歌。他不能有机会以行为表现他的道德品格。他对学生固然可以讲些圣经贤传上底格言，讲些古圣先贤的行为，但这些都是‘教’；而人的道德底品格，并不是可以教成底，所以说，‘声色之化民末也’。”[①]“人的品格是不可见底，只于其人的行为中见之。若一个人压根没有遇见过了不得底富贵，了不得底贫贱，了不得底威武，我们不能知其必是不可淫，不可移，不可屈。固然一个人如真已遇见威武而不屈，我们可以推知其亦必见富贵而不淫，见贫贱而不移，但若他压根什么都没有遇到，我们即不能知其是否有此种道德品格。若一人没有机会使其品格现于行为，即不能‘化’人，即不能成为‘人师’。所以‘人师’决不只是师，因为是师者，只坐在书房里，坐在讲堂上，能令其表现其品格之机会，绝无仅有也。”[②]由此可见，冯友兰对教师的职责、任务提出了新的时代要求，在新的历史条件下，教师不仅要教书，还要育人；不仅要言传，还要身教，以自己的实

---

① 冯友兰:《三松堂全集》第四卷，河南人民出版社 2001 年版，第 272 页。
② 冯友兰:《三松堂全集》第四卷，河南人民出版社 2001 年版，第 271 页。

际行动发挥示范和引领作用。

第五，以学尽才，尽心知性。

一个人若想在事业上或其他任何方面有成就，必须靠“才”与“学”。冯友兰认为：“才是天授，学是人力。……一个在某方面没有才底人，压根不能在某方面有所成就，无论如何用力学，总是徒劳无功。反之，在某方面有才底人，则‘一出手便不同’。他虽亦须加上学力，方能有所成就，但他于学时，是‘一点即破’。他虽亦用力，但此用力对于他是有兴趣底。此用力对于他不是一种苦事，而是一种乐事。”[①] 一个人只有具备了某方面的才，并且他在某方面肯学，才会实现他在某方面的成就；一个人必须肯学，才能更好地发挥他的才，获得最大的成就。冯友兰认为，每个人在同一方面的才是不同的，各有大小，即使是一个人在不同方面的才也是不同的，亦各有大小。因此在教育中要做到“因材施教”“分而育之”。他指出：“人在某方面有才，是他在某方面有成就的必要条件，而不是其充足条件。例如一个在做诗方面质美而未学底人，虽可以写出些好诗句，但他所写底别底句，却有极不好或极不通底。他仍是不能成为诗人。凡能在某方面有成就底人，都是在某方面有才又有学底人。其成就愈大，其所需底才愈大，学愈深。”[②] 这样，他既肯

---

① 冯友兰：《三松堂全集》第四卷，河南人民出版社 2001 年版，第 378 页。

② 冯友兰：《三松堂全集》第四卷，河南人民出版社 2001 年版，第 379—380 页。

定了人才获得事业成功的先天禀赋，也强调了人才走向事业辉煌所必须经历的后天努力，在两者之间，冯友兰尤其注重后者。

有才的人，是如何通过努力来成就自我的呢？冯友兰指出了两种人生态度，一种是“有所为而为”，一种是“无所为而为”。如果某人对于某事并不感兴趣，但又必须做，逆性而行，即是“有所为而为”。冯友兰认为：“凡做某一事，而必期其一定有大成就，必期其成一什么家者，仍是有所为而为也。”[①] 即不是率性而行，不是顺才而行，故不能获得期望之成就。与之相反，“无所为而为”的才人，是对该方面的事非常感兴趣，因此他学习这些事就是顺才而行，亦可说是顺兴趣而行，人随他的兴趣去做，即是发展其才，亦即是道家所谓率性而行。故他的学是“无所为而为”，他做某种事皆是顺其自然，没有矫揉造作，正所谓“行乎其所不得不行，止乎其所不得不止”[②]。“他对于他的学，虽用力而可只觉其乐，不觉其苦，所以他虽用力地学，而亦可说是无为。”[③] 因此，他就易于取得这一方面的成就。

人之“才”与“性”有关，而“性”是兴趣之所在，所以，人最好随其兴趣做事，尽心、知性、知天，或许能够获得大成就。“才是天生底，所以亦可谓之为性。人的兴趣之所在，即其才之所在，亦即普通所谓‘性之所近’。”[④] 也就是说，人的兴

① 冯友兰:《三松堂全集》第四卷，河南人民出版社 2001 年版，第 380 页。
② 冯友兰:《三松堂全集》第四卷，河南人民出版社 2001 年版，第 373 页。
③ 冯友兰:《三松堂全集》第四卷，河南人民出版社 2001 年版，第 380 页。
④ 冯友兰:《三松堂全集》第四卷，河南人民出版社 2001 年版，第 380 页。

趣所在之处，同时就是其才所在之处，人随其兴趣做事，等于是发挥其才，即孟子的“尽其心者，知其性也，知其性则知天矣”（《孟子·尽心上》）。冯友兰认为，率性而行者，对于其所做之事，虽可有成就，但不期其有成就，更不期其必有成就。一个人如果能顺其兴趣做事，顺才而行，并且以学尽才，即辅之以勤奋和努力，他就有取得大成就的可能。所以，“无所为而为”的才人，不期有大的成就，然而能够顺应自然、尽心知性，他们中的一些人往往会获得超出自己期许的意外收获。青年人要学习他们的人生态度、价值观立场和做学问的方法。

此外，冯友兰还向青年人提出了强健体魄、全面发展的要求，勉励青年要锻炼体格，要避免“往往有许多很有才学的人，却又不幸短命死去”[①]的事情再次发生。他认为：“一个人要有才有学，是要经过相当的时间，而大家都承认他的才学，又要经过相当的时间，合起来，至少就是四五十年的工夫。可是中国人到了这个年纪，却又多半就死去了。我们看：他国的大政治家，最活跃的时期，多年是在六十岁左右，因为这时才学已经到了最完全的地步。而办事的经验，也相当丰富了。可是中国人到这个年纪，为什么就要死去呢？无疑的，最大的一个原故，就是因为体格的衰弱。……我们生为现代的人，一方面要有文明人的知识，而他一方面还要有野蛮人的身体，然后才能担当

---

① 冯友兰：《三松堂全集》第十四卷，河南人民出版社2001年版，第143页。

社会的大事。因为仅有文明人的知识，没有野蛮人的身体，遇到事情，是没有力量应付的。仅有野蛮人的身体，而没有文明人的知识，遇到事情，是没有方法解决的。”[①] 这与毛泽东提倡的“文明其精神，野蛮其体魄”是不谋而合的。锻炼身体，强健体魄，更好地为国家、社会服务，既是冯友兰对青年人寄予的希望，也是实现人的全面发展的现代教育观的应有之义。

第三节　教育思想的地位与价值

冯友兰的教育思想主要体现为以下方面：一是基于人生哲学提出的教育哲学思想，主要是青年人为现实人生做好思想准备；二是在学习西方近现代教育思想的基础上，围绕如何办好大学教育、维护学术独立和学术民主等提出的教育理念、教育模式和教育管理等思想；三是为实现民族复兴而提出的家国思想和道德学说，包括青年人修身立德、提升境界等。除此之外，冯友兰为人宽厚，诚恳正直，治学谨严，学风优良，其崇高的人格、执著的追求精神和洒脱的人生态度也构成人生观教育、思想品德教育的一部分。这几个方面既相互独立又相互交叉，

① 冯友兰:《三松堂全集》第十四卷，河南人民出版社 2001 年版，第 143 页。

构成冯友兰教育思想的有机组成部分，并在中国教育史、中国教育思想史上占有不可忽略的位置。

一、冯友兰教育思想的地位

冯友兰一生坎坷不平，经历了社会的沧桑巨变和思想文化的变迁，各种驳杂的，甚至矛盾对立的思想、观点在其头脑中兼而有之。在其教育思想体系中，包括少年时代接受的儒学思想、传统文化思想，青年时代接受的“五四”新文化思想、西方哲学文化思想，以及后来学习和吸收的马克思主义唯物史观、无产阶级革命思想，等等，从中可寻绎出其教育思想形成和发展的基本轨迹。对于这些理论、思想和观念，冯友兰基本上做到了认真思考、审慎辨析，并根据自己的理解，或大而化之，融入自己的教育理论之中；或随历史的发展变动，有选择地加以批判和吸收。因而，他的教育之路虽然坎坷曲折，荆棘丛生，但他始终能以宽广的胸怀和兼容的态度，从容应对、博观约取且游刃有余。

冯友兰从尽性知天的道德人性论出发，把德育放在中国教育的重心位置，强调尊理性而崇圣贤，通过“以学尽才”实现天、地、人的统一；强调人的觉解，通过体验和感悟达到知天、事天、乐天的目的。他建构起完整有序的道德理论框架，重点突出道德境界与天地境界的重要性，引导人们提升精神境界并实现心灵超越；在教育方法上，注重由教而化，突出无形教育的重要性。冯友兰是较早倡导走出家庭，实行家庭教育、学校教育和社会教育一体化的教育家。在社会教育上，他要求学生具备高度的社会责任感，肩负起民族振兴的责任；在日常行为中，要求人们“正其谊而不谋其利”“居易以俟命”，做到尽心知性，乐天知命。同时，积极关注现实人生，他提出的“有为”的人生目标，调和情感与理性的矛盾、适度满足欲求的和谐教育原则，为中国德育思想增添了一份新的活力。

冯友兰将科学、民主思想引入传统教育思想，赋予传统教育观念以时代精神和现代性内涵。在社会大生产条件下，主张实现大学教育与职业教育的分离，以保证学术研究和职业技术发挥各自特长，各尽其能；倡导大学教育的学科化、专业化，主张人文学科与工科并重，推行学术独立、民主管理；针对青少年的健康成长问题，提出了强健体魄、全面发展的观点，肯定了艺术怡情悦性的美育功能和向善作用，不仅符合孔子“游于艺”的教育主张，而且有利于发挥审美教育的功能，并实现人的向善、为善的人生目标。

冯友兰的教育思想始终与祖国的前途命运紧紧连在一起。他的“内圣外王”论、“旧邦新命”论、“救亡图存”论、“民族复兴”论等思想主张，传承了中华优秀传统文化的因子，凝聚了对于民族前途命运的忧患意识，表达了渴望国家中兴的坚定信念。他对匡扶民族大业、复兴中华充满信心。

冯友兰宽裕温平，从容自得，兼有儒家之做派和道家之仙骨。这种风流气质、洒脱精神，本身就是一种人格教育，影响和塑造了一代又一代青年学生。晚年，他曾以“俯仰无愧怍，海阔天空我自飞”句表达自己穷且益坚、无愧天地良心的人生抱负，总结自己超迈旷达的学术人生、教育人生。作为一位杰出的哲学家、教育家、文化启蒙者，冯友兰能够俯仰于天地之间，畅游于学问之海，传播人生之智慧，以自己的亲身实践、人格魅力行不言之教，潜移默化于受教育者的灵魂深处。这样的总结和评价，无论对于他个人还是对于社会而言，应该说是比较恰当和贴切的。

二、冯友兰教育思想的价值

在冯友兰的教育思想中，贯穿着中西兼容、推陈出新的变革立场，科学与人文并重的高等教育理念，以及追求真理、严谨治学的求实精神，有助于在传承传统文化的基础上不断前行，推动中国教育走上现代化之路。在冯友兰的教育哲学中，内含有“尽心知性”的人性观，“道中庸”的人生抱负，“同天”与“无我”的天地境界，“内圣外王”的政治理想，充溢着对民族文化、民族教育的理想信念，对于坚定文化自信和开创中国特色教育事业，具有丰富独特的精神内涵和时代价值。此外，冯友兰的和合观及分工学习的论点，主张人性、人伦的融洽与和谐，倡导个体融入社会和群体合作，对于凝聚、发挥集体组织的智慧和力量，构建和谐有序、健康发展的生态社会，具有一定的现实意义和实践价值。

第一，科学精神与人文精神并重的现代教育观一以贯之。

中国传统文化中蕴含了丰富的教育思想，尤其是儒家教人成圣的修养方法，为涵养道德、提升人的精神境界发挥了作用。然而，儒家教育思想的目标是教人如何成圣，并非现代意义上的实现人的全面发展。冯友兰认为，传统的儒家思想必须经过现代性转换，才能继续显示其教化的价值，达到其经世致用的现实目的。从现代教育学的视角看，需要将中华优秀传统文化融入中国现代教育，并将家庭教育、学校教育与社会教育融合起来，形成三方合力，积极开发学校、教师、学生三方面各自的潜能，实现各个层面教育的和谐互补，从而实现教育之最大化价值。

在对中西哲学、文化的比较、磨合与探索中，冯友兰主要受到两类学术主张、学术思想的较大影响。首先是蔡元培的“兼容并包，思想自由”的主张，即容纳各种学术思想和流派，兼采众长，使其自由发展。这使得他能够立足本土传统文化，放眼世界，游弋于各种学派、各种学术观点和学术思想中，兼收并蓄而又无所拘束。在此过程中，他先是受到杜威的实用主义主张和西方新实在论思想的影响，以自己的经验（他称之为“经验法”）感知和追求真理。在认识到这种方法无法解释经验之外事物的不足后，他又开始学习和探索新实在论，从存在论的立场着手解决真理的客观性的问题，并称自己的实在论为“彻底的实在论”[①]。这两大学派和思想体系，深刻影响了冯友兰的哲学体系和研究过程，并决定了他的两种学术立场、学术思想的大致走向。

冯友兰的科学主义路线在其新理学体系中集中体现出来。20世纪三四十年代，冯友兰引进了西方的逻辑分析和实证主义方法，推演出作为本体且不能呈现的“真际世界”即“理世界”；为了进一步解决天人合一问题，他又以西方的新实在论解释“理世界”是实存的，并采用中国传统哲学的体验法，以期在感悟中接受“理世界”的灵光并获得精神超越。冯友兰把前者称为“正的方法”，把后者称为“负的方法”。其中，科学主义及其方法在新理学体系中占了较大比重。进入清华大学任教以后，受杜威、蔡元培的影响，冯友兰形成他的大大学理念，强调学术的最高目的在于求“真”；要求教员以科学力量充实自己、武装自己，在教学、研究及翻译三方面出其所长，以求贡献于国家和社会。在这期间，他又提出大学设立工科的主张，注重培养不同类型的人才；主张将大学教育同职业教育分开，以适应社会分工的时代需求。这些主张和见解，与“五四”以来倡导的科学精神和启蒙精神是合拍的，对于如何尊重学术规律、教育规律，创办良好的大学教育，无疑提供了某种富有启发意义的思路。

---

① 冯友兰:《三淞堂全集》第五卷，河南人民出版社2001年版，第244页。

人文主义思想在冯友兰的教育思想中占有重要地位。他的教育哲学思想主要依据哲学人生观和道德人性论提出，主张率性而行、顺其自然、无为而为。他对于温良恭俭让的君子人格的推崇，对于觉解概念的创建，对于人生境界的开拓与深化等，都体现出以人为本的理念和人性善、人性美的光辉。冯友兰认为，道德有高低层次之分，道德标准也因层次不同而存在差异，在此基础上，道德可划分为“不变道德”和“可变道德”。不变的基本规律的形式，就是“不变的道德”，随社会发展而变化的规律，就是“可变的道德”。由于道德有“不变道德”与“可变道德”之分，在德育过程中要注重引导“可变道德”，亦要坚持与提倡“不变道德”，以保证人的一些持久的美德的永存，并有利于“兼相爱，交相利”的理想社会目标的实现。

在清华大学任职期间，冯友兰虽然倡导社会分工和技术改良的思想，但主张工科建设要将工程师和社会文明结合起来，减少或避免技术主义对教育制度带来的负面影响。在西南联大任职期间，他着手实践民主办学思想，注重吸纳新的学术观点、学术方法，改造中国传统文化的陈旧形态，创设具有现代特色的人文社会学科，并“以其兼容并包之精神”，推动形成西南联大的人文精神与人文传统。不仅如此，他的悲悯之心、仁慈之爱，“旧邦新命”的理想，还统一在他一贯的教育理念和教育实践当中。面对国土沦陷，山河破碎，他和全体师生一道走上救亡图存的道路，并撰写了联大校歌《满江红》，悲歌慷慨之中，寄寓了光复故土、实现祖国统一的信念。进入晚年之后，冯友兰由西式教育理念向传统教育思想回归，倡导无形教育和无言之教，主张守中庸之道，诚敬俭廉，尽心知性，乐天知命。在如何“成人”问题上，他强调环境对于人的改造功能，提出通过营造良好的人文环境，使人成为某种人的观点。总之，冯友兰一生的教育思想、教育观念是自由的、兼容的，虽然在不同历史阶段其各有侧重，但从整体上看，科学精神与人文精神并重的立场是一以贯之的。

第二，合作学习、尊重差异的和合教育观展现出面向现代化的构想。

中国现代教育传承和弘扬优秀传统文化，就要以开放的眼光和包容的态度，将和合理论思想融入其中，推动现代教育思想和优秀传统文化的和谐发展。在生产社会化背景下，以分工协作为基本特征、以市场调节为手段的现代生产方式在全球范围内形成，要求社会大生产合理地分配、整合劳动力、技术和其他要素资源，提升生产效率并实现利益的最大化。冯友兰是国内较早关注世界经济潮流并主张分工协作的教育家之一。他认为，教育制度是生产社会化的产物。社会化生产打破了家庭、民族与社会的界限，形成以教育机关与学校为主体，多种教育互相补充、共同发展的大格局。因而，教育制度要改变过去以“家”为中心的格局，改善社会环境，以学校、社会为主体单位，对学生实施多形式的、全方位的教育。[①]在此前提下，冯友兰主张建立一种工厂制度型的办学模式，以达到分工协作、共同发展的目的，“所谓教育制度工厂化者，即集合许多有专门知识、专门技术底人在一起，合力以教某种学生，用一句不十分好听的话，即合力以制造某种人才”[②]。社会需要各种专业人才，学生要在整体分工和相互协作的前提下，更好地理解、掌握专业知识，并积极地运用到实际工作中来。

冯友兰认为，现代教育要注重合作学习，同时，还要充分尊重个性差异，挖掘个人潜力和才能，最终实现教育公平。在主持清华事务时，冯友兰倡导设立和建设工科，扩大教育规模和办学条件，文理并重，综合发展，以创建面向世界的、高质量的大学；同时，他反对将高等教育纯粹地职业化、技能化，而出于人自身的目的，将受教育者培养成为具有现代教育意义的主体，“大学教育除了给人一专知识外，还养成一个清楚的脑子、热烈的心，这样他对社会才可以了解、判断，对已往现在所有的有价值的东西才可以欣赏”[③]。当然，冯友兰并不反对职业教育、技能教育本身，只是出于分工协作的目的主张将高等院校同职业技术学校区分开来。同时，他指出，学术的最高

---

① 谷真研:《冯友兰教育观研究》，2009年黑龙江大学硕士学位论文，第29页。

② 冯友兰:《三松堂全集》第四卷，河南人民出版社2001年版，第265页。

③ 冯友兰:《三松堂全集》第十四卷，河南人民出版社2001年版，第162页。

目的在于求“真”，不可以有致用之心。为致用而学术，容易犯一种短视急躁病。其结果是适得其反，不仅学术研究不好，而且致用也会落空。

在德育建设方面，冯友兰是从人性论出发来立论的。由于价值观、思维习惯等差异，人们在彼此相处的时候常会引发竞争或冲突。为此，他主张以温和、礼让、谦虚、宽容的态度充实、调和自己的性格，学会与他人和谐共处，畅达乐观，乐天知命。在“事功”“立德”两大人生目标中,冯友兰更强调“立德”。“立德”有利于他人的利益，也有利于提升自我的人生境界。为此，他特别推崇蔡元培的温文尔雅、仁爱宽厚的君子之风，赞誉他“书生本色，办事从容不迫，虽在事务之中，而有超乎事务，萧然物外的气象”①，并评价说:“蔡先生是近代确合乎君子的标准的一个人。……君子是儒家教育理想所要养成底理想人格，由此方面说，我们可以说，蔡先生的人格，是儒家教育理想的最高底表现。”②众所周知,人是知（理性）、情（情感）、意（欲望）的统一体，当人的情与欲占据优势时，就可能产生不理智的甚至违反日常伦理的行为。那么，如何调节三者之间的矛盾冲突？冯友兰认为，必须始终以知（理性）为主导，将人的欲望纳入道德理性的规约之下，以免与道德产生背离；同时，人

① 冯友兰:《三松堂全集》第十四卷，河南人民出版社 2001 年版，第 214 页。

② 冯友兰:《三松堂全集》第十四卷，河南人民出版社 2001 年版，第 207 页。

的情感应当接受理智理性的引导，以免与理智产生背离。因此，在对人启蒙的过程中，要注重智性（理智理性）的启迪、德性（道德理性）的指导，以为人的理想人格的塑造提供保证；同时，由于欲望在特定情形下的泛滥膨胀，无尽的欲望无法做到完全被满足，对此冯友兰指出，欲望应当“中和”即保持适度原则，既有所欲求而又不放纵，做到恰到好处，就会将其控制在理性的尺度之内，达到“中和”状态。这种状态就是冯友兰推崇的理想人格的状态。

冯友兰的分工协作理论和以德育为中心的和合教育观，具有突出的民族文化传统特色与和合学理论思维的基本特点，是在尚和合思维的指导下，为推动世界和人类的合作互利与协调共进，推进人的全面发展、和谐共处所提出的道德构想与思维创新，是为中国教育的现代化转型和培养人才设计的劳动方案和思想预备。它适应了世界发展的潮流和生产的社会化需求，初步展示面向现代化的中国教育建设的基础构想。此外，冯友兰推崇“君子观”“才学观”，倡导圣贤教育，注重思想品德教育和人的后天努力，与现代教育倡导的“完人”教育有吻合的地方，体现出尚和合、道中庸的民族文化精神在新的历史条件下的内涵与价值。

第三，在“接着讲”中坚守中西兼容的立场，在“华化西洋”中推陈出新。

五四运动前后，特别是留学回国之后，冯友兰接受了新思想、新文化的洗礼，面向世界和中国未来前途，倡议学生树立远大志向，走出书斋，为民族振兴而奋斗。他强调，做学问要切合现实，学以致用，以直接间接有益于人生。在新与旧、传统与现代的思想观点发生矛盾的时候，冯友兰主张各取所长，相互补充，"兼容并包之"。在他看来，传统的、古典的东西经过转换也能生成现代价值，同时，理论创新要结合具体情势，做到有的放矢，不能脱离环境随意拼贴，张冠李戴。因此，任何意义上的探索与创新都不是没有根基、凭空产生的，而是立足于既有的文明成果，在其连续性、传承性上做出的创造和发明。

对于西方近现代文化思想，冯友兰在学习和运用上也有独到之处，注重不同思想兼容并济，互为补充。例如柏格森的直觉主义，杜威的实用主义，摩尔、罗素的新实在论，石里克、卡尔纳普等的逻辑分析学，海德格尔的存在主义，马克思主义唯物史观与实践观，在冯友兰的新儒学体系中均得到不同程度的吸收和借鉴，特别是在"理世界"的构建上，他注重运用逻辑解析法厘清中华哲学的范畴、概念，运用新实在论阐释作为本体的真际世界，运用马克思主义唯物史观解释中国哲学史，运用海德格尔的存在论解释"理世界"的"存有"，基本上做到了活学活用，有机融入，而无生搬硬套、穿凿附会之感。从相向维度来看，他还注意运用中华传统文化思想来弥补西学思想的先天不足，例如用理、气、道、体等概念来解决西学中本体论问题的缺陷，用中国传统哲学的体验法补充西学逻辑分析的不足，用创新的“境界”论弥补西学思想中道德实践问题存在的空白，等等。总之，基于深刻的认识、理解、探索，冯友兰基本上做到了中西文化的会通，集古今中外哲学文化思想于一炉，而又有所选择、提炼、创造和发明。

这种中西兼容的方法就是冯友兰所说的“接着讲”的方法，就是注意吸收、化用西方近现代哲学文化思想，如黑格尔的“绝对理念”、维也纳学派的逻辑分析学、罗素的新实在论等，用逻辑的方法重建宋明理学，并在中国传统的体验哲学之上建构起一个形而上系统，意在为中国的思想文化提供一个理性参照物，为人们的安身立命提供一种内在依据。这种“华化西洋”的方法就是一种推陈出新，即从西学中获得方法论启示，以理性精神和思辨方法重铸儒家传统哲学，使其具有科学的精神以及与“中国走向工业化道路”相适应的观念意识。这种推陈出新内化到教育思想和教育理念中，就使得这一学术变革进一步演化为现代教育的启蒙精神，即在理性精神的关照下和体验精神的主动参与下，唤醒人们的道德良知与精神自觉，启迪民智，进而达到改造人生、救亡图存的目的。20 世纪三四十年代，鉴于民族的危亡情势与高涨的抗战呼声，冯友兰的“接着讲”体现出鲜明的时代特色和民族精神。从其社会影响来看，其革新意义已远远超出学术自身的价值范畴，而与“启蒙”“救亡”的主题密切连在一起，并影响到包括张岱年在内的一大批学人学术立场的转变和治学方法的革新。直到今天，对于坚持开放、兼容的学术立场，吐故纳新、弘扬先进的文化思想和先进的学术理念，推动中国教育朝着更有益于社会人生的方向发展，仍具有较强的时代意义和社会实践价值。

第四，维护中国教育的文化属性、民族特色，坚定热爱祖国、期待民族中兴的文化自信。

冯友兰胸怀祖国，志向远大，对于中华民族伟大的过去充满着自豪感和民族优越感，对于中华民族的现在和未来充满着自尊、自强和屹立于世界之林的必胜信念。在道德修养的培育上，冯友兰善于发掘本土文化传统与文化精神，通过道德的途径来实现人生理想和政治目标。他对于道德理性和实践理性的倡导，对于天人合一规律的探索，对于人生境界的拓展与深化，他的“内圣外王”的政治理想、“道中庸”的修身追求，等等，都能立足传统道德文化，彰显出博大的爱国情怀和文化使命感、崇高的精神生命追寻，不仅体现了中华民族的文化性格，同时也是中华文化对人类的伟大贡献。对于西方哲学文化、西方教育思想，冯友兰也并非一味地效仿和全盘照搬，而是认真学习、研究并加以辨析，在传统与现代的张力中稳步推进，并有所批判、改造和扬弃。步入晚年，冯友兰更是积极地进行自我反思，向儒家正统思想回归。在世界文化交流、交融、交锋的时代背景之下，冯友兰能够返回到传统的儒学观和人性论，以中庸和合的德性原则和复兴民族的历史使命，坚持和深化中国教育的文化传统，切实维护中国教育的文化属性、民族特色，为打造中国现代教育的民族特色和模式，创建和而不同、美美与共的生态格局，推动中华文化和中国教育走向世界，做好了思想上和理论上的铺垫。

在人生观的教育上，冯友兰继承了“以顺性命之理”并加以创造性地发挥。他告诫青年人在成长和学习的过程中，要顺应天命，尽心、知性、穷理，以才能引导自己的学业，以勤奋弥补自己才能的不足，最终达到知天、事天、乐天的成才目的。这一思想对于培养青少年健康向上的人格，根据自身条件最大限度地发挥才情智慧，为国家、民族建设和发展作出贡献，具有思想上的指导作用和教育上的启迪意义。

中国哲学是生命的学问，重视现实生活，突出人的实践，积极探索人生存的价值；中国文化是尊生、重生、创生的文化，尊重自然规律，把自然看作是与人融为一体的存在，关注宇宙的流动变化、生生不息。在推动中国传统教育向现代教育转型的过程中，冯友兰以其强烈的民族认同、文化认同，表明了中国哲学、中国文化在世界上的民族性和独立性，并以此确立中国现代教育的历史使命：对自己民族的文化自信与责任担当。在冯友兰的新理学体系中，“天下兴亡，匹夫有责”的担当意识，仁民爱物的儒家情怀，“温良恭俭让”的君子人格，舍生取义的英雄节操，自强不息的进取精神，求同存异的和合思想，诚敬守谦的人生态度，等等，无不渗透着他对民族文化的理论阐发和对现实人生的深刻解读，洋溢着他对中华民族由衷的钦佩、热爱与崇敬之情，内含了他有教无类、立德树人以及“旧邦新命”的教育初心。

第五章 情系家与国

冯友兰是一位伟大的爱国者，具有深厚的家国情怀。他牵挂故乡，关心支持家乡的建设发展。他具有强烈的民族意识，在中华民族处于危难之际，身体力行投入抗战救国的洪流，特别是以哲学为武器参与祖国抗战和民族复兴。在面临社会历史和人生重大转折时，他毅然从美国归来，主持清华大学的日常工作，辞绝了国民党政府要他赴台的邀请，选择与祖国人民站在一起。他一生致力于研究和传播中国文化，心系祖国的前途命运，始终对中国文化和中华民族的未来充满信心。新中国成立以后，他积极学习马克思主义理论，努力以马列主义为指导，重写中国哲学史。“文革”中，他被视为反动学术权威，多次面临不公正的批判，身心受到很大摧残，但仍然以顽强的毅力研究中国哲学和文化，把余生献给真理和哲学事业。在他的身上体现了中国传统知识分子所特有的民族忧患意识和历史责任感。

第一节　悠悠故乡情

冯友兰晚年常念及故乡的人和事。他曾回忆自己少年时登临唐河泗洲塔的情形，说当年塔内的阶梯因年久失修，有些地方被磨陷，他穿着老棉鞋登塔被卡在了凹缝里，怎么也拔不出来。[①]不仅于此，家乡美丽的清水河、高耸的石柱山、雄伟的泗洲塔和文笔峰、历经沧桑的关帝庙和钟鼓楼、老宅里的银杏和腊梅，都深深地烙在他的记忆深处。故乡的山水、人文赋予了冯友兰以睿智、灵气、坚韧和勤奋，也为他一生热爱自己的故土，热爱民族文化，并在学术研究中不断进取拓新、耕耘不辍，打下了根基。

一、对故乡的感恩和眷恋

冯友兰 6 岁开始入家塾，9 岁随父母到湖北武昌生活，13 岁因父亲冯台异病故返回祁仪，在家塾学习 2 年左右，后入读唐河县立高等小学。16 岁时，冯友兰考取开封中州公学，又

① 该史料参考了申光亚:《博大的胸怀，深沉的教诲——一个图书工作者对冯友兰先生的回忆》，载于《冯友兰家族故乡情》，中州古籍出版社 2015 年版，第 228 页。

先后入读武昌中华学校、上海中国公学、北京大学。从北京大学毕业后曾在开封工作 1 年左右时间，后留学美国哥伦比亚大学研究院，博士毕业后一直在开封、广州、北京等高校任职。1945 年因母亲吴清芝去世，冯友兰赶回料理丧事，在唐河停留了 1 个月左右，此后再也没有回过家乡。但这短暂的故乡生活对冯友兰后来的学习、事业和人生，都产生了深远的影响。

家塾启蒙教育为冯友兰奠定深厚的国学功底。1912 年，冯友兰通过公开考试，被河南省选派入读上海中国公学，并且每年发官费 200 两银子。这所学校所有的课程都采用英文原本教学，注重新的文化科学知识的传授。冯友兰在这里不仅得到很好的英文基础训练，而且第一次接触到逻辑学，读了耶芳斯的《逻辑学纲要》，对逻辑学和西方哲学产生了浓厚的兴趣，也因此最终选择把研究哲学作为自己一生的学术志向。1919 年，冯友兰又顺利通过河南官费留学欧美考试，当时河南每月资助每名留学生 90 美元。冯友兰在哥伦比亚大学更深入、系统地学习和了解西方哲学和文化，为自己建立会通中西的哲学体系打下坚实的基础。对此，冯友兰无不充满着对家乡的感恩之情。1985 年，他在《河南日报》上发文，“从 1912 年起，我在国内、国外上学，靠的都是河南官费。我是河南人民养育出来的。借此机会，我向家乡的父老乡亲们致谢”[①]。

① 冯友兰:《三松堂全集》第十三卷，河南人民出版社 2001 年版，第 430 页。

留美归国后，冯友兰长期在外地工作，但时刻关注家乡并力所能及地提供帮助。1942—1943年间，河南发生特大饥荒，上千万人受灾，几百万人饿死。家乡蒙难，冯友兰第一时间在昆明组织召开河南同乡会，倡导义赈，得到社会广泛同情和支持。1943年，冯友兰前往国民党中央训练团演讲，冯友兰特别向蒋介石提到了河南省受灾的情况，要求其对河南减轻粮食征收。[①]

1945年，为料理母亲丧事，冯友兰最后一次回到家乡。在守孝期间，冯友兰挨家挨户看望、拜访多年的邻居和朋友，与乡亲们促膝长谈。遇到家里条件不好的，冯友兰还让家人送来一些柴米或赠送一些钱。后来，因为日本人计划向西进犯，他不得不返校。在离开家乡的那一刻，冯友兰来到清水河畔，挖了一袋家乡的泥土，随身带上。[②]

冯友兰越到晚年，乡情越浓，特别是在夫人任载坤去世后，这种思乡之情愈加浓烈。他专门委托堂妹冯静兰在家乡祁仪找来一名叫王天力的老人前来帮助料理其日常起居。工作之余，冯友兰常与王天立一起散步，聊起家乡的人和事。凡有家乡来客，冯友兰都要相见，而且大都挽留吃饭，临走时还赠以路费。

---

① 蔡仲德:《冯友兰先生年谱初编》，河南人民出版社2001年版，第280、287页。

② 主要参考倪明彦:《冯友兰在奔丧殡母期间》，曹书印等:《友兰先生回乡散记》，载于高文军、赵志敏编著:《冯友兰家族故乡情》，中州古籍出版社2015年版，第173、181—182页。

唐河祁仪镇冯家旧宅前的清水河

这也是其母吴清芝的教导和留下的传统。冯友兰非常愿意听家乡的变化、家乡的人和事。1987 年，当时在唐河县对台工作领导小组工作的高文军去拜访冯友兰，他的外祖父曾经是冯家的种地户。他回忆说，冯友兰对家乡的事情非常感兴趣，特别是乡亲们谈到过去冯家人如何宽厚待人、不阿权贵、重视读书的事情，冯友兰听得都非常认真，不时感念父老乡亲对冯家的恩情。本来计划见面不超过 15 分钟，后来交谈了差不多两个多小时。[①]家乡来人有题词请求的，即便在视力不便的情况下，冯友兰也尽力设法满足。对来自家乡的青年学者、学子，他更是关怀备至，为他们的成长发展提供力所能及的帮助和指导。冯友兰曾对前去看望他的家乡人说："我时常想念家乡，我是吃东河水（指冯家门前的清水河）长大的，忘不了老家的左邻右舍。很想回去看看老乡亲，可我老了，走不动了。"[②]

二、热心家乡文化教育事业

冯友兰特别热心家乡的文化教育事业发展，并竭尽所能给予支持。

一是关心和支持编修县志。唐河县曾于民国年间修过县志，并委托当时已任清华大学教授的冯友兰审修定稿和联系印刷出

① 高文军：《我与冯老先生聊家事国事》，载于高文军、赵志敏编著：《冯友兰家族故乡情》，中州古籍出版社 2015 年版，第 204—205 页。

② 姚伟："小镇走出的大家"系列之五，载于高文军、赵志敏编著：《冯友兰家族故乡情》，中州古籍出版社 2015 年版，第 145 页。

1987 年，南阳师专教师聂振弢（现任南阳冯友兰研究会会长）拜访冯友兰

版。冯友兰对这项工作十分重视，在教学科研工作之余，精心修订，并联系了商务印书馆协商出版事宜。全面抗战爆发后，冯友兰携带县志稿南迁至西南联大，继续审修。后因为稿件一时无法正常出版，为避免其在战乱中丢失，冯友兰便将其寄给当时唐河县县长王光临。唐河沦陷后，该部县志稿一直下落不明。

中华人民共和国成立后，唐河县组织人力准备编修新的县志，为此专门派人到北京向冯友兰询问民国时所撰县志稿的下落，并征求其对编写县志的意见。冯友兰亲笔给唐河县写了5000余言的信，不仅详细说明原来稿件的情况，而且对一些具体史料的处理提出个人的意见和建议。他提到，唐河县不仅历史悠久、资料丰富，而且中华人民共和国成立后取得显著成就，要注意用唯物史观分析资料。他还谈到对唐河历史上的一些重要事件和人物的评价，特别提到曾经抢劫过冯家的土匪王八老虎（王振铎）。冯友兰认为清末民初匪患四起，既打家劫舍，也劫富济贫，王振铎虽时称匪首，但也应该结合时代条件进行具体分析。[①]不过，因多种原因，这部县志并未成书。

1982年，唐河县再次开展修志工作。冯友兰“给予了极大

① 王洛山：《腹满故乡情　心系地方志——冯友兰关心唐河县志纪实》，载于高文军、赵志敏编著：《冯友兰家族故乡情》，中州古籍出版社2015年版，第211页。

的关心和支持”[①]。他提到，编写县志要尊重历史，实事求是，唐河的名人才子很多，像徐旭生、李季等都可入志，并介绍了冯氏学者冯景兰、冯沅君等人的情况。他希望等县志成稿后，能够亲自参加审修。[②]冯友兰亲自为《唐河县志》《唐河史志》题词，但稍显遗憾的是，这部县志于冯友兰去世3年后才得以正式出版。除此之外，冯友兰还曾就唐河县教委在编写《唐河县教育志》时遇到的一些史料问题给予过详细的解答和指导。其中，他谈到唐河县教育系统可以归为三大类。一是黉学，这是明清以来政府的事，各县都是一样，旧的县志中所说的都可以采用。二是书院，这是民间的讲学机关，是为了给当时秀才们继续深造用的。其中，唐河县的书院叫崇实书院，冯台异当过该书院的山长，即院长。三是劝学所，这是民国时期管理全县新式学校的机关。其中，冯云异、冯培兰都当过劝学所的所长，而数冯培兰任职时间最长，贡献也最大。[③]

二是捐资修建教学楼。在唐河县祁仪镇第一小学的校园里，正迎大门的是一座冯友兰的半身雕像，雕像的正后方是由冯友兰题写并以其母亲吴清芝的名字命名的主教学楼“清芝楼”。冯

---

① 唐河县地方史志编纂委员会:《唐河县志》,中州古籍出版社1993年版，第808页。

② 王洛山:《腹满故乡情　心系地方志——冯友兰关心唐河县志纪实》，载于高文军、赵志敏编著:《冯友兰家族故乡情》，中州古籍出版社2015年版，第213页。

③ 冯友兰:《对唐河县教育志编写致冯钟俊的函》，载于高文军、赵志敏编著:《冯友兰家族故乡情》，中州古籍出版社2015年版，第16页。

友兰对家乡的教育事业发展非常关心，每有从唐河祁仪的来客，冯友兰都会问及这方面的问题。祁仪历来重视教育，读书风气浓厚。但在 20 世纪 80 年代，祁仪普遍存在办学条件艰苦、校舍破旧的情况。1985 年 1 月，当时的祁仪乡乡长王明珍、祁仪乡中学校长杜荣江等人来北京看望冯友兰。在谈起祁仪教育条件落后时，冯友兰说："根基不固，枝叶难茂；教育不兴，国家难盛。"当即表示向祁仪捐款 1 万元，用于资助修建教学楼。王明珍等人提出希望在教学楼建好后能以冯友兰的名字来命名。冯友兰再三推辞后说，如果一定要命名，就用其母亲吴清芝的名字来命名，"她老人家知书达理，一生竭力提倡办学，发展教育，曾主持唐河女子学堂，特别重视女子上学，在那时难能可贵。我们兄妹能够成才，除了家乡的山水养育之外，没有母亲的教诲是根本不可能的"①。冯友兰还为此题名"清芝楼"。在"清芝楼"的西边还有一座青砖青瓦、典雅古朴的两层小楼"四维楼"。"四维楼"也是由冯友兰命名的。这幢楼是 1939 年，由当时的祁仪小学校长赵超立和包括冯家在内的当地开明士绅多方集资修建的教学楼。1948 年至 1949 年，"四维楼"还曾作为中共唐南县县委和唐南县爱国民主政府的办公驻地。值得一提的是，省级示范性高中唐河县第一高级中学的前身是 1939 年

① 这部分内容主要参考姚伟："小镇走出的大家"系列之五，载于高文军、赵志敏编著：《冯友兰家族故乡情》，中州古籍出版社 2015 年版，第 145 页；蔡仲德：《冯友兰先生年谱初编》，河南人民出版社 2001 年版，第 680 页。

赵兼恕在祁仪龙潭寺创办的私立临泉初级中学，“临泉中学”的校名也是由冯友兰题写的。“清芝楼”“四维楼”和唐河县第一高级中学已成为唐河、祁仪兴学重教、文脉相承的见证，而冯友兰的善举更是激励越来越多的人投身办教育。

三是资助新建图书馆。在唐河县图书馆二楼的书库有一间专门的“友兰书屋”，里面的书架和摆放的图书大都由冯友兰捐赠或捐款购置。图书馆，特别是一个地方的公共图书馆，是这个地方文化发展水平的重要标志，也是滋养心灵、丰盈人生的重要场所，在文化传承、素质提升和推动经济社会发展等方面发挥着积极作用。冯友兰非常重视家乡的图书馆建设。1988年，根据落实新中国成立初期土改中保留海外侨民应有家产的政策，冯友兰的长子冯钟辽因为后来留学和定居美国，能够享受这项政策。祁仪冯家旧宅在20世纪50年代被政府征用，按政策规定可以享受到现金补偿，并由冯友兰代为接受补偿金。冯友兰当时得知唐河县正在新建图书馆[①]，就致函唐河县侨务办公室：“祖传之郝庄房产于五十年代被征用。现在政府折款退还。我拟将退还款项柒仟玖佰圆捐赠唐河县图书馆，希望于家乡文化事业有所补益。”[②]将补偿款悉数捐给县图书馆，后来又寄来

① 根据唐河县图书馆的内部资料《唐河县图书馆简志》、唐河县编委下发的《关于建立唐河县图书馆的通知》，省财政厅拨款8万元，县财政拨款4.5万元。

② 冯友兰：《致唐河县侨务办公室的函》，载于高文军、赵志敏编著：《冯友兰家族故乡情》，中州古籍出版社2015年版，第15页。

2000 元，共补足将近 1 万元的捐款。1989 年 1 月，时任唐河县图书馆馆长的申光亚等前去看望冯友兰，并向其征询对这笔捐款的使用意见。冯友兰非常关心，询问新馆的建设地点、馆藏书籍等情况。其间，冯友兰还提到光绪年间唐河的著名藏书家李兰馨的事。李兰馨曾不惜重金收集了一大批善本、珍本，并运回唐河。申光亚后来就根据这条线索在馆藏图书中找到李家所收藏的一些珍贵书籍。经过申请，文化部和河南省文化厅专门拨款，购买专用设备予以收藏。唐河图书馆建好后专门在二楼书库开辟“友兰书屋”，用于珍藏冯友兰的著作和部分地方文献。冯友兰也将自己 20 世纪 20 年代起就珍藏的一套《百衲本二十四史》，共 806 册 3243 卷捐赠给唐河县图书馆，还特别交代将他给南阳卧龙岗碑林所题写的字也一并藏在“友兰书屋”里面[①]，足见冯友兰对唐河图书馆建设的关心和重视。如今，无数的青年学子走进唐河县图书馆，走进“友兰书屋”，在智慧的世界里既沐浴书香，又感悟着伟大哲人的精神。

冯友兰虽然享誉海内外，但也仅仅是一位学者、教授，经济上并不算宽裕。但在面对家乡发展的困难时，特别是在教育文化事业方面，冯友兰总是不遗余力地给予支持，而且多次慷慨解囊，把在当时看来数额较大的款项捐赠给家乡。他曾对前

---

① 这部分的史料主要参考申光亚《博大的胸怀，深沉的教诲——一个图书工作者对冯友兰先生的回忆》，载于高文军、赵志敏编著:《冯友兰家族故乡情》，中州古籍出版社 2015 年版，第 229—230 页。

去拜访的时任唐河图书馆馆长申光亚说，“中国传统文化不能丢，要让更多的人有书读”“不读书就不知道怎么做人。过去唐河县读书风气盛，人心胸开阔，出去做事的就多。一个社会读书风气不盛，社会就难发展，人才就难培养出来。办一个图书馆，就要藏书多，读者多，使家乡的人才一代胜一代”[①]。在他看来，支持教育文化事业的发展和改善，有利于青年学子的成长成才，有利于家乡的长远发展，是一件利在当代、功在千秋的事，也是他在力所能及的范围内对家乡最好的感恩和回报。

三、给家乡留下宝贵的遗产

一是将旧宅无偿供政府使用。祁仪冯家旧宅位于祁仪老街的北端，坐西朝东，门前有一条从东南而来的清水河，正好在这里形成一个拐弯形的宽阔河湾。这是在冯友兰的祖父冯玉文手上扩建的。旧宅占地 10 余亩，分南、北、中三个宅院，有居室、学屋、酿酒作坊、磨坊、马厩、客房、仓屋、药房、商业门面等百余间。随着冯家人陆续外出求学、工作并在外地定居，冯家旧宅逐渐闲置下来。中华人民共和国成立后，冯家旧宅一直被政府征用。后来根据国家落实解决华侨私房政策，祁仪乡政府曾致函冯友兰，询问如何处理冯氏旧居，冯友兰回函表示，

---

① 申光亚:《博大的胸怀，深沉的教诲——一个图书工作者对冯友兰先生的回忆》，载于高文军、赵志敏编著:《冯友兰家族故乡情》，中州古籍出版社 2015 年版，第 233 页。

唐河祁仪镇冯家旧宅中冯友兰亲手所栽的腊梅树

“我在北京大学工作，居住条件已有适当安排，不需用老家旧宅，该屋乡镇机关已使用多年，现在可继续使用，不必变动”[①]，同意继续将冯家旧宅无偿提供给祁仪乡政府使用。目前冯家旧宅仍为祁仪镇政府所在地。冯家旧宅的老建筑已经荡然无存，唯有院内保存下来的银杏树和腊梅树还记载着当年哲人生活的痕迹。银杏树由冯友兰的爷爷冯玉文亲植，历时150余年，依然郁郁葱葱、枝叶茂盛。腊梅树则由冯友兰亲手所栽，距今也有100多年的历史。冯家回乡访亲的后人、来宛参会的专家学者、一些青年学子或慕名前来的访客，经常会走进这座大院，在这两棵树前合影留念，以表达对哲人的缅怀之情。

二是将个人物品和资料留存家乡。目前南阳卧龙区档案馆、唐河冯友兰纪念馆等都保存有相当多的冯友兰生前所使用的一些物品、资料。这些遗物有些是冯友兰在生前就捐赠的，有些是在冯友兰去世后由冯家后人按照其生前意愿转赠的。1989年，冯友兰曾将十几本著作、珍贵的证书和相片、亲书的楹联等交给南阳市卧龙区档案馆保管。这里面就包括冯友兰亲书的“阐旧邦以辅新命，极高明而道中庸”联，还有1963年在中国科学院哲学社会科学学部委员会上冯友兰和毛泽东的合影相片。[②]1997年，按冯友兰生前的遗愿，他的重要档案、资料

① 蔡仲德:《冯友兰先生年谱初编》，河南人民出版社2001年版，第706页。

② 蔡仲德:《冯友兰先生年谱初编》，河南人民出版社2001年版，第767页。

及一批遗物也由家人转赠给卧龙区档案馆收藏。目前，南阳市卧龙区档案馆设立有冯友兰陈列室，里面珍藏有冯友兰名人档案（文字）、资料、实物、照片等共计 181 件。其中包括冯友兰 1949 年 10 月 5 日给毛泽东的亲笔信、1960 年文化部部长沈雁冰对冯友兰捐赠中国历史博物馆明清兵器亲笔签发的褒奖状、冯友兰哥伦比亚大学的博士服、1951 年冯友兰访印时尼赫鲁总理赠送的纪念品和 1972 年美国总统尼克松访华时亲笔签名赠送的纪念品等文字、实物档案以及部分遗物等。其中冯友兰于各个时期创作的 42 卷 647 张共 600 多页的手稿更是珍贵。[①] 2012 年 9 月，冯钟璞还将冯友兰生前使用的一些家具，包括八角茶几、椅子、沙发、书柜，以及衣帽、钢笔和一些书法作品等捐赠给唐河冯友兰纪念馆。这些个人物品和资料可供人们学习、研究和瞻仰，激励和鼓舞着青年学子发奋读书、立志成才。这是冯友兰留给故乡的宝贵精神财富，也是他以自己的方式给家乡人民最后的回馈。

① 资料由南阳市卧龙区档案馆提供。

褒獎狀

馮友蘭先生在中國歷史博物館建館期間將歷年收集的明清時代兵器二百四十九件捐獻國家以供中國歷史博物館的陳列化私為公表現了愛國主義的熱情特此表揚

中華人民共和國文化部

部長 沈雁冰

一九六〇年二月六日

1960 年，文化部部长沈雁冰向冯友兰颁发的褒奖状

第二节 拳拳报国心

冯友兰经历过中华民族惨遭欺凌的艰难岁月，又迎来了新中国的解放。在每一次关系到国家民族前途命运的大事变中，冯友兰都表现出了高尚的民族气节和伟大的爱国情怀。季羡林曾评价其“仰不愧于天,俯不怍于地”,“晚节善终,大节不亏”。[①]这一评价客观、公允地总结和概括了冯友兰在大是大非面前表现出的民族大义和人格品性。在历史性的考试中，冯友兰不仅经受住了考验，还交出了一份优异的答卷。

一、努力投身抗战救国

九一八事变后，当时已是清华大学文学院院长和校务会成员的冯友兰被推举为“清华大学教职员公会对日委员会”主席。冯友兰在任职期间代表清华教职员公会和教授会主持并起草了一系列劝告安抚学生、敦促政府抗战以及呼吁国际社会予以支持的电报、文告等，并且多次组织倡议捐款、鼓励慰问前线将士等活动。如冯友兰负责起草《国立清华大学教职员公会致黑

① 季羡林:《生命不息睿思不止——悼念冯芝生（友兰）先生》，载于陈岱孙等:《冯友兰先生纪念文集》，北京大学出版社 1993 年版，第 5 页。

龙江省代主席马占山电》《国立清华大学教职员公会致南京国民政府电》《国立清华大学教职员公会致十九路军将士电》《国立清华大学教授会告同学书》《国立清华大学教授会致国民政府电》《国立清华大学教授会致阎锡山、傅作义电》等。还组织发起为经历辽西战役后来北平的伤兵募捐、向上海抗日十九路军捐款、为上海抗日将士举行义演、倡议捐款救济东北难民等。1933 年 3 月，热河沦陷，冯友兰代表清华教授会起草了《致国民政府电》:“热河失守，薄海震惊。考其致败之由，尤为痛心。……以全省天险，俱未设防；前敌指挥，并不统一；后方运输，一无筹划；统兵长官，弃城先遁……但此次失败，关系重大，中央地方，均应负责，决非惩办一二人员，即可敷衍了事。查军事委员会蒋委员长，负全国军事之责，如此大事，疏忽至此；行政院宋代院长，亲往视察，不及早补救：似均应予以严重警戒，以整纪纲，而明责任。钧府诸公，总揽全局，亦应深自引咎，亟图挽回，否则人心一去，前途有更不堪设想者。”[①] 在抗战初期，冯友兰就非常关心战事，忧心中国的前途和命运，而且对国民党的政策失误、战事不利毫不客气地进行批评。

抗日战争全面爆发后，冯友兰随清华大学南下，在辗转跋涉中更是亲身体验山河破碎、民族危亡的滋味，“城破国亡日

① 冯友兰:《三松堂全集》第十四卷，河南人民出版社 2001 年版，第 125 页。

色昏，别妻抛子离家门。孟光不向人前送，怕使征夫见泪痕”[①]。但他始终对中国抗战最后的胜利充满信心，就像他为西南联大创作的校歌中写到的：“千秋耻，终当雪。中兴业，须人杰。便一成三户，壮怀难折。多难殷忧新国运，动心忍性希前哲。待驱除仇寇，复神京，还燕碣。”[②]这首歌同样也激励和鼓舞了联大师生在艰苦的办学岁月里仍始终坚定抗战必胜、中国复兴的信念。

中国军民奋起抵抗，轰轰烈烈的抗日救亡运动在全国各地兴起。在前方，将士们浴血奋战，保家卫国。在后方，不同地区的民众以各种方式支援抗战。在面临民族危亡的关键时期，冯友兰也在自己的工作岗位上，通过教学和演讲，动员、鼓励青年学子和广大民众增强信心、积极抗战，为民族抗战事业尽心出力。

冯友兰通过演讲，宣扬民族文化精神，介绍全国抗战形势，唤醒广大民众投身抗战，为民族生存而奋斗，激发人们斗争的勇气和力量。冯友兰曾经到重庆中央训练团和文化会堂、成都华西大学等地作过多次演讲，取得了一定的社会效果。1938 年 7 月 7 日，西南联大举行全面抗战一周年纪念集会。冯友兰在大会上作演讲，他提出三点看法：一是中日战争的意义在于争

① 冯友兰：《三松堂全集》第十四卷，河南人民出版社 2001 年版，第 507 页。

② 冯友兰：《三松堂全集》第十四卷，河南人民出版社 2001 年版，第 514 页。

夺东亚之主人，加速近代化的日本要取代中国地位，自当力阻中国的近代化；二是中国坚持持久战，大有希望，中国最后胜利之日，将在日本资源耗尽之时；三是战争固能破坏，然同时将取得文明之进步，一年来虽有各种进步，然学术界之效率则有减退，对此我等需更加努力。冯友兰对中日战争局面的冷静思考和富于理性的分析和研判，给当时的听众以极大的鼓舞和信心，赢得了师生的高度赞扬。吴宓曾在日记里说：“言一年来的中国之胜而非败，语极乐观。”浦薛凤评价其“语甚精当，绝不激昂慷慨。盖芝生仍用一套讲堂说理之辞令”①。

即便在回乡料理母亲丧事期间，冯友兰仍然宣传抗战形势，鼓励家乡人民坚持抗战、坚定信心。当时有很多从华北沦陷区逃亡到祁仪的难民，他们就住在城墙的门洞和炮楼里。冯友兰不仅向他们发放一些钱和食物，还向他们宣传抗战形势，鼓励他们好好生活，增强抗战胜利的信心。②同时，他还在唐河县城作了两场报告，主要内容也是围绕人生哲学和抗战形势，鼓励人们合理安排生活，坚定抗战必胜的信心，当地的听众备受鼓舞。③在返回昆明途中，他还特地到西迁至紫荆关的河南大

---

① 蔡仲德:《冯友兰先生年谱初编》，河南人民出版社 2001 年版，第 220 页。

② 曹书印等:《友兰先生回乡散记》，载于高文军、赵志敏编著:《冯友兰家族故乡情》，中州古籍出版社 2015 年版，第 181 页。

③ 安景山:《聆听友兰先生讲学的回忆》，载于高文军、赵志敏编著:《冯友兰家族故乡情》，中州古籍出版社 2015 年版，第 176 页。

学看望师生并作讲演，而且在沿途地的中学讲演数次，其主要内容都是教导学生们如何合理安排自己的生活，如何理解人生的意义，实现自己的人生理想和人生价值，鼓励师生看到中国的光明前景，坚定抗战胜利的信心。[①]

冯友兰还动员、鼓励青年学生投入抗战。1944 年，国民党政府接受美国的军事援助，开始征发高中和大学的学生从军，组织青年军，动员大学生从军，并且为各大学分配名额，规定指标。但这个时候，学生们对于国民党政府的幻想已经破灭了，对于青年军的报名很有疑虑，观望不前。在同胞罹难、民族受辱之时，冯友兰在西南联大青年学生从军演讲会上呼吁青年学生走上抗日战场："以前国家、政府不征发高中以上的学生，实行免役，这是因为当时没有新式武器，还用不着有科技训练的人。现在美国送新式武器来了，正需要有科技训练的人去使用。如果有科技训练的青年不去从军，叫谁使用呢？这个仗以后怎么打呢？"[②]这次演讲除冯友兰之外，闻一多、朱自清等教授也表示支持学生们从军报国。演讲结束后还有个小插曲：当冯友兰走出校门时，发现有人正在那里粘贴"反对报名从军"的大字报。冯友兰非常气愤地将大字报撕掉，并厉声说道："我怀疑这张大字报是中国人写的。"[③]经过教授们的努力，西南联大的

① 蔡仲德:《冯友兰先生年谱初编》，河南人民出版社 2001 年版，第 303 页。
② 冯友兰:《三松堂全集》第一卷，河南人民出版社 2001 年版，第 296 页。
③ 冯友兰:《三松堂全集》第一卷，河南人民出版社 2001 年版，第 296 页。

2007 年，冯钟辽（左八）首次回乡探访，在唐河祁仪镇冯家旧宅留影

学生积极报名参军，报名人数甚至超过规定的名额。冯友兰更是率先垂范，将自己正在读大二、年仅 19 岁的长子冯钟辽送到前线参战。冯钟辽于 1943 年参加战地服务团的译员训练班，后多次参加战斗。冯友兰以儿子参军报国为荣，“应盟军之东至，辽从军而远征，渡怒江而西进，旋奏绩于龙陵，继歼敌于遮放，今次师于畹町”。[①]为了纪念第二次世界大战期间中国区的战绩，美国总统给作出卓越功绩的人员授以“自由勋章”，这里面有高级将领，也有基层军官、技术人员和军事翻译，而冯钟辽就是其中之一。

随着抗战的胜利，西南联大完成了它的历史使命。为了纪念这段历史，由冯友兰撰写西南联大纪念碑的碑文。“我国家以世界之古国，居东亚之天府，本应绍汉唐之遗烈，作并世之先进。将来建国完成，必于世界历史，居独特之地位。盖并世列强，虽新而不古；希腊、罗马，有古而无今。惟我国家，亘古亘今，亦新亦旧，斯所谓‘周虽旧邦，其命维新’者也。旷代之伟业，八年之抗战已开其规模，立其基础。今日之胜利，于我国家有旋乾转坤之功，而联合大学之使命，与抗战相终始。”[②]这个碑文既是对西南联大在艰苦岁月办学历史的总结，也是对中国人民抗战历史的回顾，对中华民族的未来充满了信

① 冯友兰:《三松堂全集》第十四卷，河南人民出版社 2001 年版，第 296 页。

② 冯友兰:《三松堂全集》第十四卷，河南人民出版社 2001 年版，第 154 页。

心，是一篇爱国主义的经典篇章，也集中表现了冯友兰伟大的家国情怀。

二、毅然回归和留守祖国大陆

1946 年 8 月，冯友兰应邀赴美国宾夕法尼亚大学讲学。此时，中国的抗战虽已结束，但国共两党之间的矛盾冲突越来越尖锐，战争已呈一触即发之势。等冯友兰到美国后，国内局势正在发生巨大变化。国共两党之间军事力量的对比，已经出现对共产党有利的局面，人民解放军开始从战略防御转入战略进攻。鉴于国内的政治形势的变化，不少朋友就劝冯友兰留在美国生活。

从学术工作来看，冯友兰当时已是具有世界影响力的著名学者。他这次在美国的讲学也是非常成功的。他先是在宾夕法尼亚大学讲授中国哲学史，同时与卜德合作，继续翻译自己的《中国哲学史》未完成部分。接着，参加普林斯顿大学建校 200 年的纪念会，并被授予普林斯顿大学的名誉文学博士学位。其后他又去哥伦比亚大学拜访自己的导师杜威，并与杜威进行长谈。杜威向他介绍美国哲学现状，以及美国宗教文化的发展。同时，他在宾夕法尼亚大学的讲稿“*A Short History of Chinese Philosophy*”（《中国哲学简史》）也将正式出版。冯友兰又到新泽西州立大学、威斯康星大学作关于中国哲学的演讲。1947 年，冯友兰在夏威夷大学担任客座教授。冯友兰本人不仅对美国非常熟悉，而且和美国的学术界有很友好的联系。

从个人生活来看，冯友兰的长子冯钟辽这时也在美国生活。冯钟辽是由国民党军事委员会外事局送到美国学习翻译的，抗战结束后被遣散，因为早在 1945 年 9 月，冯友兰就收到访美的邀请，冯钟辽就一直留在美国。冯友兰到美国后，和冯钟辽一起租住在塞缪尔・N・克雷默教授夫妇的家中。冯钟辽早在西南联大大二时就参军入伍，后来到美国，冯友兰考虑到冯钟辽以后的生活与前程，于是安排他进入宾夕法尼亚大学机械系就读。如果冯友兰继续留在美国，不仅父子之间可以有个照应，而且对冯钟辽的个人发展也会更好。

冯友兰最终婉拒各方的邀请，决定回国。促使冯友兰回国的原因：一是冯友兰对中国传统哲学有更深刻的体悟，认为它虽古老但最终必能放出新的光彩，特别是在这段时期对美国宗教、社会发展的进一步观察和了解，更加坚定他对中国传统哲学价值的理解，对自己民族的文化充满了自豪，对中国的前途充满信心；二是意识到美国社会对中国哲学始终停留在将其作为博物馆中的东西来研究的层面，对自己的学术研究来说，留在美国没有真正价值，只有扎根中国才有发言权。[①] 冯友兰决心还是要把自己的国家搞好，中国人在世界上才会有地位，中国文化才会赢得一席之地。“俄国革命以后，有些俄国人跑到

① 蔡仲德:《冯友兰先生年谱初编》，河南人民出版社 2001 年版，第 726 页。

中国居留，称为‘白俄’。我决不当‘白华’。解放军越是胜利，我越是要赶快回去，怕的是全中国解放了，中美交通断绝。”[①]他还用王粲的《登楼赋》里的两句诗表达此时的心情：“虽信美而非吾土兮，夫乎可以久留？”正是这种强烈的民族意识和故土情绪，促使冯友兰不愿长期滞留美国。[②]1948 年 2 月，冯友兰启程回国。在通过海关的时候，他将自己的“永久居住”签证交还给边检人员。

冯友兰回国后，国共内战局势逐渐鲜明，国民党政权已岌岌可危。冯友兰也不得不思考自己未来的道路。当时，冯夫人任载坤的二姐任锐随延安的军调代表来到北平。她对任载坤说过：“你们可以到延安去，现在延安、北京之间，常有飞机来往，如果你们决定去，全家都可以坐飞机去。”“你们什么时候决定了，可以去找叶剑英同志。”[③]而国民党方面，眼看失败的局面难以挽回，开始进行“人才争夺”，制订一份“抢救大陆学人计划”名单，希望这些人能去台湾。这份计划具体由国民党青年部部长陈雪屏实施。冯友兰自然是这份名单中的重要人员之一。1948 年 12 月初，陈雪屏从南京飞抵北平，梅贻琦请客，冯友兰作陪。陈雪屏表示南京派飞机来接清华教授南迁，愿去者可与他同行。尽管当时在座的人不置可否，没有人与陈雪屏同行。

---

① 冯友兰：《三松堂全集》第一卷，河南人民出版社 2001 年版，第 109 页。

② 田文军：《冯友兰传》，人民出版社 2003 年版，第 202 页。

③ 冯友兰：《三松堂全集》第一卷，河南人民出版社 2001 年版，第 110 页。

但是后来清华大学还是有一批教授跟随国民党去了台湾。冯友兰态度很坚决，他选择留在祖国大陆，留在清华大学。他的想法很纯粹，就是作为一个学者，最重要的是无论何时都坚持自己的学术事业。无论哪一个党派，谁能把中国治理好，自己就拥护谁。所以，当弟弟冯景兰向冯友兰征询意见时，他说："何必走呢，共产党当了权，也是要建设中国的，知识分子还是有用的，你是搞自然科学的，那就更没有问题了。"①

清华大学校长梅贻琦在离开清华大学以前，曾单独和冯友兰话别。两人共事多年，交情不浅。他告诉冯友兰："我是属牛的，有一点牛性，就是不能改。以后我们就各奔前程了。"②他清楚冯友兰决定不离开清华大学，也不离开中国大陆。梅贻琦离开以后，冯友兰再次担任清华大学校务会议临时主席。冯友兰临危受命，和全校师生一道，竭力维持日常教学，维护学校秩序，使清华大学免于战火，将完整的清华大学交到党和人民的手里。尽管在后来的岁月里，冯友兰曾被作为反动学术权威受到不公正的批判，身心受到很大摧残。但对于选择留下来，冯友兰并没有后悔，他在"文革"之后的自传中说："在清华解放的前夕，南京派人来，邀赴南京，我坚决拒绝。自此以后，我在人事上虽时有浮沉，但我心中安慰。我毕竟依附在祖国的大地上，没

① 冯友兰:《三松堂全集》第一卷，河南人民出版社 2001 年版，第 110 页。
② 冯友兰:《三松堂全集》第一卷，河南人民出版社 2001 年版，第 111 页。

有一刻离开祖国。”①

三、积极参与新中国建设事业

中华人民共和国成立后，冯友兰除专心学术研究之外，也积极参与新中国的建设事业。1950年年初，冯友兰响应上级号召，主动报名参加北京郊区的土改工作，历时一个半月，完成《土改工作中的群众路线》《土改的教育功用》等文章。1950年4月，冯友兰以特邀代表身份在开封出席河南省一届一次各界人民代表会议，并且担任主席团成员、有关土改议案审查小组召集人，后被中央人民政府委员会任命为河南省人民政府委员。

1952年8月，由朱伯崑、季镇淮推荐，冯友兰在清华大学申请加入中国民主同盟。在申请加入民盟的申请表里，他写道："盟在当前的任务是团结各阶级的知识分子，尤其是小资产阶级出身的知识分子，改造他们，并组织起来，使能在党的领导下，实现共同纲领，并进入社会主义。”②自加入民盟后，冯友兰积极参加民盟的活动，关心国家的建设，并担任民盟相关职务。冯友兰还是第二、三届民盟中央委员。

冯友兰在新中国成立之初多次参加对外文化交流活动。冯友兰作为中国文化代表团成员访问印度和缅甸等。在出访印度

① 冯友兰:《三松堂全集》第十三卷，河南人民出版社2001年版，第329页。

② 蔡仲德:《冯友兰先生年谱初编》，河南人民出版社2001年版，第398—399页。

时，冯友兰接受德里大学赠予的名誉文学博士学位并致答词说：为摆脱殖民地、半殖民地地位，中国走武装革命道路，印度走和平过渡道路，究竟哪条道路更优越，中印两国历史及世界历史将作出裁决。冯友兰还作为中国佛教代表团成员，赴印度出席“纪念释迦牟尼逝世二千五百周年群众大会”等。1956年9月，冯友兰应邀赴日内瓦参加一场国际文化交流会。冯友兰在大会上讲演“中国文化的三个主要传统”[①],并在中国哲学史具体问题的讨论会上回答各国汉学家问题。会议期间，冯友兰还参加了一系列文化活动，并在会上驳斥了一些对中国保护文物方面的谣言。回国后在民盟中央座谈会上报告“资本主义国家思想界最近情况”[②]。还曾与潘梓年、金岳霖一起赴华沙出席国际哲学研究所华沙会议。另外，冯友兰还经常受邀出席一些国外团体或政要访华时的接待活动，包括印度总理尼赫鲁访华、美国总统尼克松访华时，冯友兰也都受邀参加。

冯友兰是第四届全国人大代表及主席团成员，第二、三、四届全国政协委员。冯友兰曾数次参加《中华人民共和国宪法》草案初稿讨论会，并以政协委员身份列席最高国务会议和全国宣传会议，还多次到北京、上海、杭州等市以及河南、陕西和东北等地参观考察。1962年，冯友兰参加全国政协三届三次会

① 蔡仲德:《冯友兰先生年谱初编》，河南人民出版社2001年版，第424页。

② 蔡仲德:《冯友兰先生年谱初编》，河南人民出版社2001年版，第427页。

议，在会上讲了自己写作《中国哲学史新编》的情况和将来的计划，受到当时的会议执行主席陈毅的表扬。冯友兰的岳父任芝铭、任锐的女儿孙维世也参加了这次会议。周恩来笑称他们是“三代同堂”。同时，冯友兰还作为河南省第一届人民代表大会代表并担任主席团成员，多次来河南参会，为河南发展献计献策。

改革开放后，冯友兰年事已高，且其主要精力用于撰写《中国哲学史新编》(上)，但也时刻关注着国家发展的新气象，参与相关活动。

除参加民盟中央的会议之外，冯友兰还担任第六、七届全国政协常委。在1984年全国政协六届二次会议上，冯友兰递交了书面发言，提出目前“物质文明建设进步很快，精神文明建设相形见绌”，并对出版工作提出意见。在全国政协学习中共中央关于经济体制改革的决定时，冯友兰提到改革是彻底的新民主主义革命，彻底的反封建。1988年全国政协七届常委会第二次会议召开时，冯友兰已是93岁高龄，但仍就当时发生的北大硕士生柴庆丰被流氓打死一事向会议作出书面发言，指出不能头痛医头，脚痛医脚，而应提高人的道德与精神修养，使思想不空虚、不单调、不僵化，中国文化遗产中有很多陶冶人思想感情的材料，应充分利用。[①]

① 蔡仲德:《冯友兰先生年谱初编》，河南人民出版社2001年版，第670、675、742页。

统战系统也经常请冯友兰参加相关活动，并就相关问题征询他的意见。冯友兰对党的十一届三中全会等都给予了关注，并对党和国家的未来发展提出自己的建议。如谈到对中共十三大的感想，冯友兰认为，提出社会主义初级阶段很重要，统一“四个坚持”与“改革开放”，是中共历史上的第二个飞跃、第二次革命。

另外，冯友兰应邀参加一些关于文化建设、发展和交流方面的社会活动。如参加中联部接待波兰哲学家沙夫的宴会；应聘担任全国古籍整理出版小组成员，多次出席古籍整理出版规划座谈会，并建议出版《中华大藏经》。同时还应中共上海市委组织部的邀请对上海文化建设提出意见建议。①

冯友兰非常关注国家统一。虽然晚年身体状况不佳，但若有海外亲朋故交的后人来信、来访，冯友兰都积极回复和接待。1989 年 1 月，冯友兰应北大学生台湾研究会邀请在《北大十名教授向台湾学界知识界拜年书》上签名。1990 年 9 月，在去世前两个月，冯友兰还专门往台北发电，吊唁钱穆先生。②

正如他自己说的：“在振兴中华的伟大事业中，每一个中华民族的成员，都应该尽其力之所及做一点事。”③冯友兰以自己

① 蔡仲德：《冯友兰先生年谱初编》，河南人民出版社 2001 年版，第 641、645—646、688 页。

② 蔡仲德：《冯友兰先生年谱初编》，河南人民出版社 2001 年版，第 756、782 页。

③ 冯友兰：《三松堂全集》第一卷，河南人民出版社 2001 年版，第 313 页。

的实际行动终身履行这一义务。

第三节　志在辅新命

“中国哲学将来一定会大放光彩！”[①] 这是冯友兰在临终前，用整个生命说出来的关于哲学的最后的话，也是他终身不改的信念。在冯友兰的整个学术生涯里，他始终将个人的哲学创作与国家民族的命运紧密联系在一起，对中国传统文化的现代化和未来发展充满信心，表现出一个伟大哲学家的历史使命感和现实责任感。这也是对其作为一个哲学家的爱国主义的最好注解。

一、努力探寻中国传统文化的出路

中国自近代以后的一个重要主题就是如何向西方学习，实现国家现代化。而在这中间，中西文化的矛盾和冲突则是贯穿始终的课题。五四运动则使两种文化的冲突和矛盾达到高潮。本位文化论、全盘西化论和部分西化论等论述针锋相对。当时的学术界关于这个问题也是众说纷纭、莫衷一是。正是在这样

① 蔡仲德:《冯友兰先生年谱初编》，河南人民出版社 2001 年版，第 784 页。

的背景下，冯友兰开始他的哲学思考和哲学创作。他曾回忆说："我生活在不同的文化矛盾冲突的时代。我所要回答的问题是如何理解这种矛盾冲突的性质；如何适当地处理这种冲突，解决这种矛盾；又如何在这种矛盾冲突中使自己与之相适应。"[①]

在北大学习期间，冯友兰对这个问题有了初步的体会。他说："我觉得在北大的三年收获很大。这三年可以分为两个阶段。在第一阶段，我开始知道，在八股文、试帖诗和策论之外，还有真正的学问，这就像是进入了一个新的天地。在第二阶段，我开始知道，于那个新天地之外，还有一个更新的天地。"[②]冯友兰接触并亲身感受到两种不同文化之间的差异。

从北京大学毕业后，冯友兰曾短暂地在河南省第一工业学校任教。在此期间，为响应五四运动，他创办并主持河南第一家宣传新文化的刊物《心声》。冯友兰在发刊词中写道："本杂志之宗旨在输入外界之思潮，发表良心上之主张，以期打破社会上、教育上之老套，惊醒其迷梦，指示以前途之大路而促其进步。"[③]此时，冯友兰不仅认识到两种文化有先进和落后之分，而且有志于促进旧文化的发展进步。然而造成两种文化不同的根本原因是什么？中国如何才能正确地找到"前途之大路"？则是当时中国知识分子所讨论的中心议题，同时也成为冯友兰

① 冯友兰:《三松堂全集》第一卷，河南人民出版社 2001 年版，第 307 页。
② 冯友兰:《三松堂全集》第一卷，河南人民出版社 2001 年版，第 171 页。
③ 冯友兰:《三松堂全集》第十四卷，河南人民出版社 2001 年版，第 356 页。

努力求索的方向。

带着对这些问题的思考，冯友兰于1920年春留学美国哥伦比亚大学研究院。1921年，他向哥伦比亚大学哲学系的讨论会提交一篇哲学论文《为什么中国没有科学》，提出他对这个问题的思考。冯友兰在这篇文章里提出，中国的落后在于她没有科学，中国为什么没有产生近代科学，是因为中国哲学是直接地在人心之内寻求善和幸福，重在人的精神修养，用不着科学，所以在物质文明方面慢了一步。西方是向外的，重在对自然界的认识和改造，所以产生了近代科学，创造了先进的物质文明。[①]冯友兰在这里认为东西文化的差异是由东西方哲学的不同特点决定的。这也是当时较为流行的观点，就是以东方、西方地域的不同来解释文化上的差异。

但很快冯友兰就发现这一认识的不足。随着对中西哲学史的深入了解，他进一步认识到，东西哲学有许多相通的观念，“向来认为是东方哲学的东西在西方哲学史里也有，向来认为是西方哲学的东西在东方哲学史里也有。我发现人类有相同的本性，也有相同的人生问题”[②]。因此，东西方文化的不同并非东西方的不同，不能以地理区域来解释文化差别。这一认识后来就成为其博士论文《天人损益论》的主要观点。尽管冯友兰此时发

① 冯友兰:《三松堂全集》第十一卷，河南人民出版社2001年版，第32、53页。

② 冯友兰:《三松堂全集》第一卷，河南人民出版社2001年版，第307页。

现并论证了该流行观点的不足，但也没能给出新的解释。

而直到两卷本《中国哲学史》出版，冯友兰才给出一个新的解释。在《中国哲学史》里面，冯友兰没有按照传统的方法把历史分为上古、中古和近古等三个时代，而是将中国哲学史划分为子学和经学两个时代。子学时代即春秋战国时期，经学时代是汉至清时期。这两个时代相当于西方哲学史上的上古和中古时代。冯友兰认为，中国哲学史和西方哲学史比较起来，还没出现近代哲学，因为中国的近代刚刚起步，中国的近古哲学还在萌芽之中，一旦中国实现了近代化，就会有近代中国哲学。这里实际上已蕴含着用历史时代的不同来解释文化上的差别。中西方文化的差异是因为西方文化是近代文化，而中国文化是中古文化，东西方文化的差别是中古和近代的差别，是历史时代的差异。

在完成《中国哲学史》的写作后，冯友兰于 1933 年出国前往欧洲考察。他先后到过意大利、英国、法国、瑞士、德国、捷克等国。为了解十月革命的情况，也曾去苏联考察。这一次旅欧的经历让他能够近距离看到欧洲的传统与现代的变化，认识到现代的欧洲是由封建时代的欧洲转化和发展而来的，美国则是欧洲的延伸，欧洲的封建时代跟过去的中国有许多相似的地方。他特别认真地考察了英国社会的情况。在这个产业革命的发源地，他对工业文明的巨大成就及其社会意义有了深刻的感受。认为英国人有一个优点就是既善于保护传统，又加之以新的内容，就是所谓“旧瓶装新酒”，这是解决传统与现实矛盾的好办法。在苏联的所见所闻，也让他了解到，苏联并未割断它的历史传统，而是一个在变化中的人类社会，至于是否通向天国乐园，还未确定。在大英博物馆，冯友兰开始读马克思、恩格斯的著作。历史唯物主义把社会分为许多类型，着重看各种类型的内容或特点，对冯友兰产生了重要影响。

冯友兰开始意识到，不同文化的矛盾和冲突，无论是用地理区域还是用历史时代都不如用社会类型来解释更令人满意。中古和近代的差别实际上就是社会类型的差别。西方国家比东方国家更早地完成从社会的一种类型到另一种类型的转变，是因为它经济上先有一个大改革，即经过产业革命。产业革命之前，生产以家庭为本位；产业革命之后，生产以社会为本位。两种不同的生产方式最终形成生产家庭化的文化和生产社会化的文化。中国文化所要学习西方文化的就是将生产家庭化的文化转变为生产社会化的文化，而这一路径就是产业革命、工业化。这一观点他在后来的《新事论》中作了较为明确的阐释。

中华人民共和国成立后，冯友兰的学术研究成果主要是七卷本的《中国哲学史新编》。其主要的任务就是致力于对传统哲学和文化的阐发，以此为未来新的中国哲学体系提供“养料”。在冯友兰看来，当这个新的广泛的哲学体系出现时，中西文化的矛盾冲突也就得以解决。在中国近现代的学术史上，中西文化关系的问题是当时的学人们普遍关注和加以讨论的问题，但冯友兰始终立足于中国传统文化的创新发展，孜孜以求地思考并尝试解答中国文化及其哲学的现代化出路。在其整个学术研究生涯中，冯友兰之所以始终保持这一文化上的自觉，根本的动因乃是他对中国传统文化内在价值的深刻了解、对祖国的深厚感情和对中华民族将自立于世界先进民族之林的坚定信念。

二、以哲学武器支援全民族抗战

西南联大时期是冯友兰一生中学术成果最为丰硕的阶段，他相继创作完成了《新理学》等六部书。这六部书被称为“贞元六书”。冯友兰取《周易》“贞下起元”之义，意即抗战时期既是中华民族遭受危难之际，同时也是中华民族复兴之时，寄托对抗战胜利和中国复兴的希望，就像他在《新原人》的自序中所说：“‘为天地立心，为生民立命，为往圣继绝学，为万世开太平。’此哲学家所应自期许者也。况我国家民族值贞元之会，当绝续之交，通天人之际、达古今之变、明内圣外王之道者，岂可不尽所欲言，以为我国家致太平，我亿兆安心立命之用乎？虽不能至，心向往之。非曰能之，愿学焉。”①

在冯友兰建立的哲学体系中，《新理学》是这个体系的总纲，探讨了关于自然、社会和个人的普遍性问题。其核心是一般与特殊、共相与殊相的关系问题。冯友兰认为这是哲学的根本问题。这个问题也是程朱理学主要讨论的内容。《新理学》就

① 冯友兰:《三松堂全集》第四卷，河南人民出版社 2001 年版，第 463 页。

是接着这个问题来讲的。其他五部书都是《新理学》的应用。《新事论》就是以《新理学》中共相与殊相关系问题为基础，展开对现实社会的讨论。某一种社会类型是共相，某一个国家或民族是殊相。共相是必要学的，也是可能学的；殊相是不可能学的，也不是必要学的。在一个社会类型中，生产力等经济基础是体，政治、文化等上层建筑是用。体改变了，用也会跟着改变。从社会类型上看，中国是“以家为本位的社会”；西方因为有了产业革命，有了工业化，所以比中国更早进入“以社会为本位的社会”。因此，中国所要向西方学习的是尽快工业化，即把以家庭为本位的自然经济改造成以社会为本位的现代经济形态。《新世训》主要讲的是一种按照理性安排生活的方法，即探讨人们应该以何种方法或态度处理现实的社会关系。《新原人》是对人生的讨论。它提出人有自然境界、功利境界、道德境界和天地境界等四种不同层次的精神境界。哲学的目的和作用是使人最终达到最高层次的天地境界，而要达到这个目的，必先对自然有更深一层的理解，要从殊相认识寓于其中的共相，就是要对于“理”“真际”有所认识。这种认识要靠哲学的“思”。纯粹以共相为对象的思所构成的精神境界就是“天地境界”。但达到“天地境界”无需脱离日常生活，而是在日常生活中与宇宙同一，体验到生命的永恒意义。这也就是中国传统哲学中所说的“极高明而道中庸”。《新原道》则以“极高明而道中庸”为线索，对中国历代哲学家的思想进行梳理，以此说明“新理学”

体系是沿着中国传统哲学的发展路子而出现的新体系。《新知言》是“新理学”体系的方法论，其主要意思是：哲学的一些基本概念不可思议、不可言说，无法用正的方法，即逻辑分析法得出，但可以通过负的方法，即懂得为什么不可思议、不可言说，而有更深刻的了解。这六部书讨论中国现代文化发展几乎所有的大问题，构成完整的体系。

冯友兰这一时期的哲学创作主要有两个动力。其一，在完成《中国哲学史》后，冯友兰已不满足于只做一个哲学史家，还要成为一个哲学家，创作自己的哲学体系。其二，日本帝国主义的侵略，促使冯友兰对中国传统文化作更加系统深入的反思，通过阐释中国传统文化中的积极有利的资源，为全民族的一致抗战，提供一种理论的说明。一个民族越是到了危急存亡之际，自己民族的文化往往越能起到凝聚人心、唤醒民众、激发力量的作用。张岱年曾评论说：熊十力、金岳霖和冯友兰是当代中国哲学界最有名望的三位思想家，其学说都表现了中西哲学的融合。其中，熊十力的体系里面“中”层十分之九、“西”层十分之一，金岳霖的体系中“西”层十分之九、“中”层十分之一；唯有冯友兰的哲学体系中西各半，是比较完整意义上的中西结合。[①] 冯友兰的“新理学”体系正是接着程朱理学的传统讲的，就是通过继承、阐释传统，用新的哲学体系体现时代的

① 张岱年:《冯友兰先生“贞元六书”的历史意义》，载于郑家栋、陈鹏编：《解析冯友兰》，社会科学文献出版社 2002 年版，第 149 页。

发展，振兴民族精神，增强民族的自信心，激励和团结广大民众投身抗战，帮助中华民族渡过大难，以求中兴。冯友兰自觉将自己的哲学创作与民族解放事业结合起来，以他所掌握的哲学为武器，奉献、服务于民族抗战。

1941 年，《新理学》一书荣获国民党教育部颁发的抗战以来学术研究著作中唯一的一等奖。当年评奖时，《新理学》是由张君劢审定的。20 世纪 50 年代，张君劢曾在一篇批评冯友兰的文章中提到评奖过程。尽管他对《新理学》中分“心”与“理”为二派，将“理”推之于外并不认可，而且在《新理学》获得第一后，还遭到同派学人的责难，但他仍承认该书“本现代新哲学之学说，将现时视为陈腐之宋明理学作一系统的说明，立下一个坚实的基础，不能谓无功于前哲……况在抗战之中，宜于奖励国粹以增信心”[①]。从这里可以看出，《新理学》之所以得到肯定，除其在理论方面的建树之外，一个更重要的原因，即在于其学术著作中，表现出来的民族主义的立场和立志复兴民族文化的责任感。[②] 正因为如此，冯友兰也成为这个时期中国影响最广、声名最大的哲学家。

---

① 张君劢:《一封不寄的信——责冯友兰》，载于张君劢著，程文熙编:《中西印哲学文集》，台湾学生书局 1981 年版，第 1453 页。

② 田文军:《冯友兰传》，人民出版社 2003 年版，第 191 页。

三、心系旧邦新命

中国共产党领导中国革命取得胜利，极大地鼓舞了广大知识分子群体的政治热情和努力建设社会主义社会的积极性。冯友兰决定要以马克思主义的立场、观点和方法写一部中国哲学史，为新社会贡献力量。但由于随后的各种社会政治原因，这一工作始终都没法顺利进行。但冯友兰始终牵挂祖国的旧邦新命的命运、中华民族的前途。在打倒“四人帮”后，冯友兰决心重写《中国哲学史新编》。

1980年，冯友兰已经85岁。这本是一般人颐养天年的年纪，况且他早已功成名就、著作等身。可冯友兰却制定了《新编》写作计划，立志重写一部中国哲学史。尽管在这期间，他经历了失去亲人的悲痛，又常常为各种疾病所缠扰，但他仍坚持了下来。特别是在写到《新编》第五卷的时候，冯友兰听力已严重下降，视力几乎全失。他不能看书、找资料，只能听人念材料，并通过逐字逐句亲自口授，再由助手记录的方式进行写作。为了完成书稿，他从未休息过一个寒暑假。由于年高体弱，他每天只能工作半天。为了不浪费时间，他尽可能不喝水，以免因上厕所而中断工作。“春蚕到死丝方尽，蜡炬成灰泪始干”，这不仅被冯友兰用来表达自己的决心，也是其创作的真实写照。1989年下半年起，冯友兰的身体状况日渐不佳，生病住院的次数较以往更多。这时他想的仍然是如何加紧完成《新编》的最后一卷。到 1990 年 7 月,《新编》第七卷才最终定稿。冯友兰在人生的最后十年以顽强毅力，完成七卷本、150 万字的《中国哲学史新编》，创造了学术史上的奇迹。

冯友兰晚年时曾以“阐旧邦以辅新命”来概括其哲学追求。“我经常想起儒家经典《诗经》中的两句话:‘周虽旧邦，其命维新。’就现在来说，中国就是旧邦而有新命，新命就是现代化。我的努力是保持旧邦的同一性和个性，而又同时促进实现新命。”[①] 中国古典哲学中有些部分对于人类精神境界的提高，对于人生中的普遍问题的解决，是有所贡献的，这是有永久价值的。冯友兰以全部精力投入《中国哲学史新编》的创作，就是通过把中国哲学从传统到未来的来龙去脉讲清楚，把中国古典哲学中有永久价值的东西阐发出来，推动中国未来的哲学体系的形成和发展，从而服务于中华民族的现代化。这样，中华民族的古老文化虽然已经过去了，但它也是将来中国新文化的一个来源，它不仅是过去的终点，也是将来的起点。新旧相续，源远流长，使古老的中华民族文化绽放出新的光彩。中国现代化的成功，将使其成为世界上最古老也是最新的国家。心系旧邦新命，这是冯友兰从事学术研究的终极追求，也是他学术创作的精神支撑。

---

① 冯友兰:《三松堂全集》第一卷,河南人民出版社 2001 年版,第 311 页。

第六章 故乡研冯学

1895 年 12 月 4 日，冯友兰出生于河南省南阳市唐河县祁仪镇，幼年、童年、少年时代，他先后在家乡生活、学习了 12 年。

梦萦故乡，拳拳赤子心。终其一生，冯友兰都心系家乡、热爱家乡。暮年卧病在床，他还操着浓郁的乡音艰难地说："我个人实在没有什么可以说的，就是有点成就，也是家乡人民的培养，我想起来就觉得很感谢，只有祝愿家乡越来越繁荣、越来越兴旺……"①

情牵游子身，悠悠桑梓意。冯友兰是南阳的骄傲，南阳人民一直为家乡出了位哲学大师而自豪。如今，冯友兰更成为唐河、南阳乃至河南亮丽的文化名片，以其名字命名的城市道路、湿地公园、中小学校分布城乡，以其名字倡办的作文竞赛、书法展览、社会活动影响日深。

尤其值得一提的是，对于冯友兰的研究与纪念，在其故乡出现了政府、学界与民间高度契合的局面，市、县、省相继成立研究会，冯学成为"显学"，良好的学习氛围渐渐形成。

① 刘雅鸣：《牵挂冯友兰的乡亲与故土》，《新华每日电讯》2015 年 12 月 18 日。

第一节　冯学社团蓬勃发展

30年来，南阳市、唐河县、河南省的冯友兰研究会先后成立、完善。

一、南阳冯友兰研究会的成立和发展

早在1993年5月，南阳就成立了冯友兰研究会，市领导褚庆甫、魏山友先后出任会长。

2005年9月，南阳理工学院成立冯友兰研究会，副校长刘振山当选会长，接替原南阳冯友兰研究会的工作。多位市领导、南阳理工学院负责人和著名作家二月河、周同宾等被聘为顾问；聂振弢、郑先兴、王仁宇、葛晨光等百余位专家学者为研究会组成人员。南阳冯学研究从此掀开新的一页，步入快速发展时期。

2015年6月，河南省冯友兰研究会南阳分会成立，刘振山任会长。田永清、冯钟璞、二月河、周同宾、王廷信、聂振弢等被聘为顾问，接替了南阳理工学院冯友兰研究会的部分工作。南阳冯友兰研究会进入了一个合作办会的阶段。

2018年12月23日，南阳冯友兰研究会举行换届会议。聂振彧当选会长，谢胜旺担任秘书长，刘振山为名誉会长兼顾问，秦俊、丁全、石峰、贾安有、张金虎等被聘为顾问。5 年来，研究会共举办冯友兰学术思想研讨会 6 次，开办讲座 20 余场，研究会成员撰写、发表相关学术论文 12 篇，申报课题 4 项，取得了丰硕的研究成果和良好的社会效应，较好地影响和带动了一批青年学者从事冯学思想研究。

二、各级冯友兰研究会相继成立

2010 年 8 月 17 日，唐河县冯友兰研究会成立，县人大常委会副主任郑柏林任会长，唐河县委宣传部、财政局、卫生局、社科联等单位和祁仪镇党委、政府的主要负责人任副会长。其他有关单位负责同志和冯学爱好者一共 300 多人为理事、会员。中共中央台湾工作办公室、国务院台湾事务办公室原副主任王富卿担任名誉会长，冯友兰女儿冯钟璞、时任南阳理工学院副校长刘振山和县主要负责人等被聘为顾问。这是唐河县委、县政府为打造“友兰故里”文化名片而成立的一个规格高、规模大的半官方性质的学术类社团。研究会成立以后，多次组织开展纪念活动和学术交流活动，在推动建设冯友兰纪念馆，开展文化宣讲、人员培训等方面作出了贡献。

2012 年 6 月 30 日，河南省冯友兰研究会成立大会在唐河县举行，南阳市主要负责人到会看望专家学者，唐河县主要负责同志与会。郑州工程技术学院原党委书记、校长王廷信当选

2019 年，冯钟璞（前排左六）与南阳冯友兰研究会部分代表合影

会长，特邀省级老领导侯志英、张德广、王宏范、郭国三等为名誉会长，北京大学哲学系副主任胡军、北京社科院哲学研究所原所长陈战国、省文联原副主席田中禾、省社科院哲学研究所原所长崔大华为顾问。其中，王廷信等在郑工作的唐河人，不仅是河南省冯友兰研究会的带头人，而且组织成立河南省冯友兰教育基金会，每年表彰奖励唐河优秀学子。河南省冯友兰研究会成立之后，在郑州、洛阳、安阳、南阳等地，特别是在唐河多次召开学术交流研讨会，开展一系列活动，办了一批实事好事。

第二节　冯学活动丰富多彩

多年来，南阳的冯学活动一方面注重走出去，加强与全国学术界的沟通与交流；另一方面借助冯友兰故里这一优势，积极承办国家级学术研讨、学术报告活动，通过请进来国内名家、大家，或向内挖潜的方式，举办各种形式的学习培训、宣传教育，着力提升市内学术活动质量和内部成员素养。

一、积极参加学术交流

2005 年 11 月 5 日—6 日，纪念冯友兰先生诞辰 110 周年暨冯友兰学术国际研讨会在北京大学举办，来自大陆和台湾地区的多所大学、科研单位，以及美国、韩国等地的专家学者 100 多人参加会议。南阳冯友兰研究会的冯晓仙、刘振山、赵阳、王仁宇等应邀与会。在开幕式上，作为家乡代表，南阳冯友兰研究会负责人把精心准备的两幅烙画作品赠送给出席会议的全国人大常务委员会领导和东道主北京大学，并在大会上介绍了烙画的内容、寓意及研究会工作。

2008 年 10 月 25 日—26 日，全国第八次冯友兰学术思想研讨会在云南师范大学（原西南联大旧址）举办。南阳冯友兰研究会的刘振山、于元明、逯忆、王仁宇等，和来自全国各地的冯学专家学者 50 多人参加会议。与会专家学者就冯友兰在西南联大的学术与校务活动、“贞元六书”哲学思想的原创性与大众性、西南联大的教育思想和社会政治思想等进行了深入探讨。作为家乡代表，刘振山在主席台就座并发言。

2010 年 11 月，清华大学举办全国第十一次冯友兰学术思想研讨会暨纪念冯友兰诞辰 115 周年活动，此次会议的主题是“冯友兰的教育理论与实践”。来自清华大学、北京大学、中国社会科学院以及海外高校和科研院所等机构共 70 多名专家学者参加了会议。中国哲学史学会会长、中国哲学史学会冯友兰研究专业委员会会长陈来主持会议，清华大学校长顾秉林致辞。南阳冯友兰研究会会长刘振山、唐河冯友兰研究会会长郑柏林、常务副会长兼秘书长高文军、副会长张瑞良等参加会议，分别在大会上介绍了南阳和南阳冯友兰研究会工作开展情况并在分组会上作了发言。会前，南阳代表还专程看望了冯钟璞，拜访了陈来、胡军、陈战国等冯学研究专家。

二、踊跃举办各类活动

2002 年 10 月 12 日—15 日，由全国冯友兰研究专业委员会、北京大学哲学系、南阳师范学院联合举办的“冯学与当代中国学术”第五届冯友兰学术思想研讨会在宛召开。时任中国哲学史学会冯友兰研究专业委员会会长、北京大学哲学系教授的朱伯崑致开幕词，南阳市和唐河县有关领导，南阳师范学院的有关领导、部分师生和与会代表参加开幕式。在为期 3 天的会议中，来自海峡两岸暨港澳的 50 余名专家、学者围绕“冯学研究的回顾与展望”“冯学的特色及其价值”“冯学的治学方法”等中心议题进行认真交流并展开热烈讨论。交流和讨论广泛涉及冯友兰的哲学观、文化观、人生观、方法论等内容[①]。大会闭幕式上，中国社会科学院名誉学部委员余敦康作精彩总结。

2006 年 11 月 16 日—17 日，为纪念冯友兰诞辰 111 周年，

① 马亚南：《“冯学与当代中国学术”——第五届冯友兰学术思想研讨会综述》，《南阳师范学院学报（社会科学版）》2003 年第 1 期。

南阳师范学院冯友兰研究所举办首届“冯友兰学术论坛”，来自北京、天津、湖北、河南、安徽等地高校和科研院所的10余名专家学者出席论坛。与会学者围绕对冯友兰思想如何“照着讲”与“接着讲”等问题作了深刻发言和广泛交流。在论坛的闭幕式上,冯学专家陈战国作总结报告,鼓励大家无论是“照着讲”还是“接着讲”，最终要落实到“接着做”上；以后要克服困难、创造条件把这个论坛继续办下去，并且越办越好。论坛举办期间，金春峰、宋志明、乔清举、田文军、钱耕森等专家学者在南阳师范学院、南阳理工学院作学术报告，就冯友兰的治学精神、儒家的现代走向、环境哲学与河流的文化生命、道德的中庸和伦理的中庸等专题发表精彩演讲。①

2007年9月20日—22日，冯友兰哲学思想高层论坛暨全国第七次冯友兰学术思想研讨会在南阳举办。此次论坛由中国哲学史学会冯友兰研究专业委员会主办，南阳理工学院冯友兰研究会承办，中国移动通信公司南阳分公司协办。冯钟璞、胡军、羊涤生、蒙培元、金春峰、宋志明、陈战国、钱耕森、田文军、乔清举、李景林、陈鹏等30余位知名专家学者参加本次论坛。在论坛的闭幕式上，中国哲学史学会冯友兰研究专业委员会秘书长胡军总结说，此次论坛不仅交流了冯学研究情况，还就如何“接着讲”等问题进行了深入研讨；更可喜的是，冯

① 王仁宇:《首届“冯学论坛”综述》,《南阳师范学院学报(社会科学版)》2007年第1期。

学研究领域出现了新观点，研究队伍出现了新面孔，冯学研究走进了理工科院校，年轻学者的加入将对冯学研究产生推动与传承作用。

2010 年 9 月 21 日，全国第九次冯友兰学术思想研讨会在唐河举办，会议由唐河县委、县政府承办。胡军、许全兴、金春峰、李维武、田文军、柴文华等 100 多位专家学者和地方的同志参加会议。本次会议的主题为“冯友兰哲学与中国现代哲学”。与会学者探讨了冯友兰哲学与哲学史思想的历史地位与价值、方法论思想、境界说、局限性等问题。开幕式由刘振山主持，胡军作学术报告。

2013 年 12 月 8 日，由河南省冯友兰研究会和南阳理工学院冯友兰研究会共同举办的河南省冯友兰研究会学术年会暨纪念冯友兰诞辰 118 周年座谈会在宛举行。河南省冯友兰研究会名誉会长、省政协原副主席郭国三，河南省冯友兰研究会会长王廷信等出席会议。来自北京大学、郑州大学、河南师范大学、河南省社科院、河南省委党校等高校和科研院所的专家、学者和冯学爱好者近 200 人参加了会议。座谈会上，与会专家学者和唐河县有关领导同志作了典型发言，他们结合实际，就学习冯友兰思想，传承中华文明，提高人生境界，服务社会、促进工作，畅谈了自己的体会和看法，受到与会者的好评。中国哲学史学会冯友兰研究专业委员会副会长陈战国作了《冯友兰论不变的道德》的学术报告。

2020 年 12 月，唐河县委书记周天龙（左一）陪同来宛参加全国第十三次冯友兰学术思想研讨会暨纪念冯友兰诞辰 125 周年座谈会的陈来教授参观唐河县图书馆“宗璞书屋”

2023 年 4 月，南阳冯友兰研究会一行到清华大学拜访陈来教授

2019年11月28日—30日，中共唐河县委、县政府与南阳冯友兰研究会共同承办全国第十二次冯友兰学术思想研讨会暨纪念冯友兰诞辰124周年座谈会。此次座谈会以“旧邦新命、家国情怀”为主题，纪念缅怀冯友兰先生的家国情怀和民族精神。研讨会由刘振山主持。中国哲学史学会冯友兰研究专业委员会副会长、秘书长乔清举，副会长李景林，北京社科院研究员、哲学研究所原所长陈战国，南阳冯友兰研究会会长聂振弢等作主题报告。

2020年12月24日，南阳师范学院承办全国第十三次冯友兰学术思想研讨会暨纪念冯友兰诞辰125周年座谈会。纪念活动与学术研讨会分别在南阳市唐河县、南阳师范学院举办。陈来、李景林、丁四新、田文军等与来自国内高校和科研单位的60位专家学者参加会议。与会专家围绕“纪念冯友兰”“冯友兰哲学的当代意义”“冯友兰哲学思想的诠释”“冯友兰哲学方法”等主题，就冯友兰哲学思想的建构方法、冯友兰哲学思想的继承和弘扬等问题，进行了深入的探讨。

第三节　研究推广成效显现

在各级领导的重视、关心、支持下，省、市、县冯友兰研

2007 年，冯钟璞赴南阳理工学院参加冯友兰哲学思想高层论坛暨全国第七次冯友兰学术思想研讨会

究会共同努力，积极主动开展宣传、研讨活动，专家学者和冯学爱好者刻苦学习、潜心研究，冯友兰其人其事在故乡的影响日益扩大。

一、研究宣传成果显著

南阳人过去对冯友兰的了解很不够。2007 年 9 月，冯钟璞参加全国第七次冯友兰学术思想研讨会后回到唐河老家，刘振山等陪同她参观文笔峰时，陪同人员问围观群众：“你们知道冯友兰是谁吗？是干啥的？”有人回答：“冯友兰可能是个女的，肯定是个大官。”2008 年 10 月，冯友兰学术思想研讨会暨冯友兰诞辰 113 周年纪念活动在南阳一宾馆内举办，协助办会的宾馆工作人员竟然把会标上的冯友兰写成了“冯支兰”。这两件事，说明当时确实有人不知道、不了解这位著名哲学大师。如果是在今天，无论如何都不会出现这种现象。截至目前，南阳冯友兰研究会已购买冯友兰《三松堂全集》14 卷本共 60 余套、冯友兰著作的单行本 120 余册，分别赠送给领导、专家、学者和冯学爱好者及研究会部分成员，并成立南阳冯友兰研究会讲师团和书画院，开展进学校、进社区、进农村、进机关、进企业的“五进”宣讲和书画活动。南阳冯友兰研究会以聂振弢、李慧、郑先兴、于元明、王仁宇、赵卫东、谢胜旺、高文军等成员为主，同时邀请陈战国、胡军、田文军、乔清举、钱耕深、高秀昌、申延平、李庚香等专家学者和省市领导，近年一共作了百余场冯友兰学术思想报告。冯友兰书画院先后到市实验中学、市人民公园、卧龙区农行、长江路新世纪学校等地方挥毫泼墨，举办笔会10余场次。同时，还撰写了20余篇哲学学术论文，整理出版了《冯学研究论文集》，编写出版了《冯友兰传》《冯门望族》、"冯友兰家族文化丛书"，建设了冯友兰纪念馆，拍摄了电影《青年冯友兰》，制作了纪录片《世纪哲人冯友兰》……冯友兰的爱国思想、学术品格在社会上，特别是在广大青少年中产生了广泛而深远的影响。

二、着力打造文化名片

南阳市和唐河县历届领导不仅高度重视冯友兰研究会的组织建设工作，而且以极大的热情和魄力宣传和打造冯友兰文化。南阳中心城区的梅城公园里，矗立着哲学家冯友兰、建筑学家杨廷宝、教育家张嘉谋、史学家董作宾等人的雕像，以供人们瞻仰纪念。冯友兰已成为南阳市现当代杰出人物中的重要代表。唐河县更是投资2000万元，在县城唐河西岸，按照冯友兰故居的规模复建了冯友兰纪念馆，投资近亿元建成了友兰湿地公园，把穿城而过的312国道县城段命名为友兰大道，把新建的高中学校命名为友兰实验高中，把新建的小学定名为友兰小学，把新建的城市广场定名为友兰广场，把新建的图书馆定名为友兰图书馆，设立了冯友兰教育基金会，在祁仪设立了冯友兰展览馆，建设了冯友兰文化广场，投资2600万元治理了冯友兰

唐河祁仪镇冯友兰文化广场上的冯友兰铜像

故居门前的清水河、打造了祁仪环镇路，在广场竖起了 8.5 米高的冯友兰铜像。冯友兰，早已成为唐河着力打造的一张亮丽的、引人注目的文化名片。

三、资料搜集日臻丰富

整理、搜集冯学文史资料，南阳冯友兰研究会副会长、卧龙区档案馆原副馆长吕琦功不可没。在冯友兰、冯钟璞两位先生的支持下，在总参兵种部原政委田永清少将、北京哲学研究所原所长陈战国、著名作家二月河等的帮助下，时任卧龙区档案馆馆长吕琦做了三件特别有意义的事：一是从 1988 年到 2002 年，她将包括冯友兰博士服等在内的珍贵且具有重要纪念意义和研究价值的物品、手稿等，收集并运回南阳，在卧龙区档案馆建立了冯友兰陈列室；二是与陈战国一起收集了冯友兰近 300 张照片，当时，二月河特别从稿费中拿出 4 万元，资助出版印刷了《世纪哲人冯友兰》画册；三是在 1990 年 12 月 4 日，冯友兰遗体告别仪式后，征得冯友兰家属的同意，与美容师马燕龙一起取下冯友兰胡须约 30 根保存至今。这些都为后人纪念和研究冯友兰提供了宝贵的资料。

第四节　冯学事业方兴未艾

受客观形势所迫，冯友兰晚年一度不能上课，他慨叹自己“家藏万贯，膝下无儿”，希望有更多的人研究他、理解他。[①]

随着中华民族伟大复兴进程的不断推进，优秀文化越来越受到关注、得到发展。如今，老人的愿望早已在故乡实现。2.66万平方公里的南阳大地上，目前已经开始呈现出一个“学风更加浓厚，思想更加清晰，成效更加显著，队伍更加壮大，领导更加重视，势头更加向好”的冯学发展新气象。

一、学风更加浓厚

认真研读冯友兰原著，积极参加冯友兰学术思想报告会和有关活动的人多了，撰写冯友兰思想学术论文的人多了，学研之风浓了。仅以南阳和唐河冯友兰研究会成立以来为例，至少有千人持有冯友兰《三松堂全集》或单行本。

① 冯钟璞:《作为父亲的冯友兰和作为自己的冯友兰》，载于金少庚、鲁新建:《冯门望族》，中州古籍出版社 2015 年版，第 1145 页。

2018 年，冯钟璞 90 岁生日华诞，南阳冯友兰研究会成员前往祝贺

二、队伍更加壮大

南阳冯友兰研究会从成立之初的 80 多人发展到现在的 300 多人，其组成人员主要来自地方几所高校，也不乏冯友兰老家唐河和卧龙区、宛城区、高新区、社旗县、镇平县、新野县、邓州市、内乡县、桐柏县、南召县等县及市直有关单位的同志。他们对于学习、传承、弘扬包括冯友兰学术思想在内的中华优秀传统文化发挥了重要的示范带动和引领作用。

三、领导更加重视

自 20 世纪 90 年代成立南阳冯友兰研究会始，市、县、乡历任各级领导和高校有关负责同志，一直比较重视和支持冯友兰研究会活动。他们或亲自参加会议，或帮助解决经费，或积极讲话发言，对推动南阳冯学事业发展给予了真诚的关心和支持。

四、势头更加向好

冯学，是中华优秀传统文化的组成部分，博大精深，魅力独具，吸引着越来越多的南阳学子、文化爱好者投身其中。在各级领导的重视、支持和积极参与下，在南阳冯友兰研究会、南阳师范学院冯友兰研究所、唐河冯友兰研究会等社团和单位的共同努力下，冯学开始为更多的群众所了解、所向往、所参与。

在生命的尽头，冯友兰曾用尽全身力气说："中国哲学将来一定会大放光彩！"[①]这句话,饱含着他对中华优秀传统文化的深厚感情，更带着"阐旧邦以辅新命"、赓续文化传承、建设社会主义先进文化的殷切期许。追寻先生懿德，传承先生思想，今天的我们，有责任、有义务将冯友兰学术思想与中华优秀传统文化、革命文化和社会主义先进文化有机结合起来，把冯友兰这张文化名片与中原大地特别是南阳、唐河的未来发展结合起来，助力社会进步，推动经济发展，提升人民素质，彰显哲学的影响和魅力。

---

① 冯钟璞:《三松堂断忆》，载于宗璞《宗璞散文精选》，长江文艺出版社 2017 年版，第 67 页。

主要参考资料

[1] 冯友兰:《三松堂全集》, 河南人民出版社 2001 年版。

[2] 冯钟璞、蔡仲德编:《冯友兰先生百年诞辰纪念文集》, 清华大学出版社 1995 年版。

[3] 陈岱孙等:《冯友兰先生纪念文集》, 北京大学出版社 1993 年版。

[4] 陈来:《冯友兰的伦理思想》, 生活 · 读书 · 新知三联书店 2018 年版。

[5] 陈来:《现代中国哲学与新儒学——纪念冯友兰先生诞辰 120 周年暨冯友兰学术思想研讨会论文集》, 清华大学出版社 2017 年版。

[6] 胡军:《反思与境界——纪念冯友兰先生诞辰 110 周年暨冯友兰学术国际研讨会文集》, 北京大学出版社 2008 年版。

[7] 胡军:《冯友兰论人生》, 江西高校出版社 2010 年版。

[8] 金春峰:《冯友兰哲学生命历程》, 中国言实出版社 2004 年版。

[9] 田文军:《冯友兰新理学研究》, 武汉出版社 1990 年版。

[10] 田文军:《冯友兰传》, 人民出版社 2003 年版。

[11] 程伟礼:《信念的旅程：冯友兰传》，上海文艺出版社 1994 年版。

[12] 李中华:《冯友兰评传》，百花洲文艺出版社 2010 年版。

[13] 李中华:《冯友兰卷》(中国近代思想家文库)，中国人民大学出版社 2015 年版。

[14] 宋志明、梅良勇:《冯友兰评传》，中国青年出版社 2016 年版。

[15] 乔清举:《当代中国哲学史学史》(全二册)，上海古籍出版社 2020 年版。

[16] 单纯、旷昕编:《解读冯友兰·学人纪念卷》，海天出版社 1998 年版。

[17] 郑家栋、陈鹏选编:《解析冯友兰》，社会科学文献出版社 2002 年版。

[18] 柴文华:《冯友兰新理学伦理思想研究》，人民出版社 2010 年版。

[19] 高秀昌:《冯友兰中国哲学史方法论研究》，北京大学出版社 2010 年版。

[20] 王仁宇:《民国学者论冯友兰》，人民出版社 2019 年版。

[21] 清华大学国学研究院编:《冯友兰教育思想研究》，华东师范大学出版社 2012 年版。

[22] 王鉴平:《冯友兰哲学思想研究》，四川人民出版社 1988 年版。

[23] 赵金钟:《霞散成绮——冯友兰家族文化史》,长江文艺出版社 2000 年版。

[24] 高文军、赵志敏主编:“冯友兰家族文化丛书”,中州古籍出版社 2015 年版。

[25] 刘克敌:《一部哲学史引出的学术“四重唱”——以围绕冯友兰著作的几篇“审查报告”和书评为核心》,《东岳论丛》2022 年第 8 期。

[26] 杜保瑞、张雅迪:《冯友兰对中国形上学论辩的方法论解析》,《中州学刊》2022 年第 7 期。

[27] 刘永春:《区分“合乎道德的行为”——以冯友兰〈新原人〉为中心》,《道德与文明》2022 年第 2 期。

[28] 蔡祥元:《冯友兰境界论之得失》,《东岳论丛》2021 年第 1 期。

[29] 陈晓平:《何谓“分析哲学的中国化”?——以冯友兰对中国哲学的逻辑重建为例》,《哲学分析》2021 年第 5 期。

[30] 王沁凌:《史学的“第二次革命”与中国哲学史写作——从胡适到冯友兰的一条线索》,《现代哲学》2020 年第 6 期。

[31] 高力克:《“旧邦新命”:冯友兰的中国现代化论》,《史学月刊》2019 年第 1 期。

[32] 代玉民:《冯友兰“负的方法”新探》,《中州学刊》2018 年第 5 期。

[33] 李巍:《从“讲哲学”看中国哲学——冯友兰的思想遗产》,

《兰州大学学报（社会科学版）》2018 年第 3 期。

［34］李景林：《冯友兰后期哲学思想的转变——从〈中国哲学史新编〉总结讲起》，《文史哲》2016 年第 6 期。

［35］高秀昌：《冯友兰与清华之“学术独立”》，《中南民族大学学报（人文社会科学版）》2016 年第 5 期。

［36］李承贵：《冯友兰“新理学”若干问题刍议》，《哲学研究》2016 年第 8 期。

［37］陈来：《境界伦理学的典范及其改善——有关冯友兰〈新原人〉的思考》，《北京大学学报（哲学社会科学版）》2016 年第 1 期。

［38］柴文华：《论劳思光对冯友兰〈中国哲学史〉的评价》，《哲学研究》2015 年第 7 期。

［39］Wycoff, William Alfred. The New Rationalism of Fung Yu-Lan. Thesis (Ph. D.)—Columbia University, 1975.

［40］Masson, Michel C. *Philosophy and tradition : The Interpretation of China's Philosophic Past : Fung Yu-lan,* 1939-1949.Taipei : Ricci Institute, 1985.

［41］Richard C.K. Lee. *Comparing Søren Kierkegaard and Feng Youlan on the Search for the True Self.* Journal of Chinese Philosophy 40:1 2013(4).

［42］Chen,Derong. *Category and Meaning:A Critical Study of Feng Youlan's Metaphysics.* Thesis (Ph.D.)-University of

Toronto,2005.

[43] Diane B. Obenchain. *The Enduring Value of What Feng Youlan Taught Us: A Western Perspective.* Commemorating Feng Youlan's 120th Anniversary and 25th Anniversary, Tsinghua University, November 21-22, 2015.

附录一 冯友兰生平

一、青年求学

1901年,冯友兰6岁,开始接受家塾启蒙教育,先后读完《三字经》《论语》《孟子》《大学》《中庸》《诗经》。此外，他还读过《地球韵言》，第一次接触到“新学”。

1904年，父亲冯台异在武昌方言学堂任职，冯友兰和弟、妹一起随父母迁至湖北武昌。在母亲吴清芝的带领下，冯友兰读了《书经》《易经》《礼记》和《左传》等。

1907年，冯台异任湖北崇阳县知县，冯友兰与弟、妹随教读师爷读书，所学课程有古文、算术、写字、作文等。在这段时期，冯友兰还接触了吴汝纶所编选的《桐城吴氏古文读本》，同时也阅读了其父冯台异所藏的一些新旧书籍报刊，包括《外交报》上面的文章，初步接触了一些世界知识和国际情况。

1908年，冯台异因病猝逝，冯友兰与弟、妹随母亲迁回老家唐河。此后两年，冯友兰继续在家塾跟从先生读书，开始阅读了诸如黄宗羲《明夷待访录》等带有民主主义色彩的书籍。

1910年，冯友兰考入唐河县立高等小学预科。

1911 年，冯友兰以初试第二名、复试第一名的成绩考入开封中州公学（今河南大学）中学班。

1912 年夏，冯友兰转入武昌中华学校。中华学校的校长是辛亥革命时期大名鼎鼎的黎元洪。

1912 年冬，冯友兰考入上海中国公学。上海中国公学的校长是黄兴。当时这所学校的所有课程都采用英文原著作为教材，如逻辑课所使用的教材就是耶芳斯的《逻辑要义》。胡适也是这所学校的校友。

1915 年，冯友兰考入北京大学文科哲学门，学习中国哲学。

1918 年 6 月，冯友兰毕业于北京大学哲学系。胡适和梁漱溟于 1917 年先后来到北京大学任教，冯友兰有幸受教于两位先生。

1919 年，冯友兰通过了官费留学考试。冯友兰在北京参加复试期间，曾就选择留美学校一事拜访胡适。胡适介绍说："美国的哈佛大学和哥伦比亚大学哲学系都是有名的，但是哈佛的哲学是旧的，哥伦比亚大学的哲学是新的。"

1920 年，冯友兰正式入读哥伦比亚大学研究院，师从实用主义大师约翰·杜威（John Dewey）和新实在论者弗里德里克·伍德布里奇（Frederick J.E. Woodbridge），系统学习西方哲学理论。

1922 年，冯友兰向哥伦比亚大学申请奖学金。导师杜威为他写推荐信，评价说"这个学生是一个真正学者的材料"。

1923 年，完成博士论文“The Way of Decrease and Increase with Interpretations and Illustrations from the Philosophies of the East and the West”(《天人损益论》)并通过答辩。

1924 年，获哥伦比亚大学博士学位 。

二、婚姻家庭

1911 年暑期，冯友兰与表妹吴淑贞结婚。

1913 年，吴淑贞病故。

1915 年，与任载坤订婚。任载坤是河南新蔡人，此时就读于北京女子师范学校。任载坤的父亲是参加辛亥革命的前辈任芝铭。任载坤的二姐任纬坤(任锐),是革命先烈孙炳文的妻子，他们的女儿是孙维世。

1918 年，冯友兰从北京大学哲学门毕业，任载坤从北京女子师范学校毕业，两人同返开封结婚。

1919 年 5 月，冯友兰的长女冯钟琏出生。冯钟琏后来从西南联大外语系毕业，成为北京三十一中一名优秀的语文教师。

1924 年 6 月，冯友兰的长子冯钟辽出生。冯钟辽在西南联大读书期间投笔从戎，加入中国远征军，参加了滇西反攻战役，因在反法西斯战争中的功绩，获得了美国“总统自由勋章”。冯钟辽后来定居美国，从美国宾夕法尼亚大学毕业，成为电机设计方面的专家。

1928 年 7 月，冯友兰次女冯钟璞出生。冯钟璞毕业于清华大学外文系，是当代著名作家、茅盾文学奖获得者。

1931 年 12 月，冯友兰次子冯钟越出生。冯钟越毕业于清华大学航空系，是中国飞机结构强度专家，曾担任中国航空研究院飞机设计所研究室主任、飞机结构力学研究所副所长兼总工程师。

1945 年 1 月，太夫人吴清芝去世。冯友兰作《先妣吴太夫人行状》《祭母文》。

1975 年 6 月，冯钟琏去世。

1977 年 10 月，夫人任载坤去世。冯友兰手书挽联："在昔相追随，同荣辱，共安危，出入相扶持，黄泉碧落君先去；从今无牵挂，断名缰，破利锁，俯仰无愧怍，海阔天空我自飞。"

1982 年 7 月，冯友兰由冯钟璞陪同，赴美国夏威夷出席国际朱熹学术会议。在日本转机时，得诗一首："早岁读书赖慈母，中年事业有贤妻。晚来又得女儿孝，扶我云天万里飞。"

1982 年 10 月，冯钟越病故。冯友兰手书挽联："是好党员，是好干部，壮志未酬，洒泪岂只为家痛；能娴科技，能娴艺文，全才罕遇，招魂也难再归来。"

1983 年 7 月，冯钟璞获"钟山文学奖"。冯友兰拟一联："槐树旧街，传下三世文采；钟山新砚，送来六代风流。"

1988 年 7 月，冯钟璞 60 岁生日，冯友兰书"百岁继风流，一脉文心传三世；四卷写沧桑，八年鸿雪纪双城"一联勉之。

三、任教生涯

1918 年 9 月，冯友兰从北京大学毕业后，任教于河南第一工业学校，担任国文和修身教员。

1923 年，冯友兰博士毕业回国后，任中州大学（今河南大学前身）哲学系教授兼哲学系主任、文科主任、校评议会成员、图书馆委员会委员。

1925 年 9 月，冯友兰任广东大学哲学系教授兼系主任。

1926 年 2 月，冯友兰离开广东大学，到燕京大学任哲学系教授兼燕京研究所导师，讲授中国哲学史、人生哲学两门课，又兼北京大学讲师，讲授西洋哲学史。同时还在美国人办的一所华语学校讲授《庄子》。

1928—1936 年，冯友兰先后任清华大学哲学系教授兼校秘书长、清华哲学系主任、文学院院长，其中，冯友兰于 1930 年 7 月—1931 年 4 月代理清华大学校务会议主席。

1938—1946 年，冯友兰任西南联大文学院哲学心理教育学系教授会主席、文学院院长。1939 年 6 月，冯友兰创作了《国立西南联合大学校歌》。1946 年 5 月，为西南联大纪念碑撰写了碑文。

1946 年 8 月，冯友兰应美国宾夕法尼亚大学邀请，任客座教授一年，讲授中国哲学史并与卜德英译《中国哲学史》下册。同时指导两名研究生攻读中国古籍。

1947 年下半年，冯友兰在夏威夷大学任客座教授。

1948 年 3 月，冯友兰谢绝了至亲好友的挽留，毅然决然地返回祖国。他说：“俄国革命以后，有些俄国人跑到中国居留，称为‘白俄’。我决不当‘白华’。解放军越是胜利，我越是要赶回去，怕的是全中国解放了，中美交通断绝。”

1948 年 9 月，冯友兰当选为首届南京中央研究院院士，并被选为院士会议评议会委员。

1948 年 12 月至 1949 年 5 月，冯友兰拒绝去台湾，同时被推举为清华大学校务会议临时主席。在冯友兰的努力下，清华大学平稳、完好地被人民政府接管。

1952 年，全国高校院系大调整，清华大学哲学系合并于北京大学哲学系。冯友兰迁居北京大学燕南园 54 号，1957 年迁居燕南园 57 号，此后一直住在这里。

1954 年 7 月，冯友兰担任北京大学哲学系中国哲学史教研室主任，同年被评为一级教授。

1955 年 6 月，冯友兰当选为中国科学院哲学社会科学部委员，后又补选为常务委员。

四、著书立说

1923 年，冯友兰以《人生理想之比较研究》（又名《天人损益论》）顺利通过美国哥伦比亚大学博士毕业答辩。

1924 年，冯友兰沿博士论文方向写成《一种人生观》。

1926 年，冯友兰完成《人生哲学》。在这本书中，冯友兰确立了其新实在论的哲学信仰，并开始把新实在论同程朱理学结合起来 。

1931 年，完成《中国哲学史》(上册)。

1933 年,《中国哲学小史》作为“百科小丛书”之一出版。

1934 年，完成《中国哲学史》(下册)。

1937 年—1946 年，冯友兰连续出版了 6 本书，称为“贞元之际所著书”(“贞元六书”):《新理学》(1937)、《新世训》(1940)、《新事论》(1940)、《新原人》(1942)、《新原道》(1945)、《新知言》(1946)。

1946 年 8 月,《南渡集》结集。《南渡集》是 1931 年“九一八”抗战以来所作的短篇论文选集。

1948 年，*A Short History of Chinese Philosophy* 由纽约麦克米伦公司出版。

1958 年 1 月,《中国哲学史论文集》出版。

1962 年,《中国哲学史论文二集》、《中国哲学史新编》(第一册)、《中国哲学史史料学初稿》相继出版。

1964 年 6 月,《中国哲学史新编》(第二册)出版。

1980—1990 年，完成《三松堂自序》和七卷本《中国哲学史新编》(其中第一、二卷是重写的)。

1985 年 2 月，*A Short History of Chinese Philosophy* 中译本《中国哲学简史》由北京大学出版社出版。该书由涂又光译。

1988年7月，冯友兰手书对联："阐旧邦以辅新命，极高明而道中庸。"这副对联直到逝世，一直挂在书房，也是其座右铭。上联写的是冯友兰学术工作的目的和宗旨，下联则是其一生追求达到的精神境界。

1990年11月2日，冯友兰因病住院，李泽厚、陈来探视，冯友兰说："中国哲学将来一定会大放光彩。要注意《周易》哲学。"这期间他写了《中国哲学史》台北版自序："余平生所著，三史六书耳。三史以释今古，六书以纪贞元。"

五、社会活动

1949年10月，冯友兰致函毛泽东："我在过去讲封建哲学，帮了国民党的忙，现在我决心改造思想，学习马克思主义，准备在五年之内用马克思主义的立场、观点、方法，重新写一部中国哲学史。"

1949年10月，冯友兰应邀与徐特立谈话。

1951年9月，冯友兰随中国文化代表团出访印度、缅甸，并接受印度德里大学名誉文学博士学位。

1952年1月，冯友兰向清华大学捐献委员会捐献电冰箱一台，支援抗美援朝。

1952年8月，冯友兰申请加入中国民主同盟。

1954年12月起，冯友兰连续参加第二、三、四、五、六届全国政协会议和第四届全国人大代表会议。

1955 年 11 月，中国科学院哲学研究所成立，冯友兰兼任中国哲学史研究组组长。

1956 年 11 月，冯友兰随中国佛教代表团赴印度参加“纪念释迦牟尼逝世二千五百周年群众大会”。

1957 年 3 月，冯友兰参加中共全国宣传工作会议。冯友兰回忆说：“在开会中间，毛泽东叫我发言，我提出了一些关于中国哲学史方面的问题……在散会的时候，毛泽东拉着我的手说：‘好好鸣吧，百家争鸣，你就是一家嘛。你写的东西我都会看。’”

1957 年 7 月，冯友兰与潘梓年、金岳霖一起参加在华沙举办的国际哲学研究所华沙会议并发言。

1962 年 4 月，毛泽东等在怀仁堂后院接见参加全国政协三届三次会议的政协委员，问起冯友兰工作及健康情况。毛泽东说：“你主张孔子是进步的，你跟郭沫若是一派。”任芝铭及其外孙女孙维世（任锐之女）也参加了这次会议。

1963 年 11 月，冯友兰参加中国科学院哲学社会科学部委员会。会议主持人赠冯友兰放大相片一张，所摄为会议期间他与毛泽东的握手照，旁立者有周扬、刘大杰、周予同。冯友兰为此书题一联：“执手感关怀，三人并列文史哲；集会明任务，一笔齐扫帝反修。”

1968 年 11 月，毛泽东在一次讲话中提到：“北大有个冯友兰，搞唯心主义，我们若要懂点唯心主义，还要找他；还有个翦伯赞，搞帝王将相，我们若要懂点帝王将相，也要找他。”得益于毛泽东的这个讲话，冯友兰才得以离开牛棚，恢复自由。

1973年10月，北大、清华组织“批林批孔”大批判组，冯友兰与周一良、魏建功等担任“梁效”写作班子顾问，主要任务是查阅一些成语、典故的出处。

1982年7月，冯友兰获准赴美国夏威夷出席国际朱熹学术会议。同年9月，赴哥伦比亚大学接受名誉文学博士学位，得诗一首：“一别贞江六十春，问江可认再来人？智山慧海传真火，愿随前薪作后薪。”

1983年，冯友兰当选第六届全国政协常委。

1988年，冯友兰当选第七届全国政协常委。

六、故乡情缘

1912年冬，河南省选派20名学生到上海中国公学上学，冯友兰顺利考入上海中国公学，政府每年发官费200两银子。

1919年，冯友兰顺利通过河南官费留学欧美考试。河南当时资助留学的官费是每人每月90美元。

1945年，冯友兰同弟弟冯景兰返唐河为母亲吴清芝奔丧。其间在南阳当地中学讲演数次。

1960年，唐河县有关部门去信冯友兰，询问民国时所撰县志初稿的下落，并向其征求对编写县志的意见。冯友兰回长信提供史料，提出意见建议。

1984年11月，唐河县县志总编室仝允甫、谭秉玺、王留常拜访冯友兰，请其为《唐河县志》《唐河史志》题词。

1985 年 6 月，冯友兰向唐河祁仪汇款 1 万元，资助修建教学楼，并为教学楼题名“清芝楼”。

1985 年，冯友兰为南阳诸葛庐题一联：“正气或为出师表，豪情聊寄梁甫吟。”

1985 年，冯友兰在《河南日报》发文，“从 1912 年起，我在国内、国外上学，靠的都是河南官费。我是河南人民养育出来的。借此机会，我向家乡的父老乡亲们致谢”。

1986 年 12 月 27 日，冯友兰回复祁仪乡乡政府函，表示“我在北京大学工作，居住条件已有适当安排，不需用老家旧宅，该屋乡镇机关已使用多年，现在可继续使用，不必变动”。

1987 年，南阳教育学院聂振弢等拜访冯友兰，请其为《作文指导报》和《南阳教育学院学报》(现为《南阳师范学院学报》)题词。冯友兰为之题写“言之无文，行之不远”“修辞立其诚”。

1987 年 6 月 21 日，时任县委对台湾工作领导小组办公室秘书的高文军拜访冯友兰，请教“一国两制”问题。

1988 年 4 月，冯友兰致唐河县侨务办公室信，决定将唐河祁仪乡用于补偿冯家老宅的 7900 元房款，捐赠给唐河县修建图书馆。

1989 年 7 月，冯友兰为南阳题写“张衡大学”“世界和平医学院”，为南阳市博物馆题写“文存旧宛”等。

1989 年，南阳档案馆来人取走冯友兰的著作 10 本、证书

3件、相片16张及“阐旧邦以辅新命，极高明而道中庸”联、毛泽东与冯友兰握手的相片等。

1990年5月，唐河县图书馆馆长申光亚来访。冯友兰说：“中国传统文化不能丢，要让更多的人有书读。……不读书就不知道怎么做人。过去唐河县读书风气盛，人心胸开阔，出去做事的就多。一个社会读书风气不盛，社会就难发展，人才就难培养出来。办一个图书馆，就要藏书多，读者多，使家乡的人才一代胜一代。”并向唐河县图书馆捐赠《百衲本二十四史》一套。

1990年12月4日下午3时，冯友兰的亲属、生前友好、同事、学生、哲学界及其他各界人士数百人在北京医院与其诀别。聂振弢代表南阳教育学会、南阳教育学院、南阳语文学会、《作文指导报》以及家乡200万师生送去挽联：“高山仰止，巍巍一石勒天地；景行行之，郁郁三松存古今。”

1996年7月，冯钟璞遵照冯友兰的遗愿，将其生前使用的一些物品交给卧龙区档案馆。目前，南阳市卧龙区档案馆设立有冯友兰陈列室，里面珍藏的有冯友兰名人档案（文字）、资料、实物、照片等，共计181件。

2012年9月，冯钟璞将冯友兰生前用过的八角茶几、椅子、沙发、书柜，以及衣帽、钢笔和一些书法作品等，悉数捐赠给唐河县冯友兰纪念馆收藏。

附录二　学人感怀

南阳是冯友兰先生的故乡，也是文脉传承的一个重要的地方。希望南阳各界同志们、同学们好好读书。冯先生的一生可以说就是读书的一生。我们今天要学习冯先生，多读书、读好书，真正把我们南阳的文化氛围搞好，把优秀文化传承的工作做得更好。

陈来，清华大学国学研究院院长、文科资深教授，中国哲学史学会会长，中国哲学史学会冯友兰专业委员会会长

冯友兰先生就是我们中国近现代以来影响最大的一位哲学家，不但影响着中国，而且影响着世界。他就出生在我们的河南南阳，这是我们南阳的光荣、骄傲，我们要利用好这个资源。这些年，南阳冯友兰研究会开展了不少活动，普及宣传冯先生的学术思想。他的思想会对中国的文化、中国的哲学、中国的历史和中国的政治有影响，人们会越来越发现他的思想的深刻性。我们现在听不见他讲课了，但是我们可以认真地去读他的

书，认真地去研究他，不断地进步，不断地提高，用冯先生的思想去指导我们的人生。

陈战国，北京市社会科学院哲学所原所长、研究员，中国哲学史学会冯友兰专业委员会原副会长

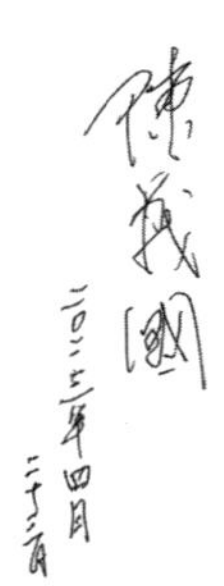

《哲学大家冯友兰》这本书很快就要出版了。我对咱们南阳冯学会的同人们一是表示钦佩，二是表示祝贺。我希望这本书能够很快出版，让社会上更多的朋友受益。我从上研究生的时候开始读冯先生的著作，冯先生的著作思想深刻，具有穿透力，这一块儿我们就不用多讲了，他的文风，晓畅明白、简洁而且直击要害，同时还常常很幽默。这种表达、这种特点，冯先生同时代的那些学者很多是达不到的，是很难企及的。我现在也常跟我的博士生、硕士生讲，不仅要学前人的思想，同时也要学前人的表达，将来大家走到工作岗位，不仅要有专业的知识，同时还要有比较高的文化素养。冯先生的书是可以给我们提供这些东西，能够让我们受益的，这是冯先生留给我们后人的一笔宝贵的财富。

乔清举，中共中央党校（国家行政学院）教授、博士生导师，

中国现代哲学研究会会长，中国哲学史学会冯友兰专业委员会副会长兼秘书长

2023.4.24.

我是南阳人。南阳是一个人杰地灵、人才辈出的地方。小时候常听师长谈论南阳的历史名人：百里奚、范蠡、张衡、张仲景、诸葛亮等，对“哲学泰斗冯友兰”这七个字，感慨尤深。冯先生的“三史六书”，志在阐旧邦、辅新命，转化重建中国哲学传统以贡献于当代世界。读其书，思其学，弘其道，尚友其人，俾使中国文化积渐成为一种活在当下的精神生命，应是南阳学人的一份责任。《哲学大家冯友兰》一书的出版，对此具有重要的意义和助力的作用。

李景林，北京师范大学哲学学院教授，四川大学文科讲席教授，中国哲学史学会副会长，中华孔子学会副会长，中国哲学史学会冯友兰专业委员会副会长

李景林
2023.5.6

祝贺《哲学大家冯友兰》出版发行。我对冯友兰先生素怀仰慕。作为近邻乡亲的晚辈，又平添了一份浓浓的乡情。20世纪80年代初，我随中央办公厅调查组到北京大学调查学生情

况期间，有缘在燕园拜访了冯老先生。那只是一面之缘，而先生的大家风范、虚怀若谷的气度、渊博的学识、高深的素养，都给我留下了极深的印象。我为有这样一位哲人乡贤深感荣幸。很高兴看到《哲学大家冯友兰》出版发行。这对研究、宣传冯友兰哲学思想、引导大众学习运用哲学将发挥重要作用。借此机会，我对新书的出版发行表示衷心祝贺和感谢！祝家乡百业兴旺！父老安康！特附《追忆冯友兰先生》一首：北大清华两栖星，曾驭哲思呈高峰。蕴藉风流启睿智，三松堂下听春声。

王富卿，中共中央台湾工作办公室、国务院台湾事务办公室原副主任

王富卿

二〇二三年四月二十六日

《哲学大家冯友兰》这本书即将出版。这本书对冯友兰一生的哲学思想进行了概括的介绍，深入浅出。这本书出版以后对大家了解冯友兰、了解冯友兰的哲学思想将会起到重要的作用。到 2035 年基本实现社会主义现代化，到本世纪中叶建成社会主义现代化强国。进行这项伟大的事业本身就是创造一个人类文明的新形态。在这个过程中，特别是在重大经济决策中，要用正确的思维方式来分析问题、解决问题。那么，在这个时候，汲取哲学家们宝贵的智慧和力量，对于完成当前我们的伟大事业，一定会有帮助。所以我很期待《哲学大家冯友兰》这本书

能够早日问世。

郑新立，中共中央政策研究室原副主任

郑新立
2023.4.23.

冯友兰先生是一位大学问家、大哲学家，同时也是一位很好的诗人。他的诗体现了热爱祖国、热爱人民的情怀。在唐河湿地公园有他的事迹展览，非常感人，我看过多次。他从小就勤奋读书，他的精神是值得我们学习的。《哲学大家冯友兰》一书即将同我们大家见面，这是我们唐河人、南阳人乃至所有冯友兰先生的“粉丝”们盼望已久的大喜事！读一读这本书，不论对我们每一个老年人、中年人还是年轻人都有好处。这本书写得很好，我要认真地读一读，也希望大家都能认真地去学一学、读一读。十分佩服、感谢南阳冯友兰研究会同志多年来的辛勤劳动、付出的心血！感谢《哲学大家冯友兰》编委会同志们的辛勤付出。让冯友兰哲学思想之花在盛世的春天盛开！

党中奎，中国人民解放军总参办公厅原副主任、少将

党中奎
2023.4.25

冯友兰是伟大的哲学家，他不但在中国名气很大，在世界名气也很大，他的人品、学问都值得后人学习和研究。冯友兰这一家人都是人品好、学问大的人。冯友兰的家风、家教也很好。冯友兰的女婿蔡仲德同志和宗璞大姐都是平易近人、学问很大的人，过去我每年都会去看望他们。南阳出了这么大的哲学家、河南出了这么大的哲学家、中国出了这么大的哲学家，我们要很好地学习、研究、继承他的思想，争取在建设中国特色社会主义中作出更大的成绩和贡献。

田永清，中国人民解放军总参谋部原兵种部政委、少将

田永清
二〇二三年
四月廿四日
于北京

祝贺《哲学大家冯友兰》出版发行。冯友兰先生是驰名中外的哲学泰斗，是高山仰止的哲学大师，是南阳人以至中国人民的光荣和骄傲！南阳冯友兰研究会的同志不避繁难，殚精竭虑编写出这本深入浅出的普及读物，是做了一件大好事，其对弘扬冯友兰先生的深邃哲理和嘉言懿行，推广普及宏大冯学，激励后人，具有深远意义！

李庚辰，解放军报社正军级高级编辑，作家、杂文家、评论家

李庚辰
2023年5月1日于北京

在中原学中，冯友兰新理学（冯学）是一个学术高峰。先生有着极为深刻的思想，皇皇数百万字巨著，要想走进他，殊非易事。《哲学大家冯友兰》一书的出版，对于中原学学科建设是一个幸事，对于我们了解冯学、传承冯学，功莫大焉。在中国式现代化探索中，在人类文明新形态构建中，“智山慧海传真火”。世纪哲人冯友兰的思想深刻，极具穿透力。在他身上，我们看到了什么是古今贯通，什么是中西融会，什么是文理渗透。在20世纪的中国思想界，冯先生不但以《中国哲学史》开创中国哲学史研究之先河，而且以“贞元六书”创立新理学思想体系，赓续了中国传统哲学思想，成为中国人文社会科学学术大师。特别是中华人民共和国成立后，他以马克思主义为指导研究中国哲学史，完成了《中国哲学史新编》，呈现出“云天万里飞”的新境。实现马克思主义与中华优秀传统文化的结合，从“一个相结合”到“两个相结合”，冯先生具有开创之功！三松堂下听春声，读一读《哲学大家冯友兰》，就能看到先哲是如何立德、立功、立言的，对于我们每一个人用正确的思维方式分析问题和解决问题大有助益，对于实现全面建设社会主义现代化国家、全面推进中华民族伟大复兴的伟大事业大有助益。

李庚香，河南省社会科学界联合会党组书记、主席

李庚香

7/5-2023

1981年，我入山东大学哲学系读本科时，《文史哲》编辑部老师告诉我，山大副校长冯沅君教授（其丈夫陆侃如教授也是山大副校长）是冯友兰的妹妹。在学习任继愈主编的《中国哲学史》教材时，我有感而发，冲动之下，就修书一封给冯先生。那时，任继愈先生来山大讲学，当时讲课地点在食堂大厅，人山人海，他讲到了给冯友兰父母墓地撰写碑文。2000—2003年，我在北大哲学系读博士期间，常从静园哲学系的四合院，抄近路，经过燕南园冯友兰先生的三松堂。每每仰望青松、旧居，顿生感慨，回三十号楼博士生宿舍，对冯先生的《中国哲学史》《中国哲学史新编》《三松堂全集》和冯钟璞的散文等，感到倍加亲切，活灵活现。我虽然和冯先生无缘得见，但和冯先生的哲学家亲戚见面较多。2001年夏天，在墨子国际会议上，时任国家图书馆馆长的任先生让代表们参观了镇馆之宝《永乐大典》。我和同学们曾为张岱年先生搬家，见到了张先生丰富的藏书。2017年寒假，我又专程到唐河县祁仪镇拜访冯氏旧居、墓园，仔细看了周边的自然风水和人文环境，采访当事人，才知1958年大炼钢铁时冯友兰父母之墓被破坏（并非在“文革”期间）。冯友兰家族，文脉传承、薪火相传，在中国少有，南阳市、唐河县更是视之为珍宝、文化名人和学习榜样。

孙君恒，武汉科技大学国学中心主任、教授，中国墨子学会常务理事，中华孔子学会理事，中国实学研究会理事，中国河洛文化研究会理事

孙君恒
2023年6月23日

冯友兰，无疑是南阳最亮丽的文化名片之一。一个地方，要想成功打造一张文化名片，使之内涵丰富，且活泼、有生命力，在我看来，至少需要做到以下三点：一是注重景点或文化符号等硬件建设，这方面，南阳和唐河都作了大量的工作，冯友兰纪念馆和含有冯友兰元素的湿地公园、街心游园、城市道路等都体现了这一点；二是需要举办相应的活动；三是要有一批专著。就第二点而言，南阳冯友兰研究会已经做得很好，他们每年都会开展两三次甚至更多次的冯学研讨或纪念座谈活动。近日，才知道他们在弘扬、传承冯友兰文化的道路上更进了一步。可以说，《哲学大家冯友兰》这本书是南阳冯友兰研究活动中的一个里程碑，我期待着书籍的正式出版，更期待着南阳有更多的冯学研究专著面世，擦亮这张冯友兰文化名片，为建强省域副中心城市贡献文化力量。

郭庆之，南阳市委原常委、统战部部长，南阳冯友兰研究会顾问，南阳市青年书协首席顾问

郭庆之

2023年5月

后　记

一

编写一本关于哲学家冯友兰的学术性与通俗性兼顾的读物，是南阳冯友兰研究会同人多年来的共同心愿。

研读原著、直接与作者“对话”，诚然是学习、理解、研究冯友兰的最好途径，但皇皇数百万字的巨著、深刻的哲学思想，对于身处网络时代的人，尤其是学业紧张的青少年学子来说，阅读起来确实是一件繁难的事。作为基层研究会，我们在多年宣传、推广冯学的具体实践中，深刻认识到，一本切实而浅明的，既涉猎学术前沿又兼顾大众读者的读本有多么重要。我们希望这本书成为既适合相关专业的师生及研究者阅读，也适合普通读者作为了解冯学的入门读物。我们想通过这本书，让更多的南阳人乃至国内外人士，了解冯友兰其人其事，追寻其懿德，弘扬其精神，传承其遗志，为南阳擦亮友兰文化名片作一份贡献。

我们将这一想法，向时任南阳市委和唐河县委主要领导作了汇报，他们都表示赞成和支持，并提出了一些具体要求。

2019 年 6 月，冯钟璞先生回乡时，我们就这一想法向其征求意见。2019 年 11 月，全国第十二次冯友兰学术思想研讨会暨纪念冯友兰诞辰 124 周年座谈会在唐河举办，我们又向参加会议的中国冯友兰研究专业委员会副会长兼秘书长乔清举教授、副会长李景林教授、原副会长陈战国研究员等征求意见，大家都表示同意和支持。思想统一了，事情就好办了。

以上就是编写这本书的动因和目的。从某种意义上讲，这本书也是对南阳冯友兰研究会成立 30 年来，特别是对近 18 年来研究会工作的回顾、总结。对于以史为鉴，开创未来，推动冯学事业在南阳和更大范围的学习、研究、宣传和弘扬，具有深远的意义。

二

目前国内外已出版的有关冯友兰哲学思想的同类读本也不少见，如何做到让这本书既不失学术特色更有一定的可读性？我们设想在内容、结构体例和语言特点上做到以下几点：

一是力求客观。以冯友兰的著作文本为依据，做到评述结合，以述为主，对学术争议或有较大分歧的问题，存而不论。

二是做到全面。第一章介绍冯友兰的家庭、成长；第二、三章和第四章、第五章，分别介绍冯友兰的学术思想、事业成就、精神品格，展示其在立言、立功、立德方面的成就；第六章则讲述故乡对冯学的传承和发展，介绍冯友兰身后的影响。

三是尽量生动。在语言文字上力求生动活泼，通俗易懂，具有较强的可读性。

四是突出重点。重点讲清事实、讲好冯友兰的成就和影响。

五是体现特色。突出冯友兰学术思想在文化传承和创新方面的贡献，展现南阳、唐河家乡人民在学习、研究和宣传普及冯友兰哲学思想的活动和成果。

三

为了尽可能出好这本书，我们前期围绕写作提纲、主要内容、基本体例、语言风格等问题，先后组织10余次研讨交流会和意见征求会，征求对该书的意见和建议并及时予以吸收和采纳。

主要撰稿人及分工如下：谢胜旺撰写第一、二、五章，以及附录部分的整理和全书的统稿工作；赵卫东撰写第三、四章；高文军撰写和校对了第五章的部分内容；周若愚撰写第六章并进行部分章节文字的校对与润色工作。

主要审稿人有刘振山、聂振弢、丁全、张金虎、贾安有、石峰、王景文、白献友、冯振琦、吕琦、柳晓。

另外，陈来、刘振山、聂振弢分别为本书作序，刘振山为全书作了后记。

本书是南阳冯友兰研究会的阶段性成果。

从2020年正式着手编撰，到现在成书，历时3年有余。尽管我们作了很大的努力，但是还有诸多不尽如人意之处。冯友兰先生的著作，虽然在语言风格上深入浅出，通俗易懂，但受限于学力，我们把握起来还是有一定的困难，总感觉领会不到位，怕有疏漏。另外从具体写作来看，即便前期的设想是这样，但与最终呈现出来的结果总有一定的差距。不过能出版面世，还是令人欣慰的。至于质量如何，还是由我们的读者来评论最为权威。在这里也真诚地希望读者朋友们能给我们提出宝贵的意见和建议，以便我们今后进一步提高和改进。

在书稿的撰写、讨论、修改过程中，我们有一个普遍的感受，就是通过本书的撰写和出版，加深了我们对冯友兰学术思想的理解，提升了能力，锻炼了队伍，也扩大了影响。通过撰写书稿，我们有了学习、研究的抓手。在撰写书稿期间，我们共撰写发表相关学术论文 12 篇，申报课题 4 项，举办各类交流研讨活动 10 余次。在此基础上，南阳冯友兰研究会的队伍得到了相当大的锻炼，既形成了学习、研究、交流、讨论的热烈氛围，也提升了学习、研究和写作的能力水平。

本书是南阳冯友兰研究会自换届以来在学习、研究冯友兰哲学思想上的阶段性成果。下一步，我们将围绕这本书，做好研讨、交流和宣传工作，在此基础上，对每一个部分进行更加细致、更加深入的研究，把冯友兰学术思想研究推向更高水平，这是我们研究会下一阶段的重要任务。我们衷心希望通过《哲学大家冯友兰》这本书，能够使更多的人，特别是南阳人、唐河人，以更大的热情投身学习、研究、宣传、弘扬冯友兰的学术思想中去。让更多的人了解冯友兰其人其事，从中学到更多的知识，明白更多的道理，不断提升思想和精神境界；尤其是启迪和激励广大青少年发奋读书、立志成才，成为新时代担当民族复兴大任的时代新人，在实现党的第二个百年奋斗目标的伟大征程中大显身手、建功立业，用实际行动传承、弘扬冯友兰的优秀品质和学术精神，不断擦亮冯友兰这张文化名片，让作为中华优秀传统文化一个组成部分的冯友兰思想薪火相传、发扬光大。

四

本书是集体智慧的结晶。

在策划、写作、修改及最终成书过程中，冯钟璞、陈来、陈战国、乔清举、李景林等在京专家以不同形式给予我们帮助和指导。

陈来拨冗为本书作序，陈战国、乔清举、李景林、王富卿、郑新立、党中奎、田永清、李庚辰、李庚香、孙君恒、郭庆之等分别撰写感悟体会。

许进安、高嵩、张英、李燊、王有庆等人，为本书提供了部分照片。

李明建、张何伟、郭荷松、陈华山、吴华东、李荣太、李琰、陈文听、陈明道、刘辉等也对全书进行了认真评阅，及时提出了很好的修改意见和建议。

柳晓、张燕、魏昂、高嵩、黄术生、王鹏等，在对书进行宣传报道的过程中，积极参与，辛勤付出。

本书的出版还离不开中原出版传媒集团党委书记、董事长、总经理王庆，河南人民出版社总编辑温新豪等的大力支持、指导和帮助。

在此一并致谢。

此外，还要特别感谢中共南阳市委、市政府，中共唐河县委、县政府，南阳理工学院，南阳师范学院，南阳市财政局，南阳市社会科学界联合会，南阳市民政局，南阳报业传媒集团，南阳广播电视台，南阳市卧龙区档案馆，唐河县冯友兰纪念馆，唐河县图书馆以及南阳冯友兰研究会的全体同人，对我们工作始终如一的支持和帮助、对冯学研究和宣传事业的辛勤付出，这是我们研究会事业不断发展的重要动力。

带着大家的关爱，南阳冯友兰研究会一路成长，一路感恩，一路收获。

九万里风鹏正举。在学习、传承、弘扬优秀文化的道路上，南阳冯友兰研究会使命在肩，初心不改。

由于水平有限，书中难免有不少错谬之处，还请读者朋友指正。

2023 年 9 月 30 日